Creo Parametric
기본 모델링
(모델링, 어셈블리, 도면)

저 자

고 재 철
이 동 구

ONSIA

Creo Parametric 기본 모델링

Creo Parametric 기본 모델링
(모델링, 어셈블리, 도면)

ISBN 978-89-94960-39-5

저자: 고재철, 이동구
발행일: 2024년 3월 5일
출판사: (주)온솔루션인티그레이션
전화: 010-5814-2894
팩스: 02-6918-4602
이메일: support@onsia.kr
정가: 29,000원

* 이 책은 저작권법에 의하여 보호를 받는 저작물이므로 무단 전재 또는 복제를 금합니다.

* 이 책의 부분 복사에 대한 저작권은 '한국문학예술저작권협회'에 의해 신탁관리되고 있습니다.
자세한 사항은 한국문학예술저작권협회(www.kolaa.kr)로 문의 바랍니다.

* "image: Freepik.com". The cover has been designed using resources from Freepik.com

(주)온솔루션인티그레이션의 교육 및 엔지니어링 서비스 프로그램

(주)온솔루션인티그레이션은 CAD/CAM/CAE 소프트웨어 사용법에 대한 교육과 기술 컨설팅 서비스를 제공하는 전문회사입니다.

다양한 경험과 전문지식을 바탕으로 CAD/CAM/CAE 관련 교육과정 개발, 기술서적 출판, 강사 파견 및 설계, 해석 용역 서비스를 수행하고 있습니다.
(전화: 070-8065-7894, 팩스: 02-6918-4602, 이메일: support@onsia.kr)

교육
기업체 맞춤 교육과정 및 교재 개발
NX, CATIA, CAE(Nastran) 강의

기술서비스
기구설계 용역, 강도, 진동, 피로, 열유체, 충돌 등 각종 해석 용역

당사 출판 서적

- CATIA V5 기본 모델링-2판: ISBN 978-89-94960-27-2
- CATIA V5 서피스와 실무 모델링-2판: ISBN 978-89-94960-31-9
- CATIA V5 유한요소 해석법: ISBN 978-89-94960-28-9
- NX 10 서피스 모델링: ISBN 978-89-94960-25-8
- NX 12 모델링 가이드: ISBN 978-89-94960-29-6
- SOLIDWORKS 기본 모델링: ISBN 978-89-94960-30-2
- NX 12 NASTRAN 유한요소 해석법: ISBN 978-89-94960-33-3
- SISMENS NX 서피스 모델링 (Version 2015): ISBN 978-89-94960-34-0
- SIEMENS NX 모델링 가이드: ISBN 978-89-94960-36-4

Creo Parametric 기본 모델링

학습자료 다운로드 안내

홈페이지(www.onsia.kr)에 id를 등록하고 "정식 구매자 등록"을 하시면 학습자료를 내려받고 관련 서비스를 이용하실 수 있도록 회원 등급을 조정하여 드립니다. 정식 구매를 하지 않으신 분은 홈페이지의 서비스 이용에 제한을 받을 수 있습니다.

인터넷 주소 창에 아래 주소를 입력하면 실습용 파일을 다운로드 하실 수 있습니다.
https://bit.ly/48EpkBO (이 주소는 변경될 수 있습니다.)

목 차

Chapter 1
Creo 시작하기 1

1.1 Creo 소개 2
1.2 Creo Parametric 시작하기 2
1.3 새 파일 만들기 4
1.4 Creo의 화면 구성 5
1.5 스케치와 모델 생성 7
    1.5.1 스케치 생성 7
    1.5.2 사각형 그리기 8
    1.5.3 밀어내기 10
1.6 모델의 화면 표시 및 보기 방향 12
    1.6.1 마우스 사용법 12
    1.6.2 저장된 방향 12
    1.6.3 디스플레이 유형 12
    1.6.4 보기 탭 13
    1.6.5 형상 추가하기 14
    1.6.6 형상 제거하기 16
1.7 파일 관리 18
    1.7.1 저장 18
    1.7.2 새 파일 만들기 19
    1.7.3 작업 디렉토리 19
    1.7.4 닫기 20
    1.7.5 세션관리 20
    1.7.6 버전 21
1.8 옵션 22

Chapter 2
스케치와 밀어내기 기본 25

2.1 스케치란? 26
2.2 스케치의 순서와 구성 요소 26
    2.2.1 스케치 평면 정의 26
    2.2.2 커브 생성 26

v

　　　2.2.3 모양 정의하기 27
　　　2.2.4 스케치 종료 27
2.3 스케치 면 정하기 28
2.4 직선 그리기와 치수 이해 30
2.5 스케치 디스플레이 31
2.6 스케치 검사 32
2.7 선 그리기 33
　　　2.7.1 스케치 아이콘 33
　　　2.7.2 드래그와 잠금 34
　　　2.7.3 선 편집 34
2.8 치수 35
　　　2.8.1 길이 치수 35
　　　2.8.2 거리 치수 36
　　　2.8.3 각도 치수 37
　　　2.8.4 반지름과 지름 37
2.9 구속 38
　　　2.9.1 구속의 종류 38
　　　2.9.2 구속 적용 방법 38
2.10 참조 치수와 참조 선 40
　　　2.10.1 참조 치수 40
　　　2.10.2 강화 41
　　　2.10.3 치수 잠금 42
　　　2.10.4 참조 선 43
2.11 올바른 스케치란? 44
　　　2.11.1 대칭 복사 45
　　　Exercise 01 46
2.12 격자선 설정 47
　　　Exercise 02 48
　　　Exercise 03 49
　　　Exercise 04 50
　　　Exercise 05 51
　　　Exercise 06 52

Chapter 3
밀어내기, 회전, 구멍　　　　　　　　　　　　　　　　　　　55

3.1 스케치 밀어내기 56
3.2 스케치 영역 밀어내기 57

3.3 설정 58
    3.3.1 재료 제거 58
    3.3.2 두께 59
3.4 깊이 59
    Exercise 01 61
    Exercise 02 63
    Exercise 03 64
    Exercise 04 67
3.5 회전 68
    Exercise 05 69
    Exercise 06 70
3.6 구멍 71
    3.6.1 배치면 72
    3.6.2 유형 72
    3.6.3 오프셋 참조 72
    3.6.4 단면 유형 설정 73
    Exercise 07 74
3.7 바디간 부울 연산 78
    3.7.1 병합 78
    3.7.2 빼기 79
    3.7.3 교차 79
    Exercise 08 79
    Exercise 09 80
    Exercise 10 81
    Exercise 11 82
    Exercise 12 83

Chapter 4
참조 개체   *85*

4.1 참조 개체란? 86
4.2 기준점 87
    Exercise 01 88
4.3 좌표계 89
    Exercise 02 89
    Exercise 03 90
4.4 기준축 90
    Exercise 04 91

4.5 기준면 93
    Exercise 05 93
    Exercise 06 94
    Exercise 07 96
    Exercise 08 98
    Exercise 09 99
    Exercise 10 100
    Exercise 11 101

Chapter 5
상세 모델링　　　　　　　　　　　　　　　103

5.1 필렛 104
    5.1.1 횡단면 105
    5.1.2 커브 통과 106
    5.1.3 코들(Chordal) 107
    5.1.4 가변 반지름 107
    5.1.5 전체 라운드 108
    5.1.6 변환 모드 109
    5.1.7 필렛 가이드라인 110
    Exercise 01 111
    Exercise 02 112
5.2 모따기 113
    5.2.1 모따기 유형 114
    5.2.2 변환 모드 115
5.3 구배 115
    5.3.1 구배의 필요성 116
    Exercise 03 118
    5.3.2 분할 119
5.4 쉘 121
5.5 리브 123
    5.5.1 프로파일 리브 123
    5.5.2 궤적 리브 124
    Exercise 04 125
    Exercise 05 126
    Exercise 06 127
    Exercise 07 128

Chapter 6
모델 수정   **129**

- 6.1 모델 수정의 이해 130
  - 6.1.1 종속 관계 131
  - 6.1.2 피쳐 삭제 132
- 6.2 스케치 수정 132
  - 6.2.1 스케치 치수 또는 기하 구속 수정 132
  - 6.2.2 스케치 커브 재생성 133
  - 6.2.3 스케치 면 변경 133
- 6.3 모델링 순서 134
  - 6.3.1 롤백 134
  - 6.3.2 모델링 순서 변경 135
  - 6.3.3 피쳐 삽입 135
  - Exercise 01 136
  - Exercise 02 139
- 6.4 피쳐 수정 141
  - Exercise 03 141
  - Exercise 04 145
  - Exercise 05 147
  - Exercise 06 148
  - Exercise 07 150

Chapter 7
복사 기능   **151**

- 7.1 개요 152
- 7.2 복사의 대상과 방법 152
- 7.3 패턴 153
  - Exercise 01 154
  - Exercise 02 156
  - Exercise 03 157
- 7.4 대칭 복사 159
  - Exercise 04 159
  - Exercise 05 163
  - Exercise 06 164
  - Exercise 07 165
  - Exercise 08 166

Exercise 09 167

Exercise 10 168

Chapter 8
고급 모델링 기능   169

8.1 스케치 면 설정 170
8.2 투영과 교차선 173

Exercise 01 173

Exercise 02 174

8.3 오프셋 176
8.4 관계식 177
8.5 서피스 오프셋 178
8.6 바디 자르기 179

Exercise 03 180

Exercise 04 182

Exercise 05 183

Exercise 06 184

Chapter 9
서피스 모델링 개요   185

9.1 서피스 모델링이란? 186
9.2 스윕 187

Exercise 01 188

9.3 헬리컬 스윕 192
9.4 블렌드 193

9.4.1 옵션-직선 194

9.4.2 탄젠트 194

Exercise 02 196

9.5 스윕 블렌드 198
9.6 경계 블렌드 198

Exercise 03 199

Exercise 04 202

Exercise 05 203

Exercise 06 204

Exercise 07 205

Exercise 08 206

Exercise 09 207

Chapter 10
어셈블리 I (상향식 어셈블리) — *209*

- 10.1 어셈블리의 이해 210
- 10.2 어셈블리 개념과 용어 210
    - 10.2.1 Bottom-Up(상향식) 어셈블리 모델링 210
    - 10.2.2 Top-Down(하향식) 어셈블리 모델링 210
    - 10.2.3 파트 211
    - 10.2.4 컴포넌트 211
    - 10.2.5 하위 어셈블리 211
- 10.3 어셈블리 생성 211
    - 10.3.1 어셈블리 파일 생성 및 부품 추가 212
    - 10.3.3 파일 관리 217
    - 10.3.2 어셈블리 모델링의 주요 기능 217
    - 10.3.4 부품 복사 및 추가 218
    - 10.3.5 부품 삭제 218
    - 10.3.6 제약 조건 삭제 219
    - 10.3.7 컴포넌트 끌기 219
    - Exercise 01 220
    - 10.3.8 바람직한 구속 220
- 10.4 활성화 223
    - Exercise 02 223
- 10.5 선택 및 화면 표시 224
    - 10.5.1 컴포넌트 선택 224
    - 10.5.2 화면 표시 227
    - Exercise 03 228
    - Exercise 04 229

Chapter 11
어셈블리 II (하향식 어셈블리) — *231*

- 11.1 부품 편집 232
    - Exercise 01 233
- 11.2 다른 이름으로 저장 236
    - 11.2.1 복사본 저장 236
    - 11.2.2 백업 저장 237
- 11.3 간섭 체크 238
    - Exercise 02 240

11.4 새 부품 추가 246
11.5 서브어셈블리 249
  Exercise 04 250
  Exercise 05 253

Chapter 12
도면　　　　　　　　　　　　　　　　　　　　　　　255

12.1 개요 256
12.2 주요 용어 256
  12.2.1 도면뷰(Drawing View) 256
  12.2.2 표제란 257
  12.2.3 도면 시트 258
12.3 드로잉 설정 258
12.4 도면 파일과 투상도 260
  Exercise 01 261
12.5 드로잉 보기(도면뷰) 269
  12.5.1 드로잉 모델 269
  12.5.2 일반 보기 269
  12.5.3 투상법 270
  12.5.4 투영 보기 (Projection View) 271
  12.5.5 보조 투상도(Auxiliary View) 272
  12.5.6 단면도(Section View) 272
  Exercise 02 273
  12.5.7 반단면 보기 276
  12.5.8 부분 보기 277
  12.5.9 파단 보기(Broken View) 278
  12.5.10 회전 단면도(Revolved Section View) 279
  12.5.11 반 단면도(Half Section View) 280
  12.5.12 부분 단면도 (Break-out Section View) 281
12.6 중심선 282
  Exercise 03 283
12.7 치수 286
  12.7.1 모델 주석 이용 286
  12.7.2 직접 생성 286
  12.7.3 치수 설정 변경 287
  Exercise 04 288
  Exercise 05 289

12.8 어셈블리 분해도 290
    Exercise 06 290

(빈 페이지)

Chapter 1
Creo 시작하기

■ 학습목표

- Creo를 실행하고 화면 구성을 이해한다.
- Creo의 3D 모델링 과정을 이해한다.
- 파일을 관리할 수 있다.
- 모델 표시 방법과 화면 조작법을 이해한다.

1.1 Creo 소개

Creo는 PTC에서 개발한 3차원 CAD/CAM/CAE 소프트웨어다. CAD 영역에서는 3차원 형상 모델링, 어셈블리, 도면을 생성할 수 있다. CAM 영역에서는 제조를 위한 데이터를 생성한다. CAE 영역에서는 컴퓨터를 이용하여 공학적인 분석을 수행한다. 이 책은 CAD 영역을 다루는 Creo Parametric Educational Edition 9.0.0.0을 이용한 파트 모델링 기본 원리와 응용, 부가하여 서피스 모델링 방식에 대하여 설명한다.

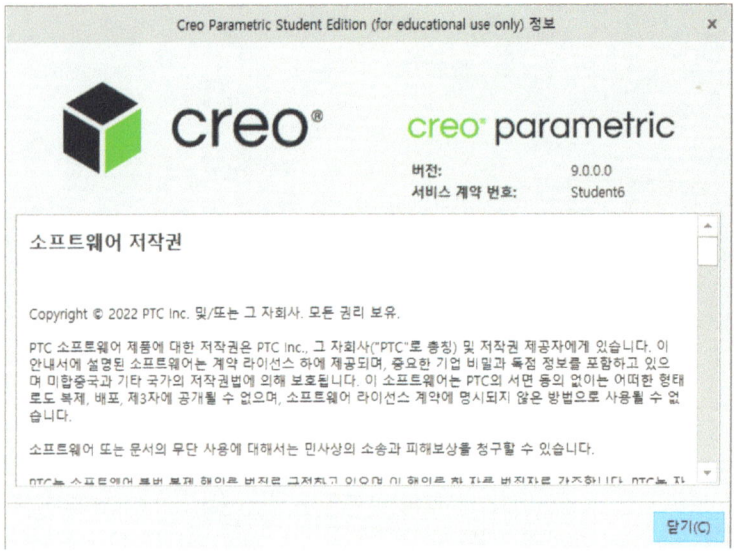

그림 1-1 Creo Parametric 버전 정보

1.2 Creo Parametric 시작하기

Creo Parametric을 실행시키면 그림 1-2와 같은 화면이 나타난다. Resource Center 화면에서는 Creo를 사용함에 있어서 필요한 다양한 리소스에 접속할 수 있다. 리소스 센터 창을 닫으면 Part Community 웹페이지가 나타나며 다양한 파트를 다운로드할 수 있다. 그림 1-3은 리소스 센터 창과 Part Community 브라우저를 닫은 상태를 보여준다. 첫 화면에서는 새로운 파일을 생성하거나 기존 파일을 열 수 있다.

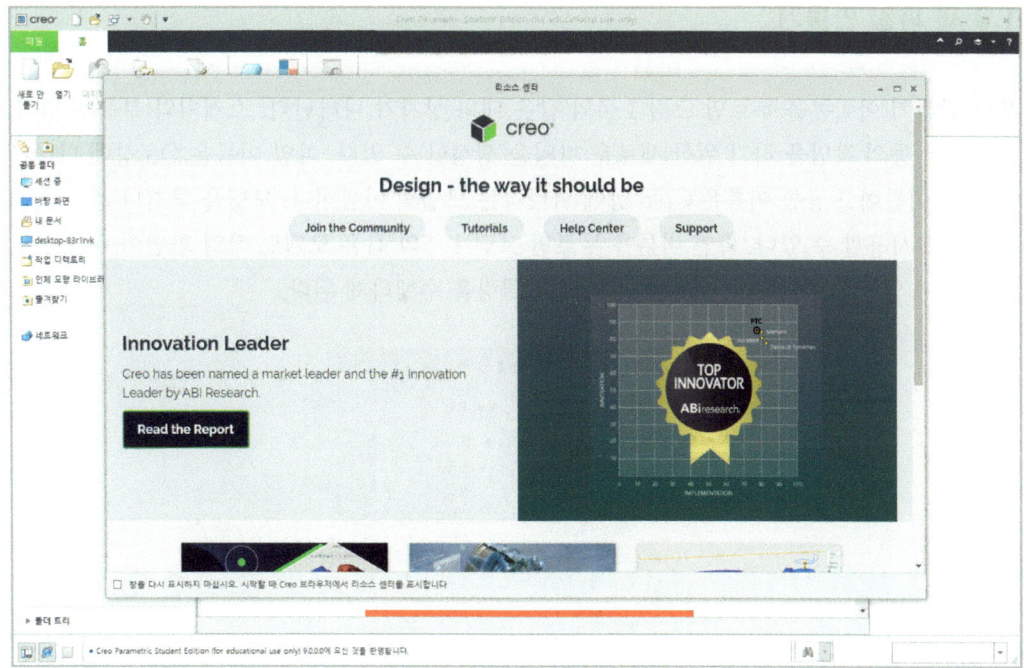

그림 1-2 Creo의 시작 화면

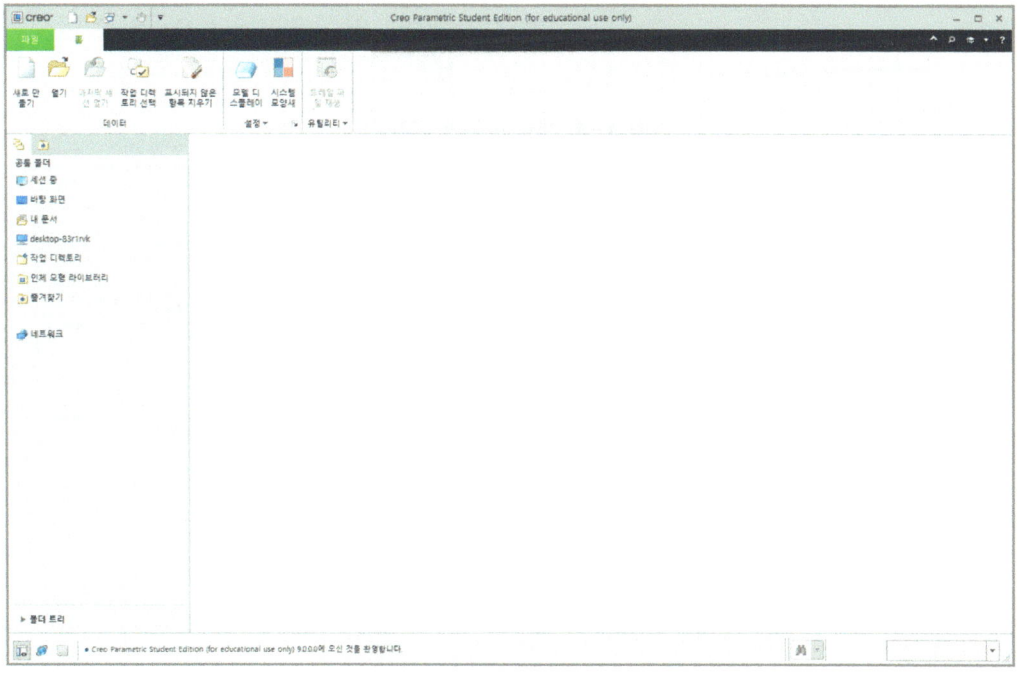

그림 1-3 Creo의 시작 화면

1.3 새 파일 만들기

새로 만들기 아이콘을 누르면 그림 1-4와 같은 대화 상자가 나타난다. 스케치와 부품 모델링, 어셈블리 등의 작업을 하기 위한 새로운 파일을 생성할 수 있다. 파일 이름은 OS 상에 나타나는 파일 이름이고 공통 이름은 Creo 상에 나타나는 모델의 이름이다. 모델을 찾거나 관리할 때 유용하게 사용할 수 있다. 확인 버튼을 누르면 그림 1-5와 같은 모델링 작업 화면이 나타난다. 이 화면에 있는 각종 기능을 이용하여 파트 모델링을 수행하게 된다.

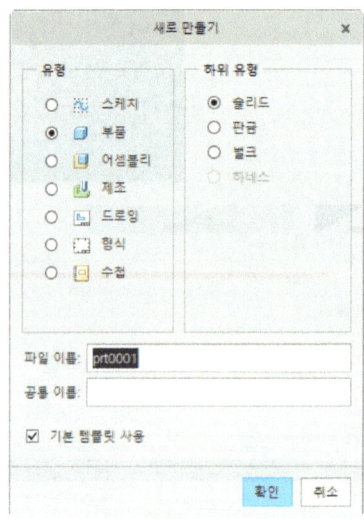

그림 1-4 새로 만들기 대화 상자

1.4 Creo의 화면 구성

그림 1-5는 파트 타입의 새 파일을 만든 상태이다. 각 부분에 대한 명칭과 용도를 간략히 알아보자.

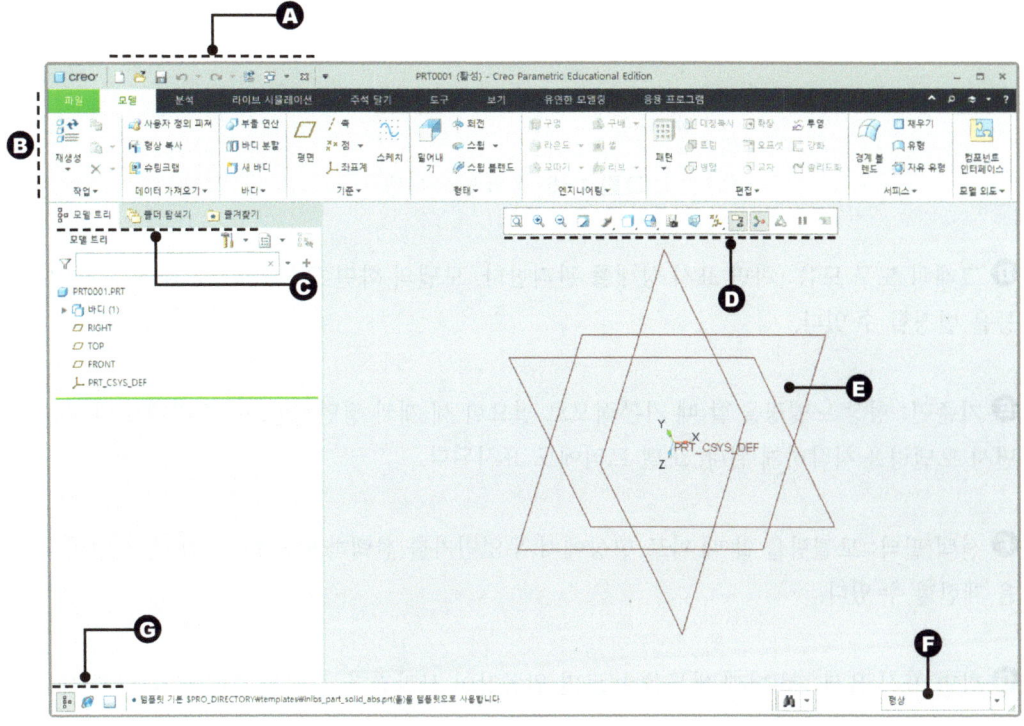

그림 1-5 모델링 작업 화면

ⓐ 빠른 액세스 도구모음: 빠르게 실행하기 위한 기능들이 표시된다. 우클릭 하여 특정 기능을 제거하거나 추가할 수 있으며 도구모음을 표시하지 않을 수도 있다.

ⓑ 리본바: 모델, 분석, 보기 등의 탭을 클릭하면 해당 아이콘들이 나타난다. 클릭하여 기능을 실행할 수 있다. 형상 모델링 관련 기능은 모델 탭에 있다. 어떤 아이콘에 우클릭하여 빠른 액세스 도구모음에 추가할 수 있다.

ⓒ 모델 트리, 폴더 탐색기, 즐겨찾기: 모델 트리에는 파트 모델링 이력이 기록된다. 폴더 탐색기를 클릭하여 폴더에 액세스 할 수 있다. 데스크탑 폴더를 표시한 후 특정 폴더에 우클릭하여 공통폴더로 지정하거나 작업 디렉토리로 지정할 수 있다. 즐겨찾기에 추가하여 별도로 관리할 수도 있다.

그림 1-6 폴더 탐색기 탭

D 그래픽 도구 모음: 화면 표시 상태를 관리한다. 모델의 화면 표시 형태나 확대, 축소, 방향 등을 변경할 수 있다.

E 기준면: 형상 모델링을 할 때 기본적으로 필요한 세 개의 평면이다. 이 평면에 스케치를 하면서 모델링을 시작하게 된다. 모델 트리에도 표시된다.

F 선택 필터: 모델링을 할 때 파트 형상에서 무엇인가를 선택하게 되는데, 이 때 선택의 대상을 제한할 수 있다.

G 화면 표시 옵션: 첫 번째 버튼을 누르면 왼쪽창이 사라진다. 모델링 작업창을 넓게 사용할 때 이 옵션을 이용한다. 두 번째 버튼을 누르면 브라우저가 표시된다. 폴더 내용을 보거나 3D Model Space에 액세스할 수 있다. 세 번째 버튼을 누르면 모델링 작업창이 최대로 확장된다. 최대 상태에서 마우스 포인터를 맨 위로 가져가면 빠른 액세스 툴바와 리본바가 나타나서 기능을 실행할 수 있다. 마우스 포인터를 왼쪽으로 가져가면 **C**의 창이 나타난다.

1.5 스케치와 모델 생성

1.5.1 스케치 생성

1. 모델 탭 > 기준 > 스케치 아이콘 클릭한다.
2. Top 면을 선택한다.
3. 스케치 대화상자에서 '스케치' 버튼을 누른다. 그림 1-8과 같이 스케치 화면이 표시된다. 리본바의 끝에 스케치 탭이 나타난 것을 확인하고 스케치 관련 아이콘들을 확인한다.
4. 그래픽 도구모음에서 '스케치 보기' 버튼(그림 1-8의 ❹)을 누른다. 스케치 면이 똑바로 놓여진다.

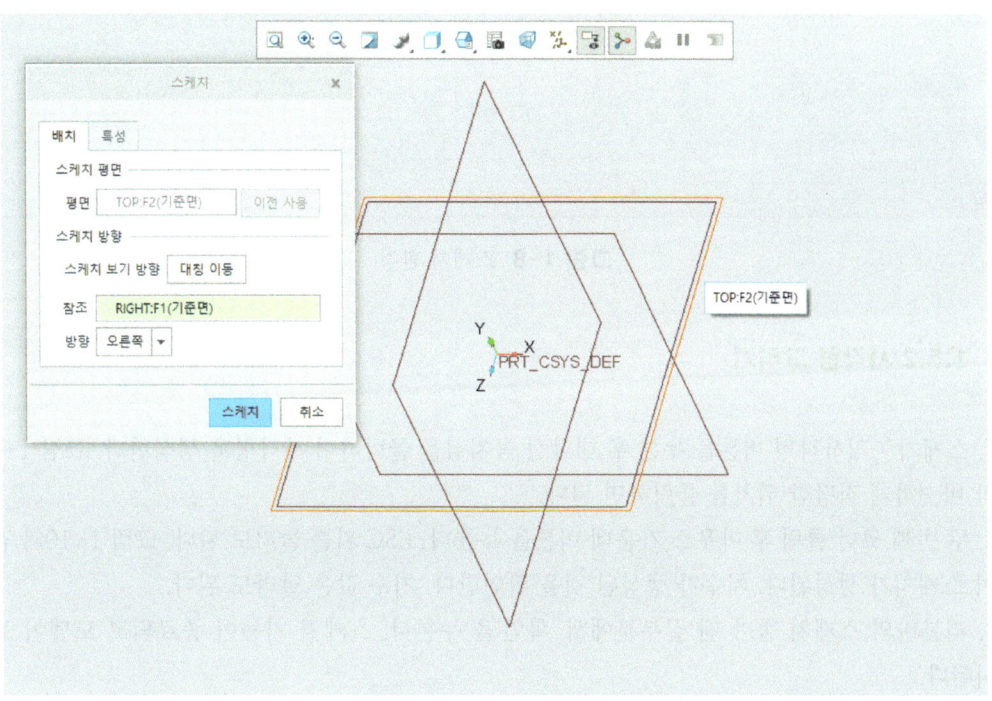

그림 1-7 스케치 면 설정

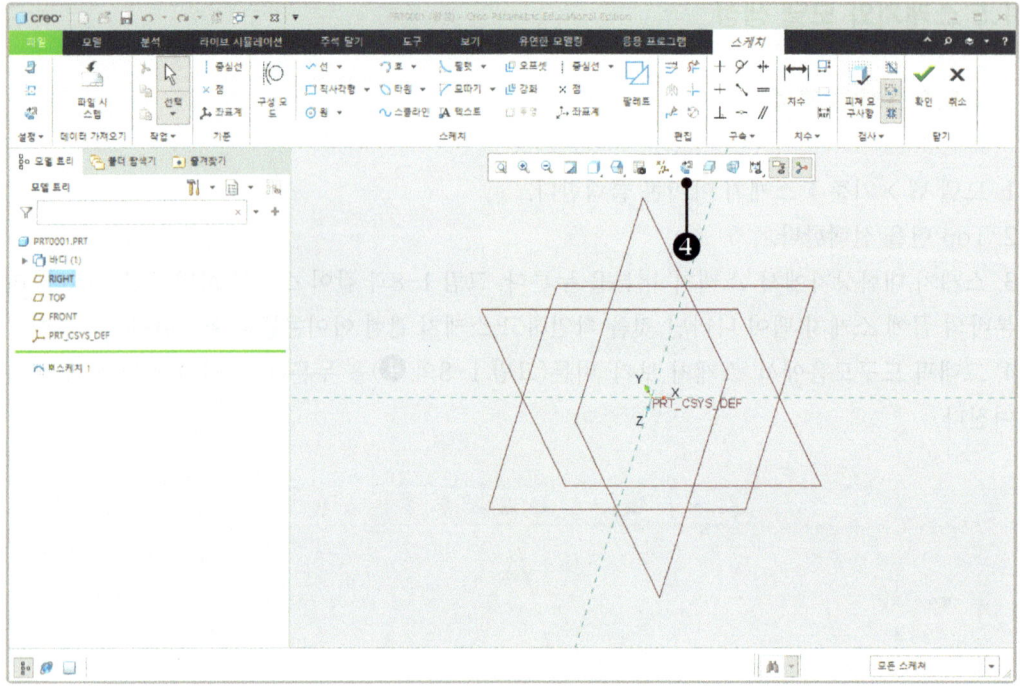

그림 1-8 스케치 환경

1.5.2 사각형 그리기

1. 스케치 〉 직사각형 버튼을 누른 후 대각선 꼭지점을 클릭하여 사각형을 생성한다. 그림 1-9와 비슷하게 적당한 위치를 클릭하면 된다.
2. 두 번째 코너 클릭 후 마우스 가운데 버튼을 누른다. ESC 키를 눌러도 된다. 그림 1-10과 같이 스케치가 생성된다. 치수가 생성된 것을 확인한다. 치수 값은 달라도 된다.
3. 리본바의 스케치 툴바 맨 끝부분에서 '확인'을 누른다. 스케치 기능이 종료되고 모델이 표시된다.
4. 모델 트리에 스케치 1이 나타난 것을 확인한다.
5. 그래픽 도구모음(그림 1-11)에서 표준방향을 선택한다. 이 그룹에서는 모델 보기의 설정된 방향을 표시할 수 있다.
6. 기준 디스플레이 필터(그림 1-12)에서 평면 디스플레이를 해제한다. 스케치에서 그린 사각형을 정확히 알 수 있다.
7. 화면의 빈 곳을 마우스 좌클릭 한다. 스케치 선택이 해제되어 파란색으로 표시된다.

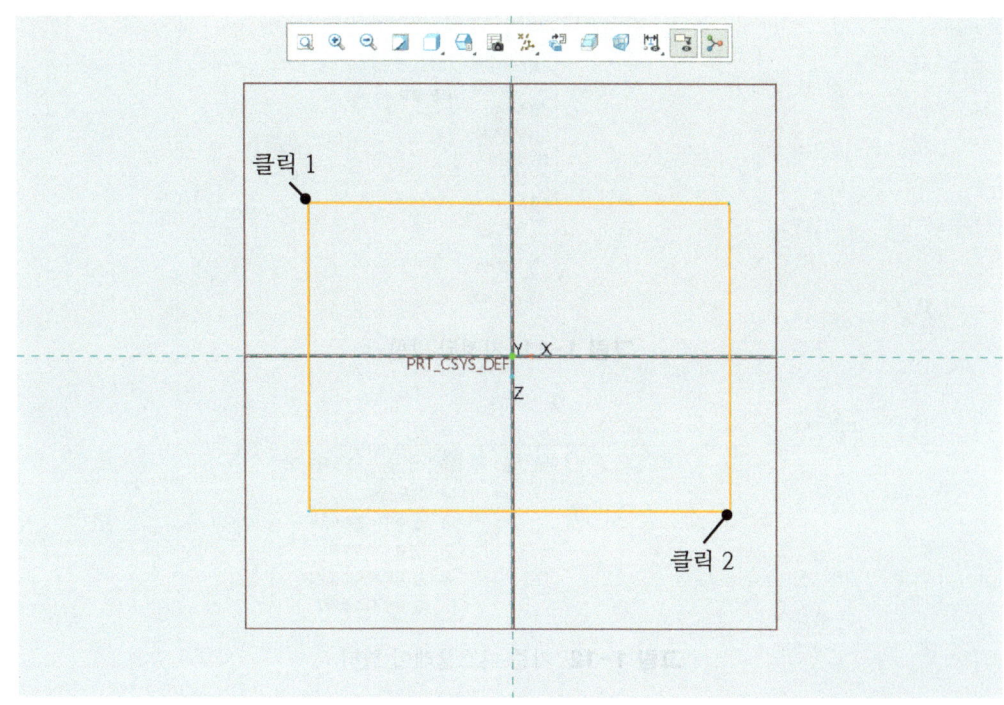

그림 1-9 사각형 그리기

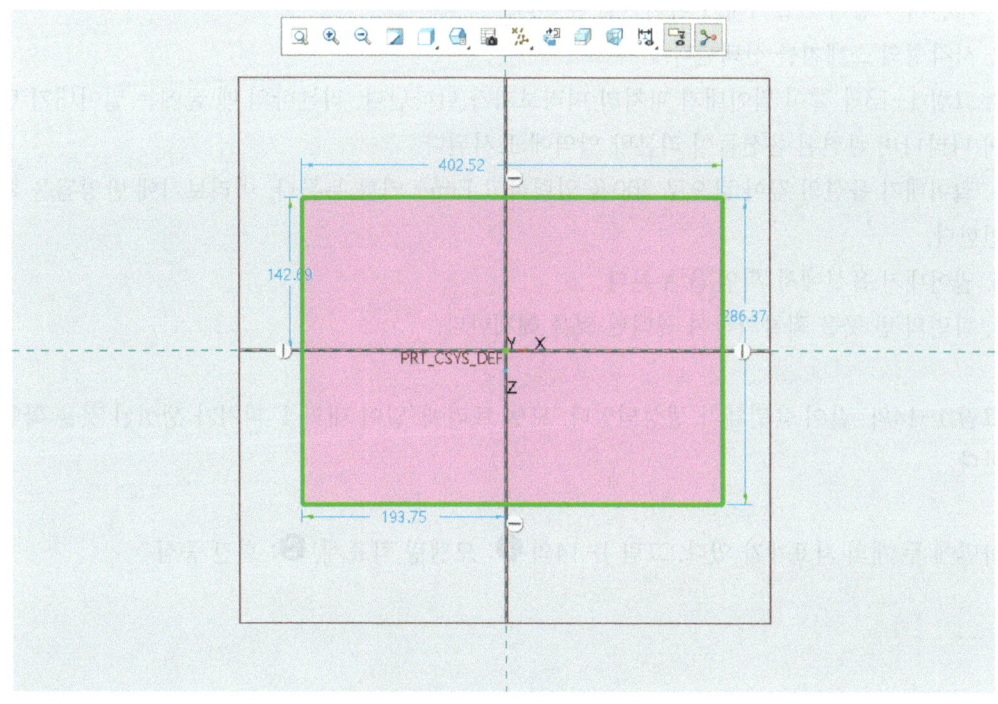

그림 1-10 사각형 그리기

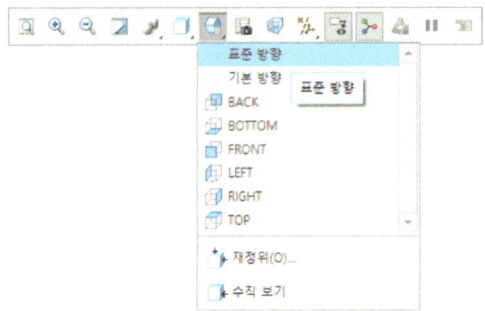

그림 1-11 지정된 방향

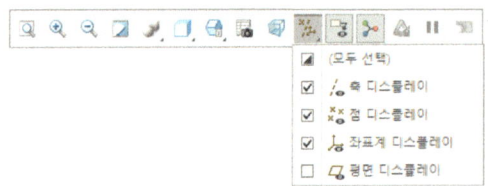

그림 1-12 기준 디스플레이 필터

1.5.3 밀어내기

1. 리본바 〉 형태 〉 밀어내기 아이콘을 누른다.
2. 사각형의 스케치를 선택한다.
3. 그림 1-13과 같이 밀어내기 피쳐의 미리보기가 나타난다. 리본바의 맨 끝에는 밀어내기 탭이 나타나며 관련된 옵션들이 리본바 영역에 표시된다.
4. 밀어내기 옵션의 깊이 값으로 300을 입력하고 Enter 키를 누른다. 미리보기에 반영됨을 확인한다.
5. 밀어내기 옵션에서 '확인'을 누른다.
6. 화면의 빈 곳을 좌클릭하여 선택된 것을 해제한다.

그림 1-14와 같이 육면체가 생성되었다. 모델 트리에 '밀어 내기 1' 피쳐가 생성된 것을 확인한다.

화면에 두 개의 좌표계가 있다. 그림 1-14의 ❶: 모델링 좌표계, ❷: 회전 중심

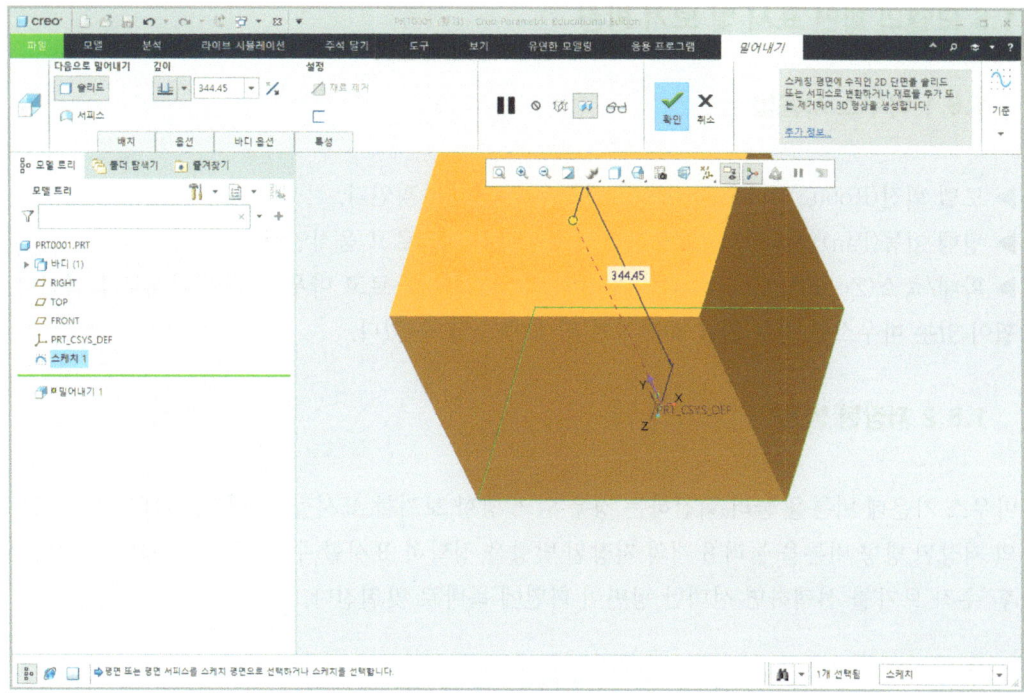

그림 1-13 밀어내기

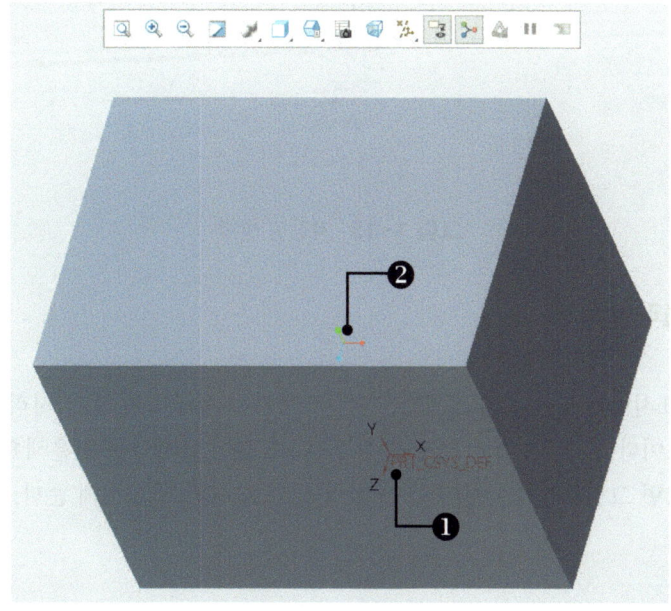

그림 1-14 육면체

1.6 모델의 화면 표시 및 보기 방향

1.6.1 마우스 사용법

▶ 모델 회전(Rotate): 마우스 가운데 버튼을 누르고 움직인다.
▶ 평행 이동(Pan): Shift 키와 가운데 버튼을 동시에 누르고 움직인다.
▶ 확대/축소(Zoom): Ctrl 키와 가운데 버튼을 동시에 누르고 마우스를 위 아래로 움직인다. 휠이 있는 마우스인 경우 휠을 회전시켜 확대/축소할 수 있다.

1.6.2 저장된 방향

마우스 가운데 버튼을 눌러 회전하는 경우 임의 방향 보기를 표시할 수 있다. 그래픽 도구모음의 저장된 방향 버튼을 눌러 8 개의 저장된 방향을 정확히 표시할 수 있다. 어떤 평면을 선택한 후 '수직 보기'를 선택하면 선택한 평면이 화면에 똑바로 맞춰진다.

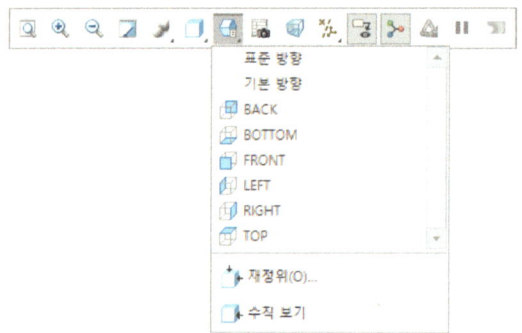

그림 1-15 저장된 방향

1.6.3 디스플레이 유형

화면에 모델을 표시하는 방식을 설정한다. 기본 단축키를 제공하며 음영처리(Ctrl+3)가 기본 디스플레이 유형이다. Ctrl + 2를 누르면 그림 1-17과 같이 모서리를 검은색으로 표시해 준다. Ctrl + 6을 누르면 그림 1-18과 같이 음영 처리 없이 모서리만 표시해 준다.

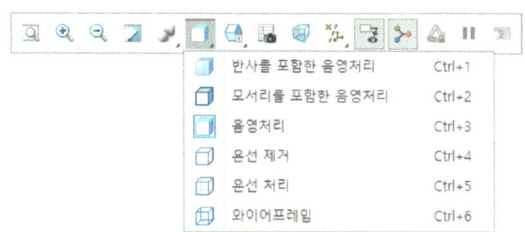

그림 1-16 디스플레이 유형

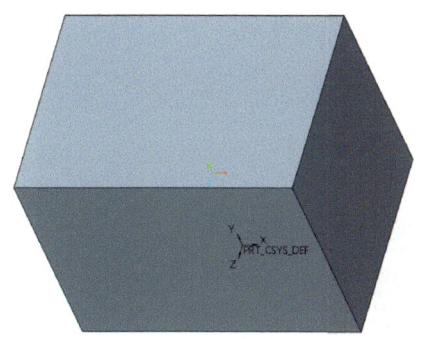 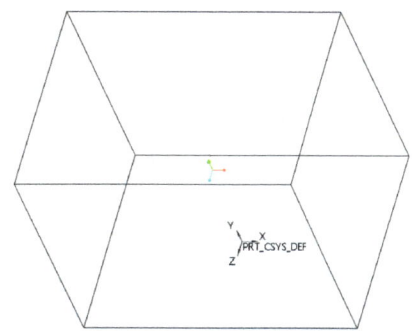

그림 1-17 모서리를 포함한 음영 처리　　　　**그림 1-18** 와이어프레임

1.6.4 보기 탭

리본바의 '보기' 탭을 누르면 모델의 화면 표시 및 보기 방향을 설정할 수 있다. 보기 탭에 있는 기능 중 자주 사용하는 기능이 그래픽 도구모음에 나타나 있는 것이다.

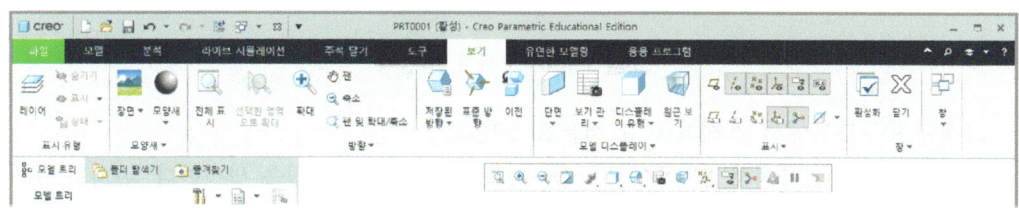

그림 1-19 보기 탭

1.6.5 형상 추가하기

1. 보기 방향을 '표준 방향'으로 한다.
2. 평면 디스플레이 옵션을 체크한다. (그림 1-12 참고)
3. 리본바 > 모델 탭에서 스케치 아이콘을 누른다.
4. 그림 1-20과 같이 육면체의 윗면을 스케치 면으로 선택한다. 참조 방향이 설정된 것을 확인하고 '스케치' 버튼을 누른다.

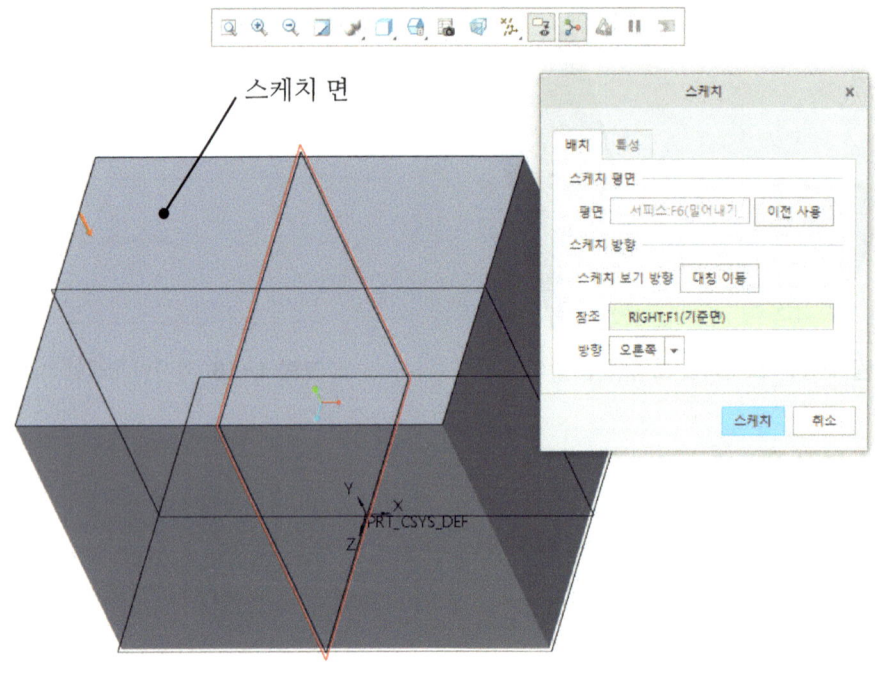

그림 1-20 스케치 면 설정

5. 그래픽 도구모음에서 '스케치 보기' 버튼을 누른다.
6. 스케치 아이콘 그룹에서 '원' 아이콘을 눌러 그림 1-21과 같이 원을 생성한다. 위치와 크기는 비슷하게 하면 된다. 원을 그린 후 마우스 가운데 버튼을 눌러 '원' 기능을 종료하고, 좌클릭하여 선택 취소한다.
7. 스케치 탭에서 '확인'을 누른다.
8. 화면의 빈 곳을 좌클릭하여 선택 취소한다.
9. 표준 방향을 표시한다.
10. 밀어내기 아이콘을 누르고 깊이를 100으로 하여 그림 1-22와 같이 원통 형상을 추가한다.

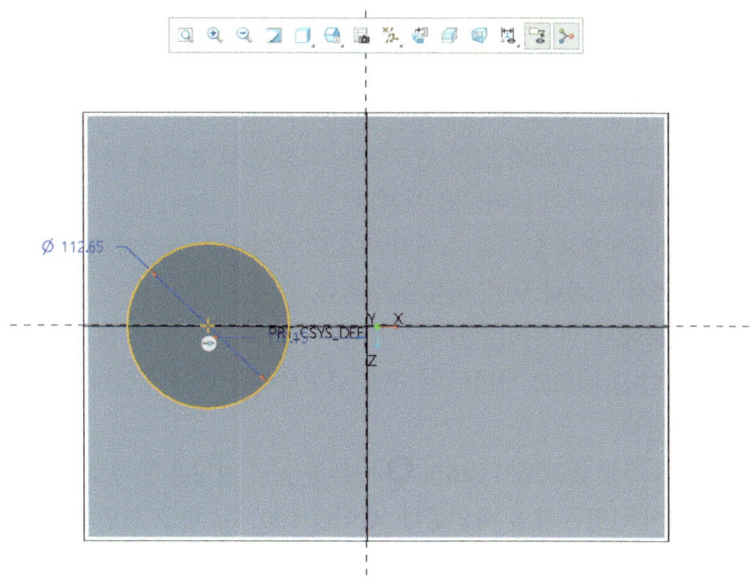

그림 1-21 원 생성

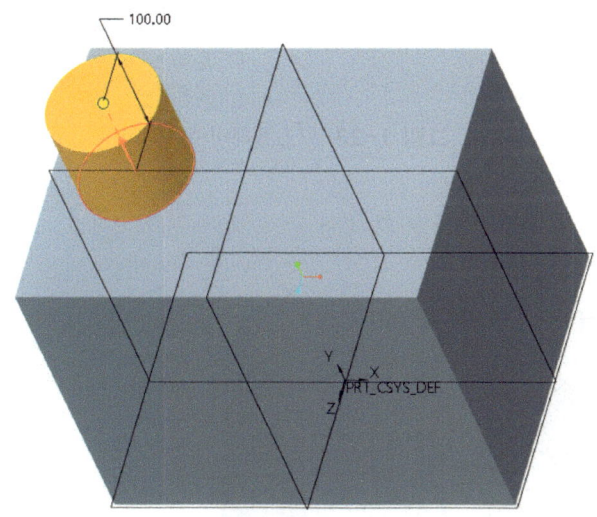

그림 1-22 형상 추가

1.6.6 형상 제거하기

1. 보기 방향을 '표준 방향'으로 한다.
2. 디스플레이 옵션을 그림 1-23과 같이 체크한다. 회전 중심 옵션을 해제한다.
3. 리본바 〉 모델 탭에서 스케치 아이콘을 누른다.
4. 그림 1-24와 같이 육면체의 앞면을 스케치 면으로 선택하고 '스케치' 버튼을 누른다.
5. 그래픽 도구모음에서 '스케치 보기' 버튼을 누른다.
6. 스케치 아이콘 그룹에서 '원' 아이콘을 눌러 그림 1-25와 같이 원을 생성한다.
7. 스케치 탭에서 '확인'을 누르고 화면의 빈 곳을 클릭하여 선택 취소한다.
8. 표준 방향을 표시한다.
9. 밀어내기 아이콘을 누르고 그림 1-26의 ❹ 버튼을 눌러 방향을 반대로 한다. 재료 제거 옵션(그림 1-26의 ❺)이 선택된 것을 확인한다. 깊이를 100으로 하고 확인 버튼을 누른다.

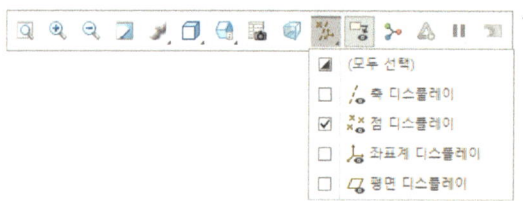

그림 1-23 디스플레이 옵션

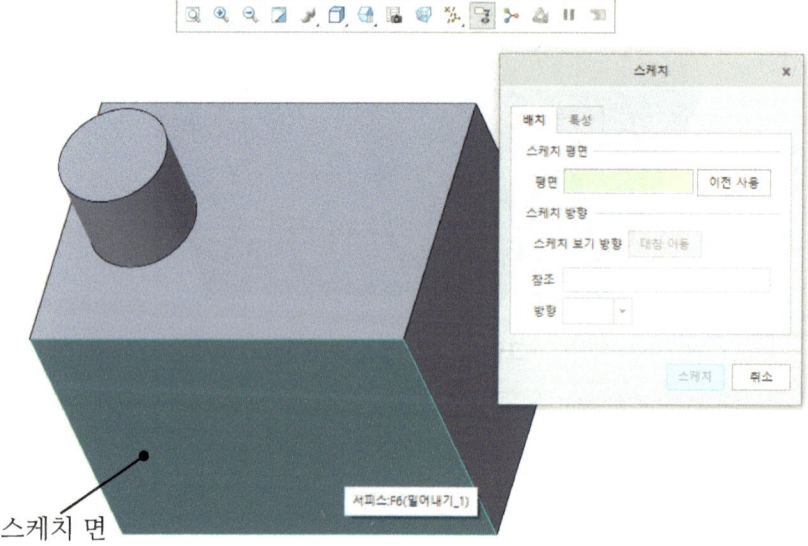

그림 1-24 스케치 면 설정

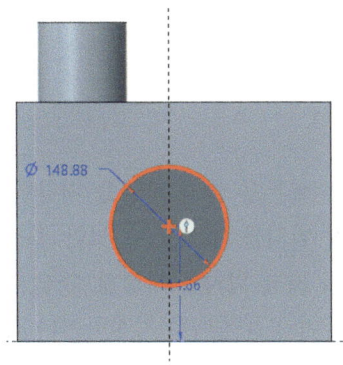

그림 1-25 원 생성

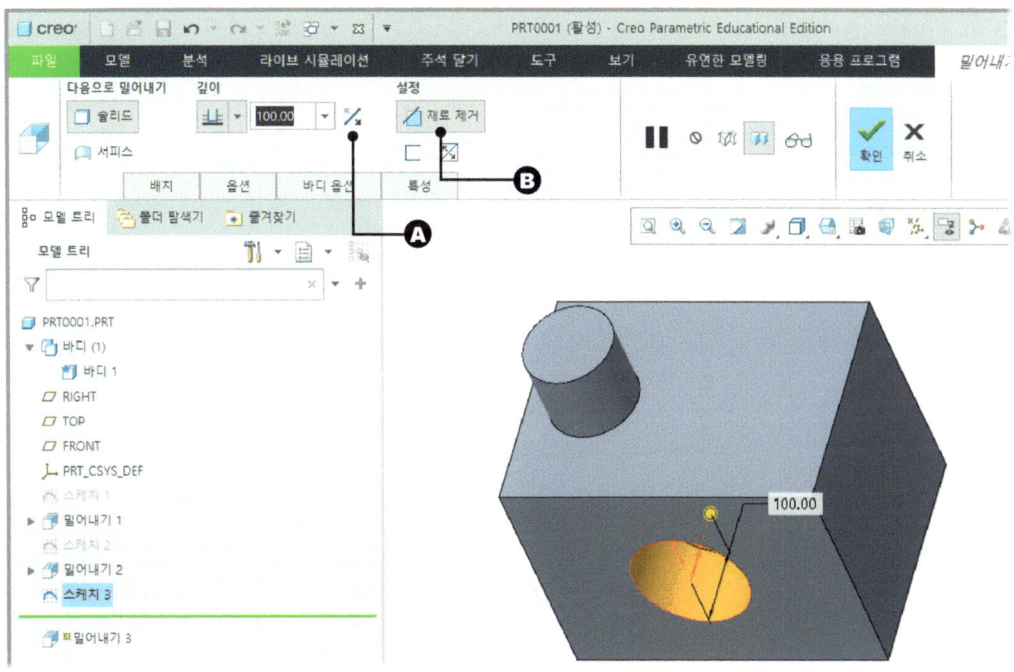

그림 1-26 재료 제거

17

1.7 파일 관리

1.7.1 저장

빠른 액세스 도구모음에서 '저장' 버튼을 눌러 파일을 저장한다. 객체 저장 대화상자의 왼쪽에는 공통 폴더가 나타나서 저장 위치를 지정할 수 있다. Desktop이나 내 문서 등을 클릭하여 Windows에 있는 기본 폴더를 저장 위치로 지정할 수 있다. 특정 폴더에 우클릭하면 그림 1-28과 같은 팝업 옵션이 나타나며 공통폴더로 지정하거나 작업 디렉토리로 지정할 수 있다.

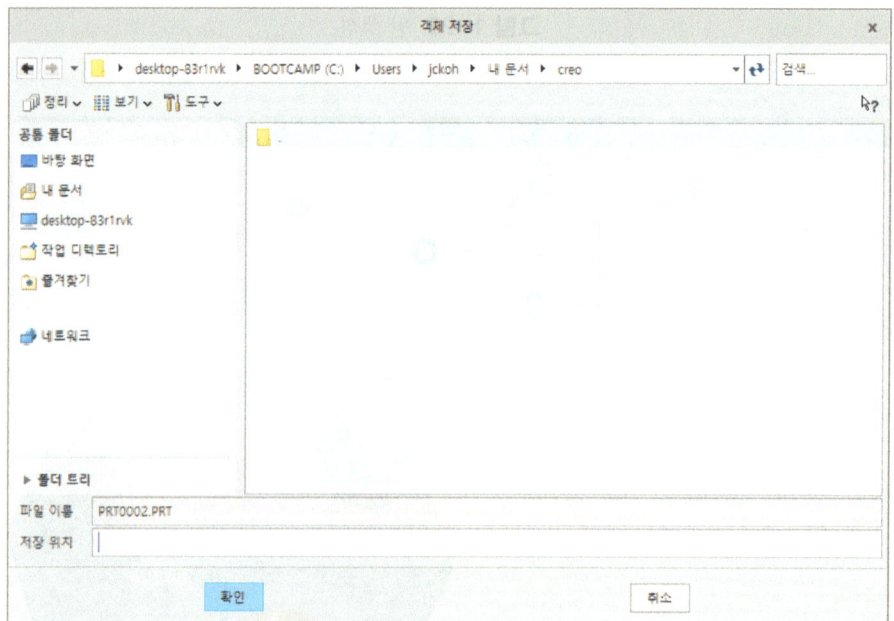

그림 1-27 객체 저장 대화상자

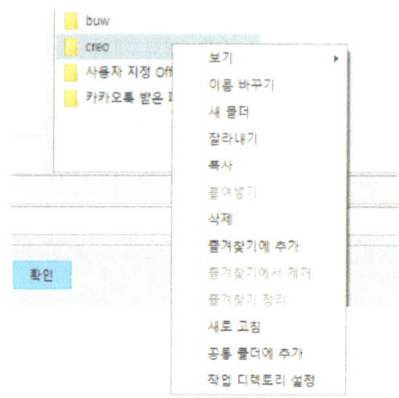

그림 1-28 폴더 팝업 옵션

1.7.2 새 파일 만들기

하나의 파일을 저장한 후 별도의 새로운 파일을 만들 수 있다. 이 경우 Creo 창이 다시 뜨며 Windows의 작업 표시줄에서 파트 창을 변경할 수 있다. 폴더를 지정하여 저장할 수 있고, 작업 디렉토리를 지정했다면 빠르게 작업 디렉토리에 저장할 수 있다.

1.7.3 작업 디렉토리

작업 디렉토리를 지정할 경우 빠르게 해당 디렉토리에 파트를 저장할 수 있다. Creo 창에서 작업 디렉토리를 지정하면 현재 띄워져 있는 Creo 창에서 모두 같은 곳이 지정된다. Creo 창을 모두 닫은 후 다시 Creo를 실행시키면 작업 디렉토리는 초기화 된다. Creo 실행 아이콘에 우클릭 〉 속성 〉 바로가기에서 시작위치를 지정하면 아이콘을 더블클릭 할 때마다 작업 디렉토리가 지정된다.

그림 1-29 작업 디렉토리

1.7.4 닫기

파일 탭 > 닫기를 선택하여 파트를 닫을 수 있다. 닫기 아이콘은 빠른 액세스 도구모음에도 있으며 Windows의 작업 표시줄에서 닫을 수도 있다.

1.7.5 세션관리

파일을 실수로 닫았더라도 Creo가 하나라도 실행 중이라면 아직 Creo 세션에 남아 있다. 이렇게 될 경우 남아 있는 파일 이름으로 새 파일을 만들 수 없다. 폴더 탐색기에서 '세션 중' 탭을 누르면 현재 세션에 남아 있는 파일이 나타나며 더블클릭하여 다시 열 수 있다.

세션에서 완전히 없애려면 파일 탭 > 세션 관리에서 '현재 항목 지우기' 또는 '표시되지 않은 항목 지우기' 메뉴를 이용한다.

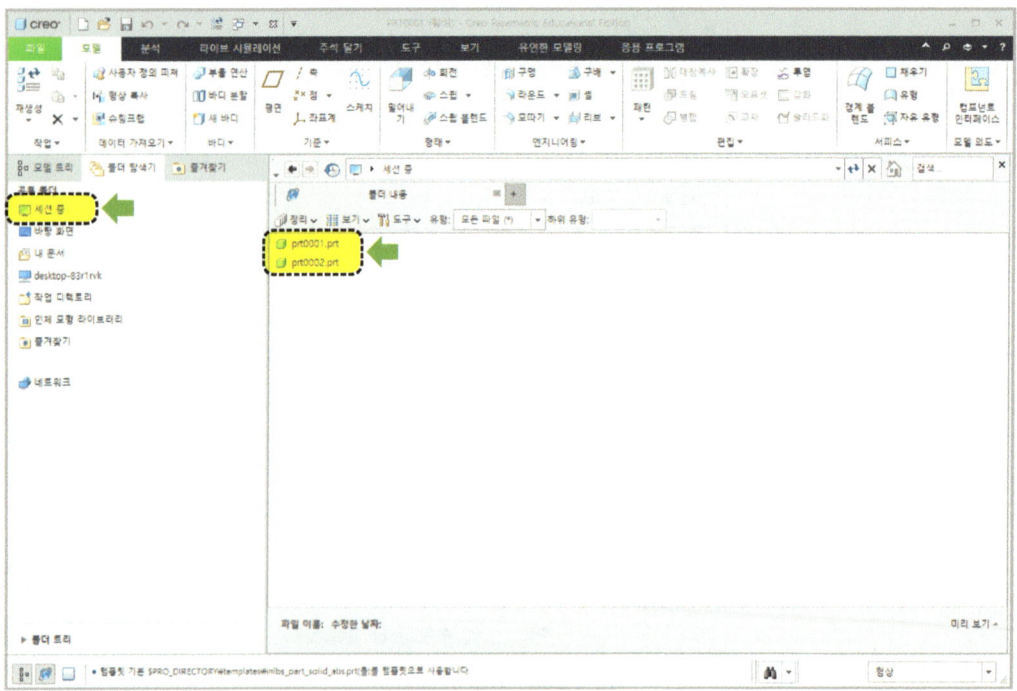

그림 1-30 세션중 파일 확인

그림 1-31 세션 관리

1.7.6 버전

모델을 수정하면서 중간중간 저장 하면 그 때마다 새로운 버전의 파일이 생성된다. Windows 탐색기에서 파일 확장명 옵션을 체크해야 버전을 알 수 있다. 파일을 열 때 그림 1-33과 같이 버전을 선택하여 열 수 있다.

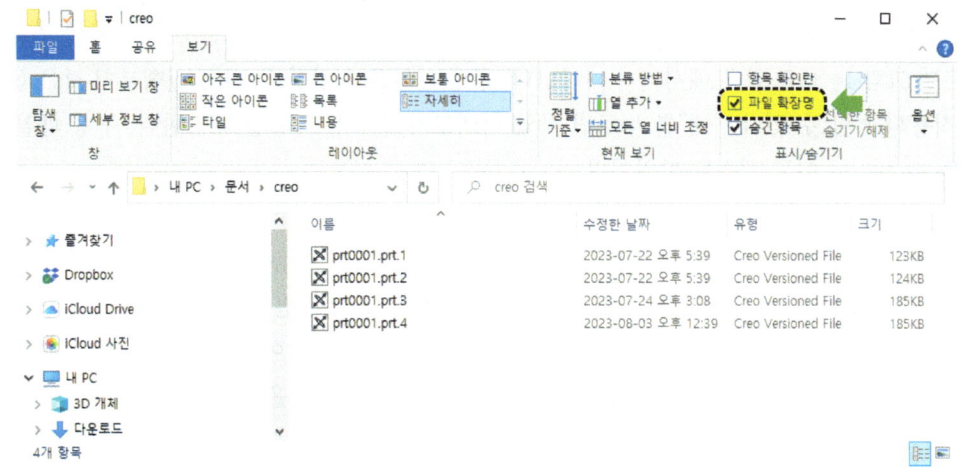

그림 1-32 파일 버전

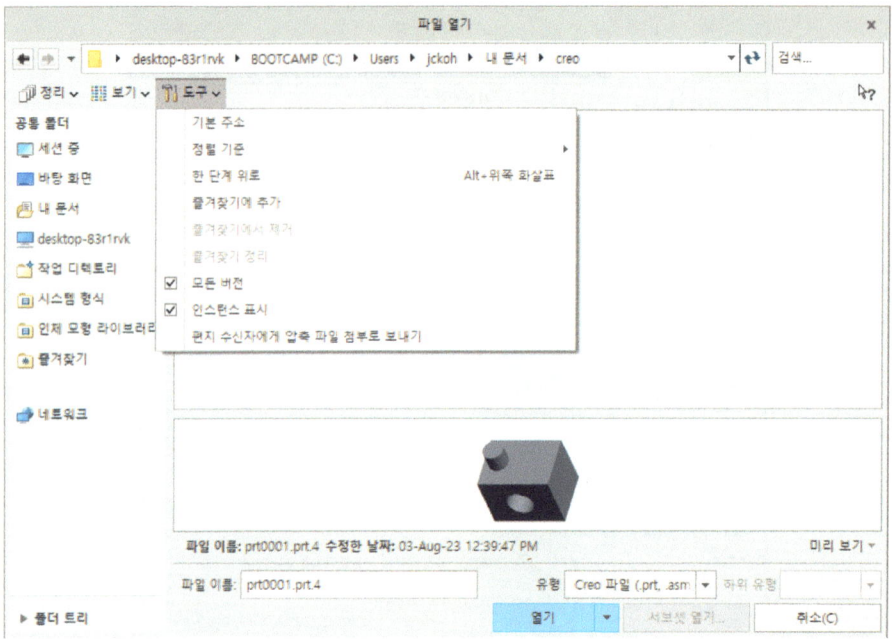

그림 1-33 파일 열기 버전

파일 탭 > 파일 관리 > '이전 버전 삭제' 또는 '모든 버전 삭제' 메뉴를 이용하여 필요 없는 버전 파일을 삭제할 수 있다. '모든 버전 삭제'를 선택하면 경고창이 나타나고, '예'를 선택하면 현재 작업창에 있는 파일의 모든 버전(최종 버전 포함)을 삭제할 수 있다.

1.8 옵션

파일 > 옵션을 선택하면 Creo 사용 환경을 변경할 수 있다. 그림 1-34와 같은 대화상자의 왼쪽 창에 있는 각 항목을 클릭하여 해당 옵션을 변경할 수 있다. 옵션을 변경한 후 확인 버튼을 누르면 그림 1-35와 같은 메시지가 나타난다. 구성 파일을 저장한 후 다음 실행부터 같은 옵션이 적용되게 할 수 있다. "예"를 누르면 작업 디렉토리에 구성 파일을 저장한다. 구성 파일 이름은 config.pro이고 텍스트 파일이다.

옵션 설정 대화상자 왼쪽 항목의 맨 아래를 보면 구성 편집기 메뉴가 있다. 이를 클릭하면 그림 1-37과 같은 구성 편집기가 나타난다. "추가" 버튼을 누르면 찾기 기능을 이용하여 옵션 이름을 찾아 바로 변경할 수 있다. 저장할 때마다 파일 버전이 생성되지 않도록 하려면 save_file_iterations 옵션을 no로 설정하면 된다. config.pro 파일을 바로 편집할 수도 있다.

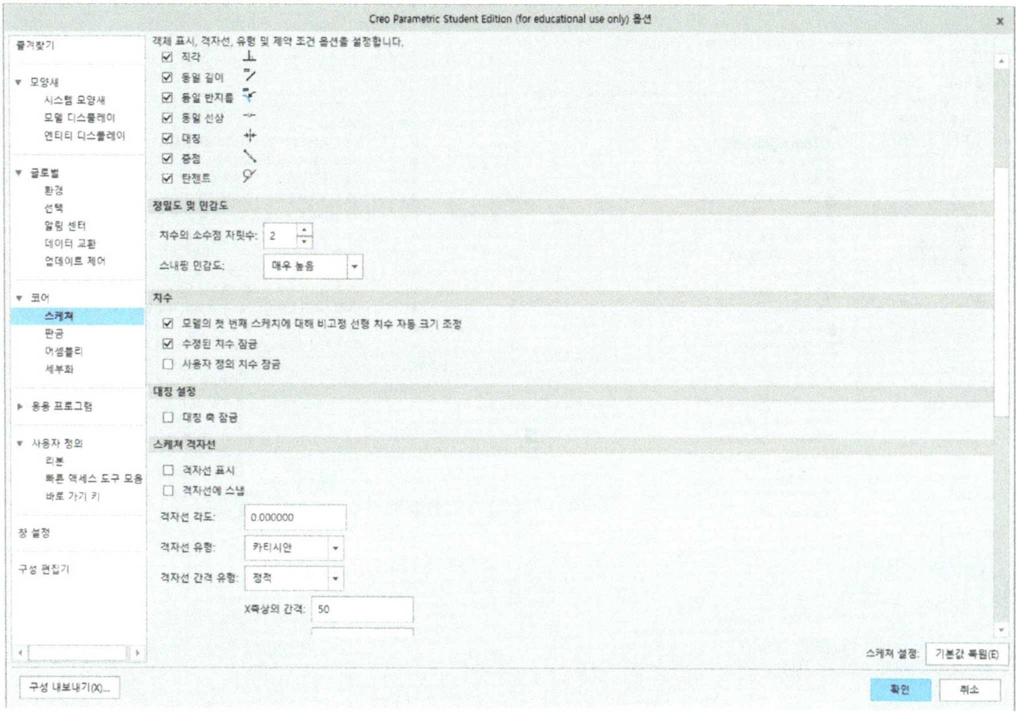

그림 1-34 옵션 대화상자

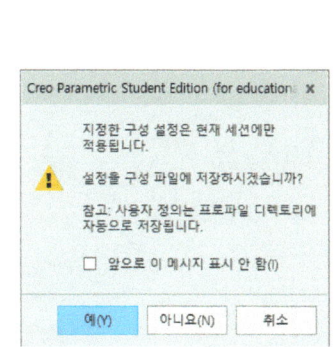

그림 1-35 구성 파일 저장 옵션

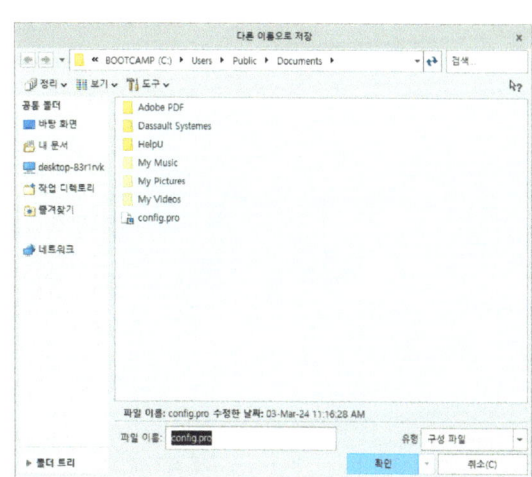

그림 1-36 구성 파일 저장 폴더

1 장: Creo 시작하기

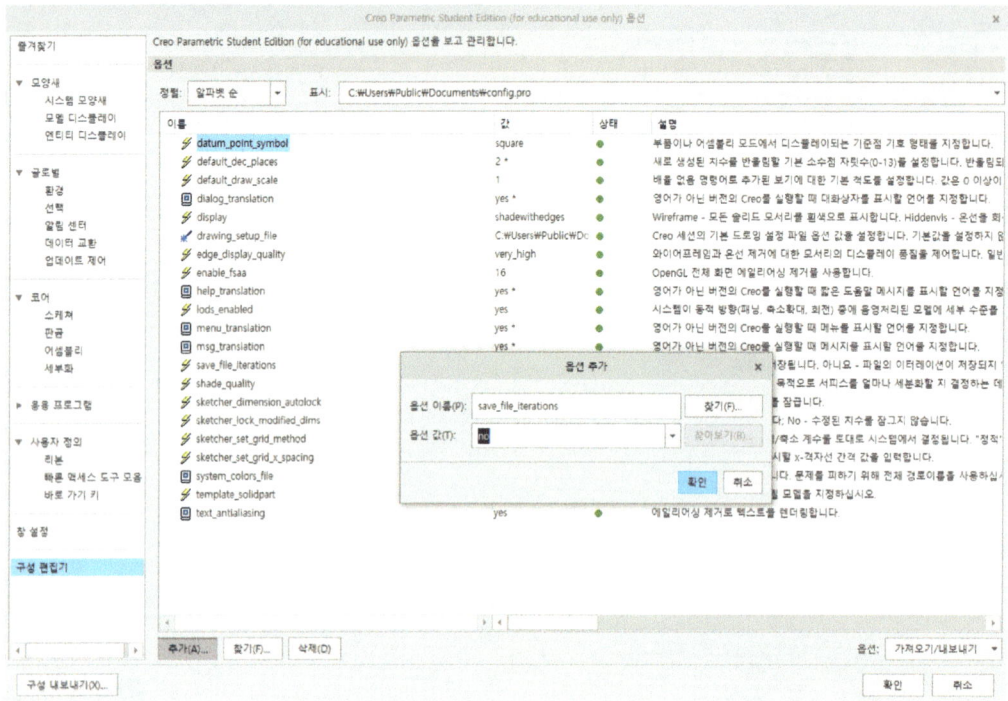

그림 1-37 구성 편집기

Chapter 2
스케치와 밀어내기 기본

■ 학습목표

- 스케치 과정을 이해한다.
- 스케치 선을 그리고 수정할 수 있다.
- 밀어내기 기능의 기본 사용법을 이해한다.
- 스케치 옵션을 설정할 수 있다.

2.1 스케치란?

밀어내기, 회전 등의 기능을 이용하여 3차원 형상을 만들거나 제거하려면 스케치가 있어야 한다. 3차원 형상이란 면으로 이루어진 형상을 말한다. 스케치는 선으로만 정의되기 때문에 와이어프레임이라고 한다. 스케치를 이용하여 3차원 형상을 생성하며, 3차원 형상은 서피스로 이루어진다. 서피스의 경계는 폐곡선의 선(모서리)으로 표시되며 안쪽과 바깥쪽 구분이 있다. 안쪽의 면적이 서피스의 면적에 해당된다. 와이어프레임은 폐곡선이라 하더라도 안쪽과 바깥쪽의 구분이 없다.

그림 2-2는 그림 2-1의 스케치를 밀어내기 하여 생성한 3차원 형상이다.

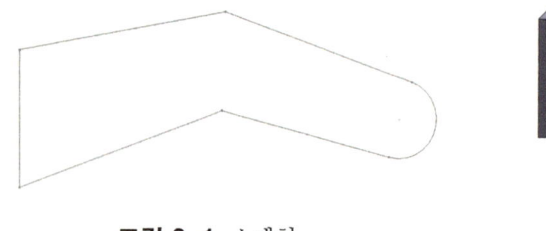
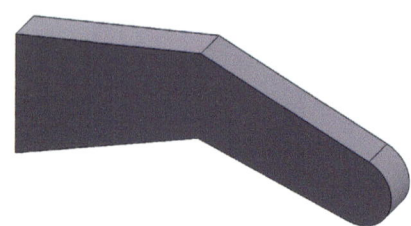

그림 2-1 스케치　　　　　　　**그림 2-2** 밀어내기 형상

2.2 스케치의 순서와 구성 요소

스케치를 생성하는 일반적인 순서에 대하여 설명한다.

2.2.1 스케치 평면 정의

스케치는 평면에 생성한다. 처음 생성하는 스케치인 경우 Front, Top, Right 면에 정의할 수 있고, 3차원 형상의 면 중 평평한 곳에 정의할 수도 있다. 스케치 면을 정의하고 나면 기준 좌표축이 나타난다. 수평과 수직의 기준이 된다.

2.2.2 커브 생성

스케치 면을 설정한 후 스케치 탭에 있는 기능들을 이용하여 스케치 커브를 생성한다. 이 단계에서는 대략적인 형상을 그리는데 최종적으로 원하는 형상에 가깝게 그리는 것이 좋다.

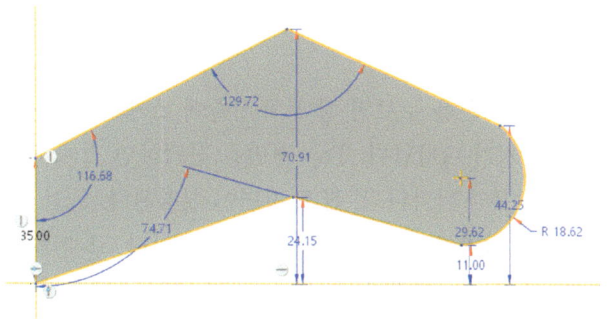

그림 2-3 대강 그린 스케치

2.2.3 모양 정의하기

치수와 구속(또는 제약 조건)을 이용하여 대강 그린 스케치의 모양을 원하는 모양으로 정의할 수 있다. 치수 기능을 이용하면 길이, 각도, 반지름, 지름 등의 값을 수치로 기입하고 수치를 변경하여 선의 크기를 변경할 수 있다. 구속 기능을 이용하면 수평, 수직, 일치, 중점, 같음, 탄젠트 등의 기하학적 조건을 정의하여 선의 모양을 정할 수 있다.

그림 2-4는 완전히 정의된 스케치를 보여준다. 완전히 정의된 스케치란 치수와 기하학적 조건이 요구되는 최종 상태에 딱 맞는 스케치를 말한다.

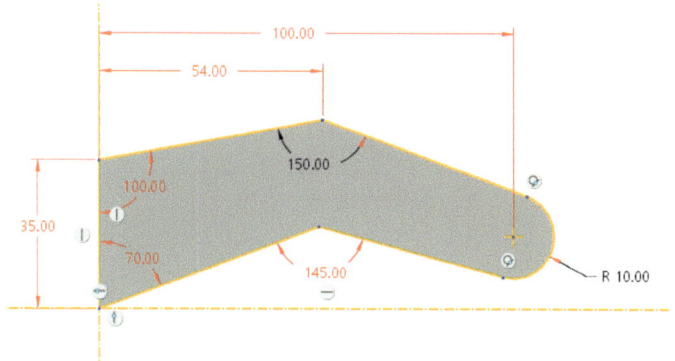

그림 2-4 완전 정의된 스케치

2.2.4 스케치 종료

스케치 종료 버튼을 눌러 스케치를 종료한다.

2.3 스케치 면 정하기

모델 탭 > 기준 > 스케치 아이콘을 누르면 상태 표시줄에 스케치 평면 정의를 위해 평면이나 서피스를 선택하라는 메시지가 나타난다. Top 평면을 선택하면 스케치 대화상자가 나타나고 보기 방향을 의미하는 화살표가 나타나고, 참조 평면이 설정된다. 확인 후 "스케치" 버튼을 누르면 스케치 면 정의가 완료되며 스케치 기능을 이용할 수 있다. 그래픽 도구모음에 스케치 보기 아이콘(그림 2-6)이 나타나며, 클릭하면 그림 2-7과 같이 스케치 면이 화면에 맞춰진다.

스케치 보기 방향 > 대칭 이동 버튼을 눌러 화살표 방향을 반대로 설정할 수 있다. 화살표 방향은 스케치 평면이 향하는 방향이다. 방향 옵션에서 오른쪽, 왼쪽, 위, 아래를 선택하면 스케치 평면이 회전한다.

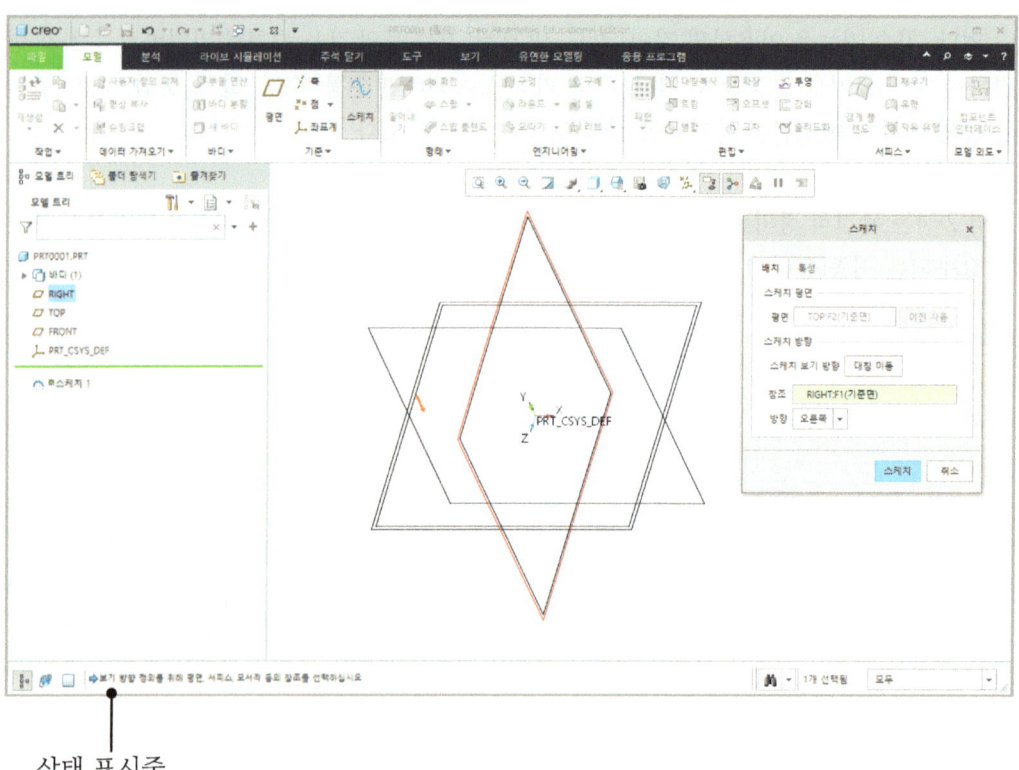

그림 2-5 스케치 면 정하기

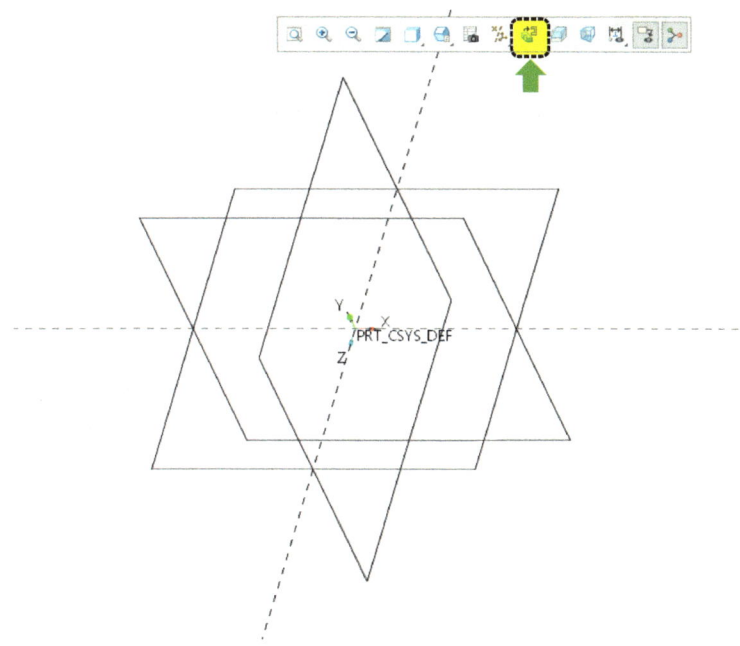

그림 2-6 스케치 보기 버튼

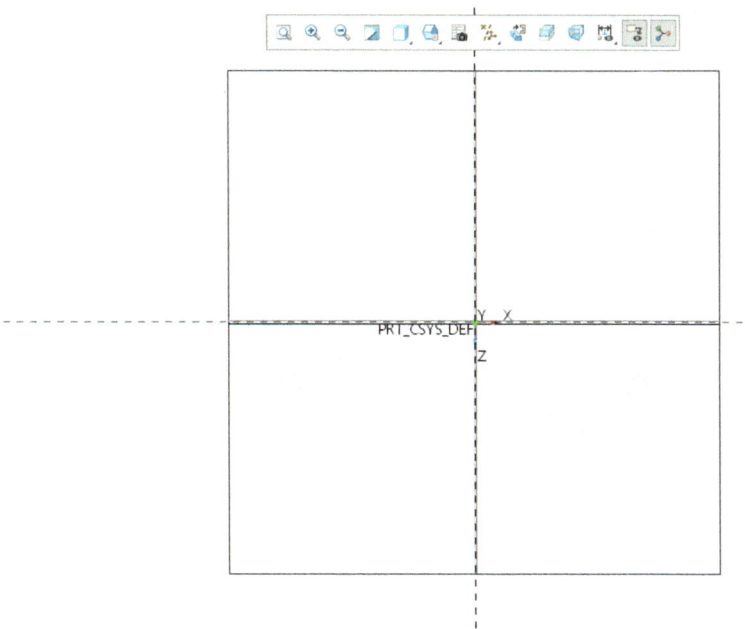

그림 2-7 스케치 보기

2.4 직선 그리기와 치수 이해

기준 디스플레이 필터를 모두 끈다. 스케치 아이콘 그룹에서 '선' 아이콘을 누르고 그림 2-8의 점 Ⓐ를 클릭한 후 수평으로 이동하여 Ⓑ를 클릭한다. 수평선이 생성되며 연속하여 선을 그릴 수 있다. 마우스 가운데 버튼(휠)을 누르면 선 하나가 완성되고 다른 시작점을 클릭하여 다음 선을 그릴 수 있다. 가운데 버튼을 한 번 더 누르면 기능이 종료되며 선이 선택된 상태이다. 마우스 왼쪽 버튼으로 빈 곳을 클릭하면 선택 취소 된다.

수평 구속 기호가 있고, 치수가 자동으로 기입된 것을 알 수 있다. 스케치를 그리면서 자동으로 기입되는 치수를 비고정 치수라 한다. 치수를 더블클릭하여 값을 입력하면 고정 치수로 전환되며 색깔이 바뀐다. 비고정 치수를 무시하고 '치수' 아이콘을 눌러 치수를 기입할 수 있다. 이 경우 생성되는 치수는 고정 치수이며 이와 중첩되는(또는 충돌되는) 비고정 치수는 사라진다.

그림 2-9는 치수를 변경한 결과를 보여준다. 200 치수는 '치수' 아이콘을 이용하여 생성한 것이다. 치수 생성 방법은 다음과 같다.

1. '치수' 아이콘을 누른다.
2. 수평 기준선과 직선을 선택한다.
3. 치수를 생성할 위치에 마우스 포인터를 가져간 후 가운데 버튼을 누른다.
4. 값을 입력하고 Enter 키를 누른다.

고정 치수를 비고정 치수로 변경하려면 치수를 선택한 후 Delete 키를 누르면 된다.

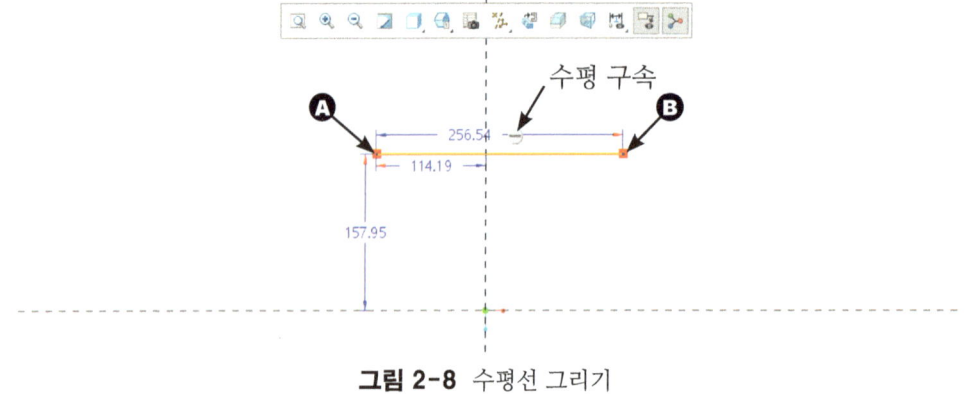

그림 2-8 수평선 그리기

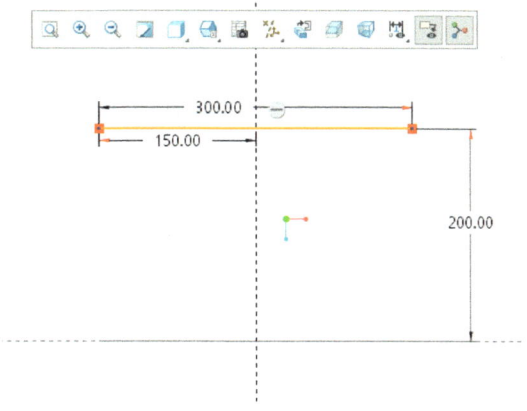

그림 2-9 치수 입력하기

2.5 스케치 디스플레이

그래픽 도구모음에서 스케치 디스플레이를 설정할 수 있다.

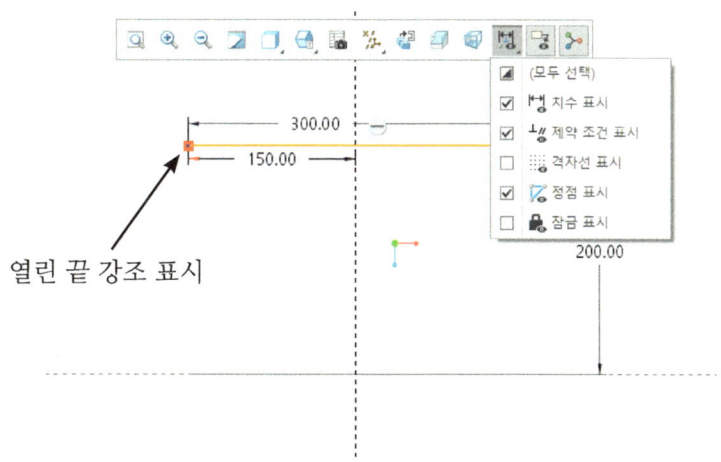

그림 2-10 스케치 디스플레이 옵션

2.6 스케치 검사

'검사' 아이콘 그룹에서 피쳐 요구사항 아이콘을 누르면 스케치 피쳐에 대한 기본적인 요구사항이 충족되었는지, 상태가 정상인지 확인할 수 있다.

중첩 형상을 체크할 수 있고, 열린 끝 강조 표시(그림 2-10) 할 수 있으며 닫힌 루프를 음영처리할 수 있다. 그림 2-13은 닫힌 사각형을 음영처리 표시한 것이다. 직선의 끝점들이 서로 일치되어 있으면 그 부분이 닫혀 있다고 말하며 열린 끝 강조 표시가 나타나지 않는다.

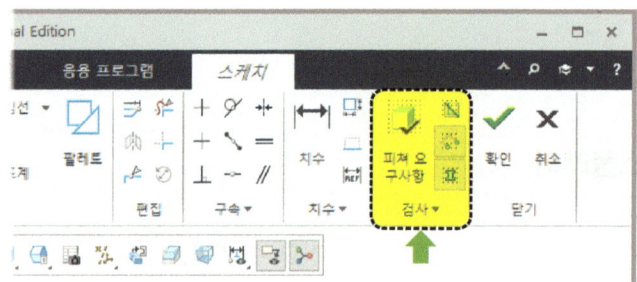

그림 2-11 '검사' 아이콘 그룹

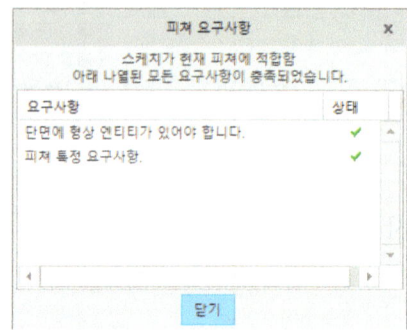

그림 2-12 피쳐 요구사항 정보창

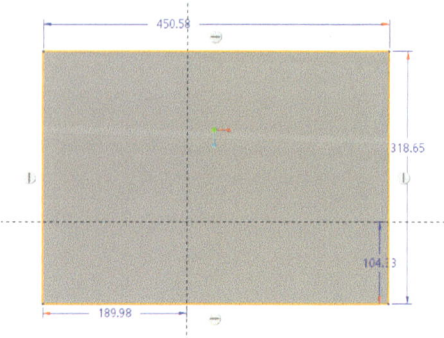

그림 2-13 닫힌 루프 음영 처리

2.7 선 그리기

2.7.1 스케치 아이콘

스케치 아이콘 그룹의 선 그리기 기능은 그림 2-14와 같이 그 용도를 구분하여 사용할 수 있어야 한다.

A 구성 모드: 이 버튼을 누르고 선을 그리면 점선으로 표시되며 스케치를 종료했을 때 선이 나타나지 않는다. 이렇게 그리는 선은 참조선 이라고도 부르며 해당 스케치 안에서 다른 일반 선을 정의하는데 보조적으로 사용된다.

B 선 그리기: 선, 직사각형, 원, 호 등을 그릴 수 있다. 구성 모드를 사용하지 않을 경우 일반 선이 그려지며 스케치 종료 후 밀어내기 등의 기능을 이용하여 3차원 형상을 생성하는데 사용할 수 있다.

C 기준: 중심선, 점, 좌표계를 정의하여 치수나 구속의 기준으로 사용할 수 있다. 스케치를 종료하면 나타나지 않는다.

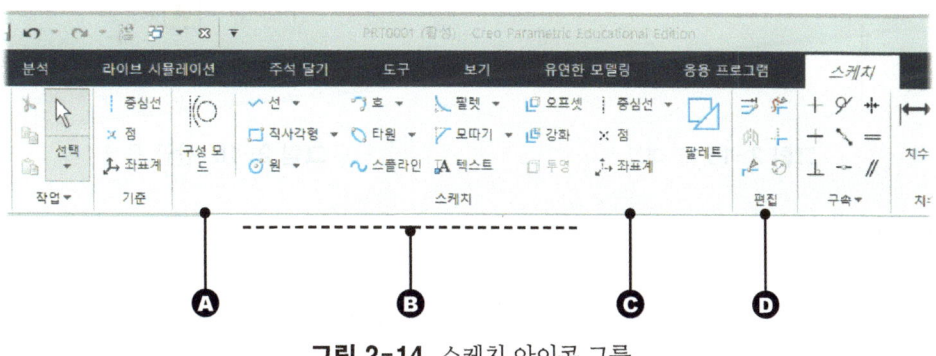

그림 2-14 스케치 아이콘 그룹

2.7.2 드래그와 잠금

선은 기본적으로 드래그 하여 모양을 변경할 수 있다. 드래그 할 경우 그에 맞게 치수가 변경된다. 드래그 할 때는 그림 2-15와 같이 선의 정의점 (선의 끝점이나 중심점 등)을 클릭한 후 드래그 한다.

선을 클릭하면 단축 메뉴가 나타나며 '잠금 전환' 옵션(그림 2-16)을 이용하여 잠글 수 있다. 이렇게 하면 드래그 하여 선을 변경할 수 없게 된다. 그러나 치수를 변경하면 선의 크기가 변경된다. 치수를 클릭했을 때도 잠금 전환 옵션을 이용할 수 있다. 잠긴 치수는 빨간색으로 표시되며 선을 드래그할 때 값이 유지된다.

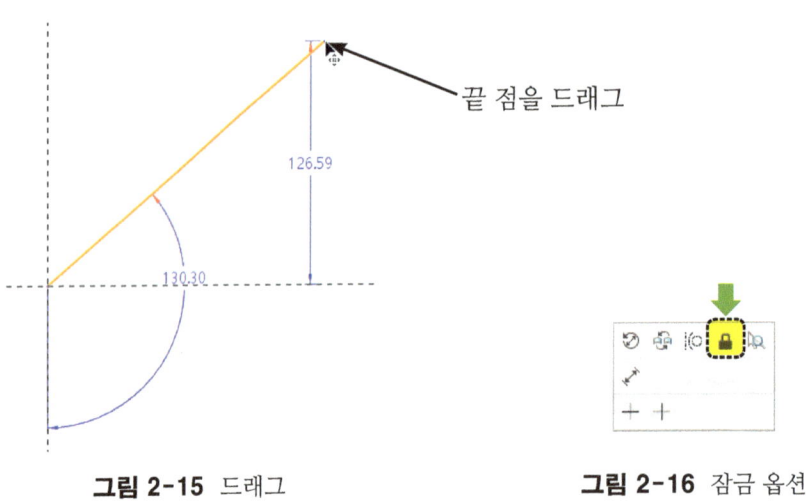

그림 2-15 드래그   **그림 2-16** 잠금 옵션

2.7.3 선 편집

그림 2-14의 **D**에 있는 편집 기능을 이용하여 스케치 선을 편집할 수 있다. 자르거나 연장, 대칭, 코너 만들기 등의 기능이다.

그림 2-17의 스케치는 정상적인 닫힌 루프가 아니기 때문에 음영 처리 되지 않으며 밀어내기 기능으로 전체 스케치에 대한 형상을 만들 수 없다. 세그먼트 삭제 기능을 이용하면 그림 2-18과 같이 드래그하여 선들을 삭제할 수 있다. 선의 불필요한 부분을 삭제하면 그림 2-19와 같은 정상적인 닫힌 루프의 스케치로 만들 수 있으며 스케치 전체에 대하여 밀어내기 기능을 적용할 수 있다.

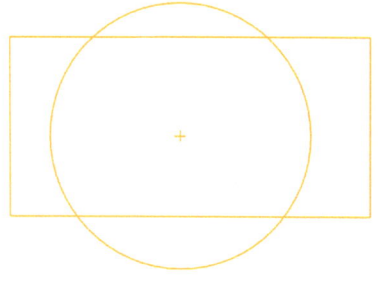 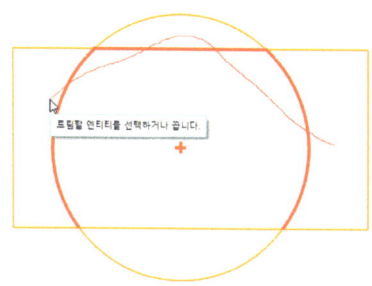

그림 2-17 처음 스케치   **그림 2-18** 세그먼트 삭제 (드래그)

그림 2-19 최종 스케치

2.8 치수

2.8.1 길이 치수

직선이나 호의 길이를 기입할 수 있다. 직선의 길이를 기입할 때는 치수 아이콘을 누른 후 직선을 선택하고, 치수가 표시될 위치에서 마우스 가운데 버튼을 누른다.

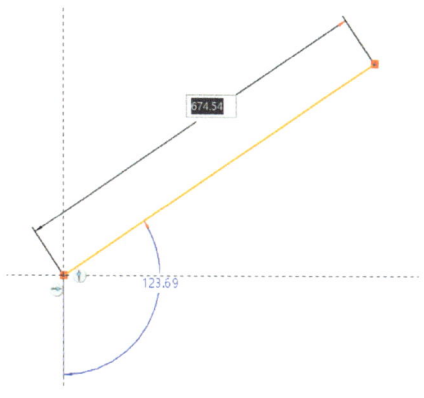

그림 2-20 직선의 길이 치수

호의 길이를 기입할 때는 끝점-호-다른 끝점을 선택한 후 치수가 생성될 위치에서 중간버튼 클릭한다.

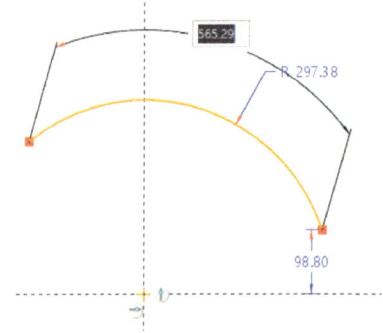

그림 2-21 호의 길이 치수

2.8.2 거리 치수

평행한 직선과 직선, 점과 점, 직선과 점 사이의 거리를 기입한다. 여기서 점이란 '점' 기능으로 생성한 점 외에 직선이나 호, 원 등의 정의점(끝점, 중심점 등)을 포함한다.

그림 2-22는 수평의 기준선과 원의 아래 부분을 선택하여 기입한 거리 치수를 보여준다. 호의 가장 먼 곳까지의 거리 치수도 기입할 수 있다.

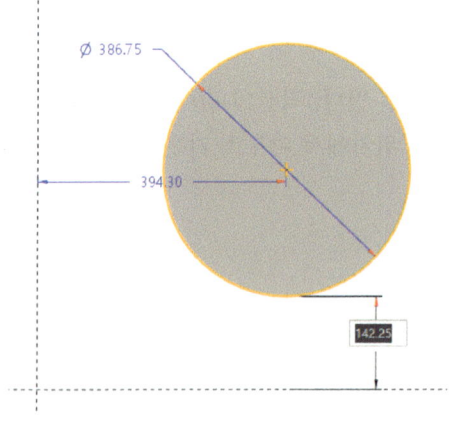

그림 2-22 거리 치수

2.8.3 각도 치수

평행하지 않은 두 직선 사이의 각도 치수를 기입한다.

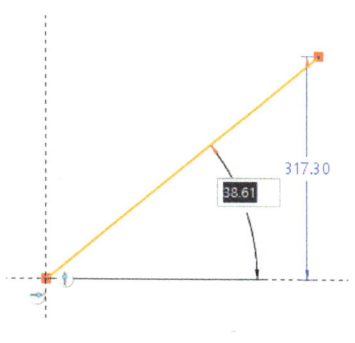

그림 2-23 각도 치수

2.8.4 반지름과 지름

치수 아이콘을 누르고 원이나 호를 선택한 후 중간 버튼 클릭하여 반지름 치수를 생성할 수 있다. 생성된 치수를 클릭하면 단축 메뉴가 나타나서 지름이나 선형 치수로 변경할 수 있다.

지름 치수를 바로 기입하려면 치수 아이콘을 누른 후 원이나 호를 더블클릭하면 된다.

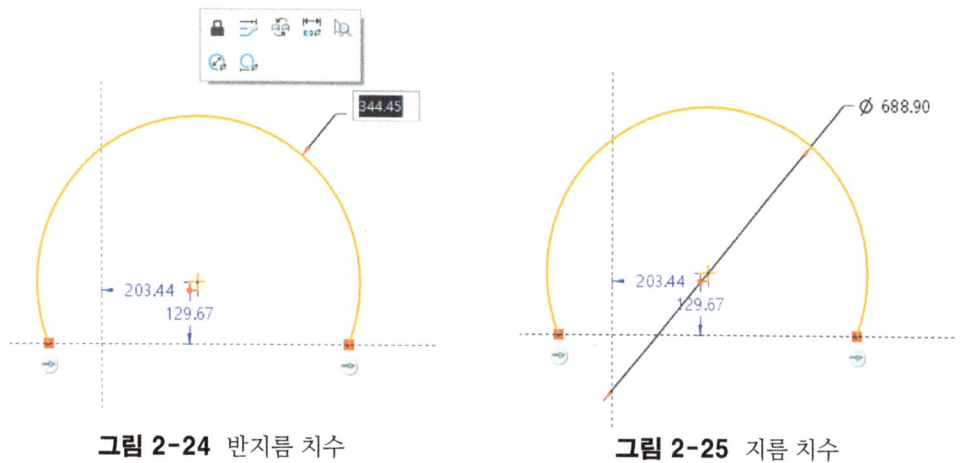

그림 2-24 반지름 치수   **그림 2-25** 지름 치수

2.9 구속

2.9.1 구속의 종류

치수는 숫자로 된 값을 이용하여 선을 정의하고 변경한다. 구속은 기하학적 제약사항을 정의하여 선의 모양을 정의한다. 구속에는 다음과 같은 것들이 있다.

- ▶ 수평: 직선을 수평으로 만든다. 수평의 기준은 그래픽 도구모음에서 '스케치 보기'를 클릭했을 때 화면의 가로 방향과 같다.
- ▶ 수직: 직선을 수직 방향에 맞춘다.
- ▶ 탄젠트: 선과 선이 접하도록 한다.
- ▶ 대칭: 점과 점을 중심 직선에 대해 대칭으로 배치한다.
- ▶ 중점: 점을 직선 또는 호의 길이의 중앙점에 맞춘다.
- ▶ 같음: 직선의 길이를 같게 하거나 호의 반지름을 같게 만든다.
- ▶ 직각: 직선과 직선이 직각으로 되게 하거나 직선과 원 또는 호가 직각이 되게 한다. 직선과 원 또는 호가 직각이라는 것은 직선이 원이나 호의 중심을 통과함을 의미한다.
- ▶ 일치: 점과 점 일치, 점이 선 위에 배치, 선과 선이 일직선이 되도록 한다.
- ▶ 평행: 직선과 직선이 평행하게 만든다.

2.9.2 구속 적용 방법

자동 적용

선을 그릴 때 구속을 걸 수 있다. 구속을 걸지 않으려면 Shift 키를 누르고 선을 그리면 된다. 구속 기호를 삭제하면 해당 구속은 사라진다.

구속 아이콘 이용

구속 아이콘을 누르고 적용할 대상을 선택한다. 중점 아이콘을 누르고 그림 2-26과 같이 직선의 끝 점과 다른 직선을 선택하면 처음 선택한 끝 점이 두번째 선택한 직선의 중간에 놓이며 해당되는 기호가 나타난다.

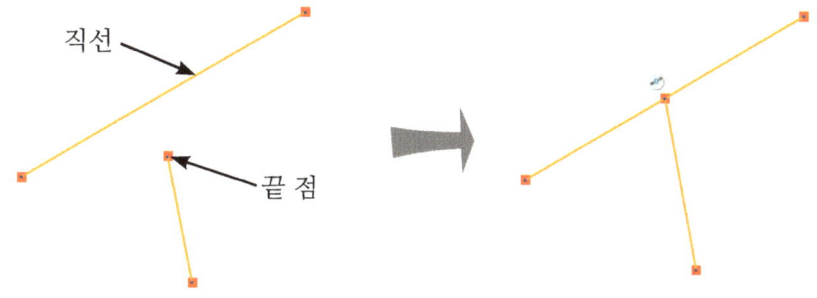

그림 2-26 중점 구속

단축 메뉴

Ctrl 키를 누른 상태로 구속을 적용할 대상을 선택하면 그림 2-27과 같이 적용 가능한 단축 메뉴가 나타나며 그 중 선택하여 적용할 수 있다. 그림 2-27은 직선의 끝 점과 직선 사이에 일치 구속을 적용한 결과를 보여준다.

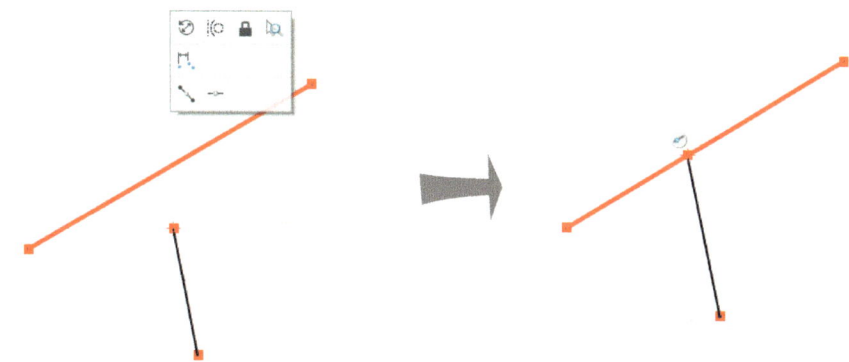

그림 2-27 일치 구속

39

2.10 참조 치수와 참조 선

2.10.1 참조 치수

스케치 선을 그리면서 구속을 적용할 수 있고, 비고정 치수가 자동으로 기입된다. 비고정 치수를 더블클릭하여 치수를 변경하면 고정 치수로 된다. '치수' 아이콘을 눌러 치수를 생성하면 역시 고정 치수로 생성된다.

비고정 치수와 고정 치수가 충돌하면 비고정 치수는 삭제되고 고정 치수만 남는다. 따라서 그림 2-28의 스케치에 수직축과 각도를 기입하면 비고정 치수인 각도 38.42는 삭제된다. 그러나 비고정 치수 각도 38.42를 45로 변경하여 고정 치수로 만든 다음 세로축과 각도를 추가로 기입하면 두 개의 고정 치수가 충돌하여 그림 2-30과 같이 '스케치 해결' 대화상자가 나타난다. 새로 기입하는 치수는 45도 외에 다른 치수가 될 수 없기 때문에 나타나는 현상이다.

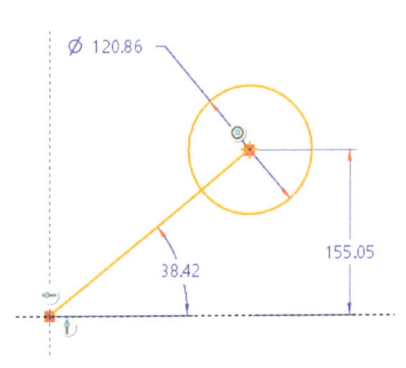
그림 2-28 비고정 치수

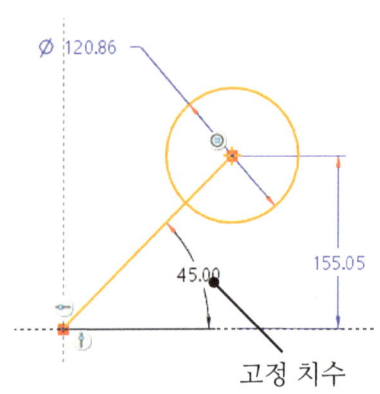
그림 2-29 고정 치수

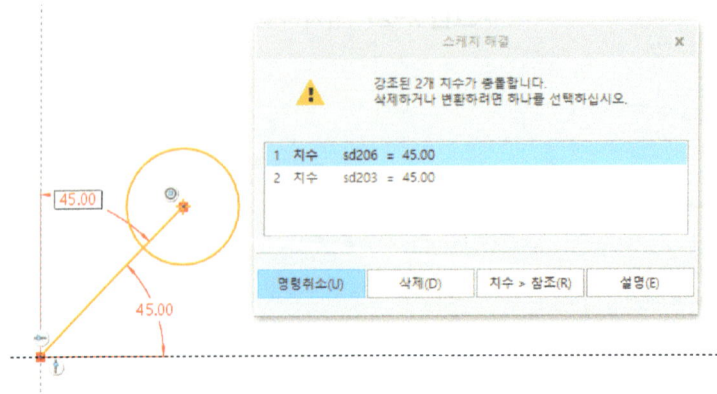
그림 2-30 스케치 해결 대화상자

추가로 기입하는 치수는 45도 외에 다른 값이 될 수 없기 때문에 치수를 변경하기 위한 일반 치수로는 기입할 수 없지만 단순히 값을 표시할 수는 있다. 이런 목적으로 사용되는 치수가 참조 치수이다. 스케치 해결 대화상자에서 '치수>참조' 버튼을 누르면 충돌이 발생하는 치수를 참조 치수로 기입할 수 있다. 참조 치수를 더블클릭하면 수정이 허용되지 않는다는 창이 뜬다.

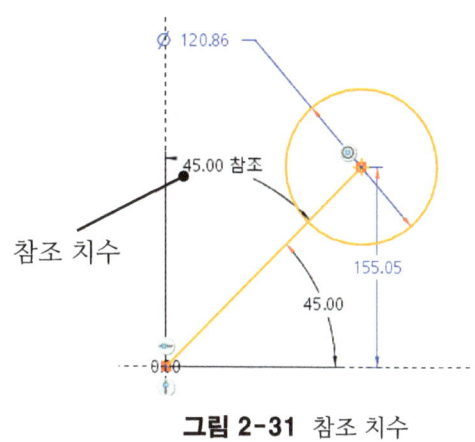

그림 2-31 참조 치수

2.10.2 강화

참조 치수에 '강화' 옵션을 적용하여 수정할 수 있는 치수로 변경할 수 있다. 그러려면 먼저 고정 치수 45도를 참조 치수로 변경한 후 참조 치수에 강화 옵션을 적용해야 한다. 참조 옵션이나 강화 옵션은 단축 메뉴에서 적용할 수 있다.

강화 옵션은 비고정 치수에도 적용할 수 있다. 강화된 치수는 고정 치수로 되며 다른 치수와 충돌이 발생할 경우 사라지지 않고 스케치 해결 대화상자를 띄운다.

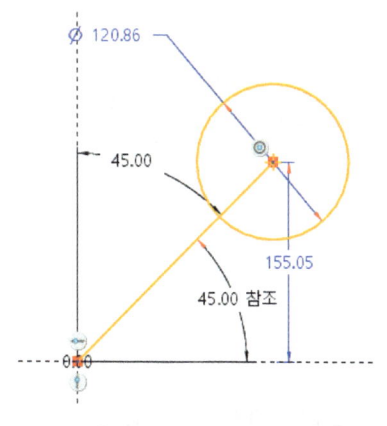

그림 2-32 참조 치수의 강화

2.10.3 치수 잠금

고정 치수가 기입되더라도 선을 드래그 하여 형상을 변경할 수 있다. 고정 치수는 치수가 고정된다는 뜻이 아니라는 점을 명심해야 한다. 드래그하여 선을 변경할 수 없게 하려면 치수를 잠금 전환해야 한다.

비고정 치수도 잠금 적용할 수 있다. 잠금 적용 후 해제하면 고정 치수가 된다. 비고정 치수에 값을 입력하여 고정 치수로 만들거나 치수 아이콘을 이용하여 기입된 치수는 드래그 할 수 없도록 하는 것이 일반적이다. 매번 잠금 전환을 적용하면 불편하므로 옵션을 제공한다. 파일 > 옵션을 선택하고 대화상자의 왼쪽 창에서 스케치를 선택하면 그림 2-33과 같이 '사용자 정의 치수 잠금' 옵션을 적용할 수 있다. 이 경우 사용자가 입력하여 수정한 치수는 자동으로 잠긴다. 잠긴 치수는 빨간색으로 표시된다.

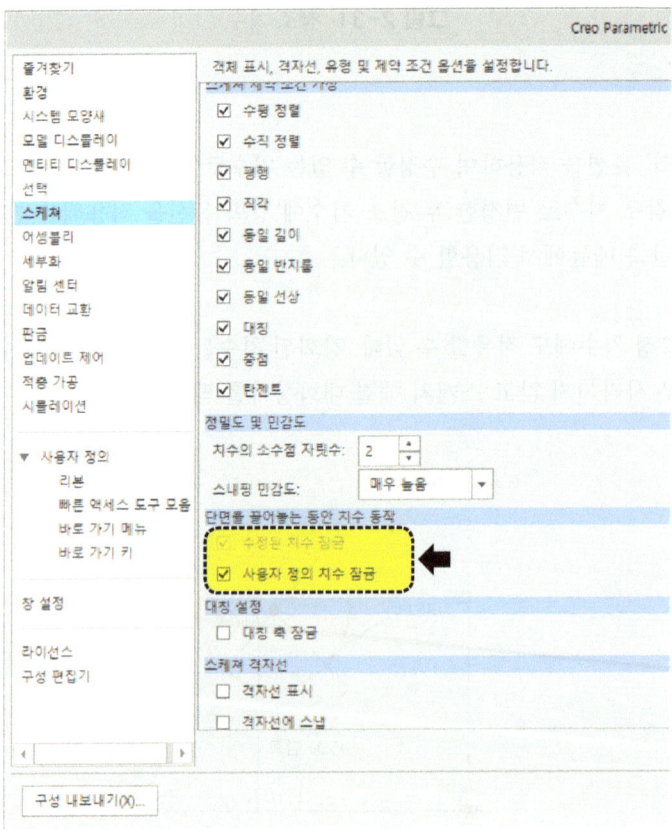

그림 2-33 치수 잠금 옵션

설정을 변경한 후 '확인' 버튼을 누르면 그림 2-34와 같은 대화상자가 나타난다. '예'를 눌러 구성파일을 저장하면 다음에 Creo를 실행시킬 때 자동으로 적용된다. '아니오'를 선택하면 현재 Creo에서만 적용되고 Creo를 종료한 후 다시 실행시키면 적용되지 않는다.

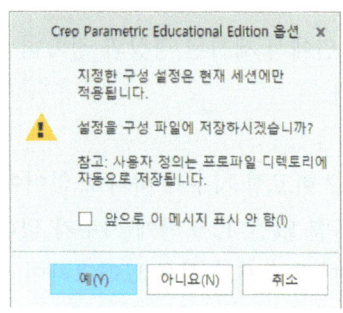

그림 2-34 옵션 적용

2.10.4 참조 선

앞의 스케치에서 형상을 만드는데 필요한 것은 원이라고 가정해 보자. 또한 그 위치를 정하기 위해 각도를 기입해야 할 필요성이 있다고 하자. 원만 그려서는 각도를 기입할 수 없으므로 직선을 그린 후 기입할 필요가 있다. 여기에 사용한 직선은 원의 위치를 정하기 위한 것일 뿐 형상을 만드는 데는 사용하지 않는다. 이런 의미를 부여하기 위해 참조 선이라는 개념을 사용한다.

참조 선은 '구성 모드' 아이콘을 눌러 생성할 수 있다. 이미 만들어 놓은 선은 단축 메뉴에서 '구성' 아이콘(그림 2-35)을 선택하여 참조 선으로 변경할 수 있다.

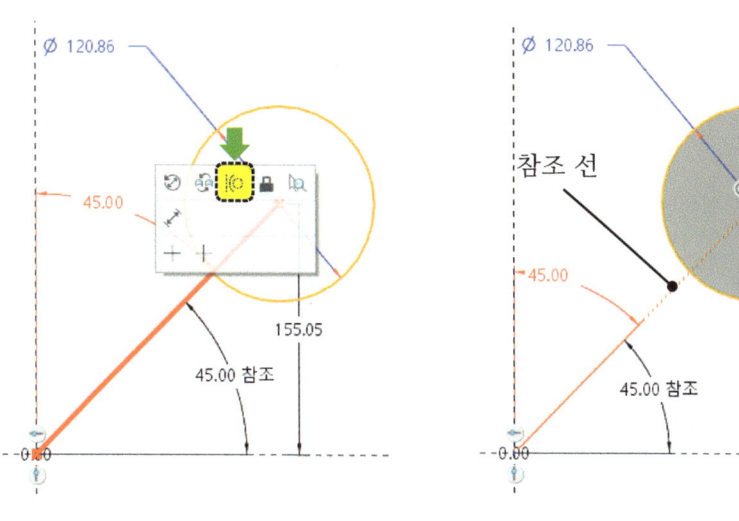

그림 2-35 단축 메뉴   그림 2-36 참조 선

2 장: 스케치와 밀어내기 기본

2.11 올바른 스케치란?

올바른 스케치란 무엇이며 어떻게 완성할까?

1. 형상이 정확해야 한다. 도면에서 제시된 형상과 정확히 일치해야 한다.
2. 밀어내기가 가능해야 한다.

정확한 형상은 어떻게 완성할까? 비고정 치수가 하나도 없어야 한다. 도면의 치수를 입력하거나 새롭게 기입하여 비고정 치수를 없앤다. 도면에 치수가 없다면 구속을 적용하여 없애야 한다. 그림 2-33의 옵션을 적용했다면 스케치 선은 드래그하여 움직이지 않는다. 완전히 정의된 스케치 선을 드래그 하면 그림 2-37과 같이 상태 표시가 나타난다.

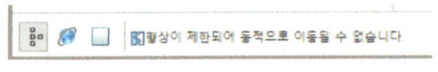

그림 2-37 드래그 제한 메시지

도면을 보고 스케치 할 때 두 가지 사항을 이해할 수 있어야 한다. 첫째, 도면의 치수를 모두 입력할 필요도 없고, 그대로 입력할 필요도 없다. 바로 알 수 있는 다른 치수를 대신 입력해도 되고 어떤 치수는 구속으로 대체할 수도 있다. 둘째, 기하학적 제약 사항을 추정할 수 있는 능력이 필요하다.

그림 2-38의 도면을 보자. 이 형상을 스케치로 그린다면 표시되어 있는 치수만으로는 완전히 정의할 수 없다. 즉, 치수 외에 추가적인 조건을 적용해야 한다. 도면에 표시가 없더라도 다음 두 가지 사항을 적용해야 한다. 첫째, 이 형상은 상 하 대칭이다. 둘째, 직선과 원 호 사이에는 탄젠트 조건이 적용되어야 한다. 대칭이라는 구속을 적용할 수도 있고 세로 치수 40의 절반에 해당하는 치수를 추가로 기입할 수도 있다.

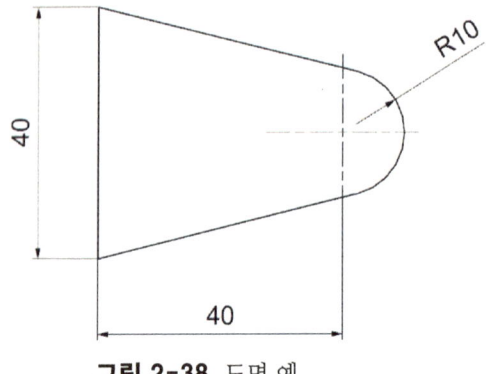

그림 2-38 도면 예

스케치의 목적은 3차원 형상을 만드는 것이다. 따라서 밀어내기가 안된다면 무용지물이다. 밀어내기 가능한 스케치는 닫힌 루프이다. 닫힌 루프가 아니어도 밀어내기 할 수 있는 방법이 있지만 그 부분은 다음 챕터에서 다루기로 하고, 이 챕터에서는 닫힌 루프가 만들어지도록 스케치를 완성한다.

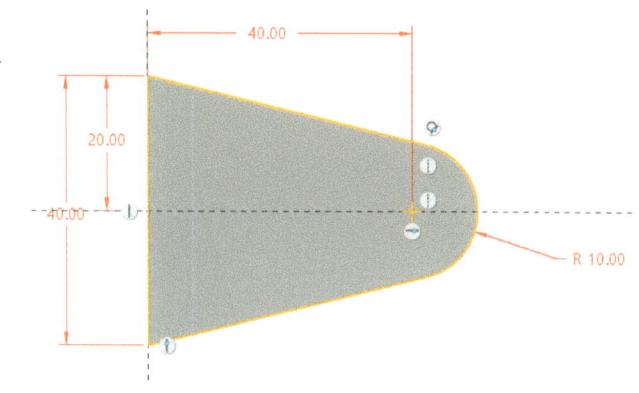

그림 2-39 올바로 정의된 스케치

2.11.1 대칭 복사

다음 절차에 따라 스케치 선을 대칭복사 할 수 있다.

1. 복사할 선을 모두 선택한다.
2. 편집 아이콘 그룹에서 대칭복사 아이콘을 누른다.
3. 대칭 기준선을 선택한다.

대칭 기준선을 기존의 선을 이용해도 되고, 중심선을 그려서 선택할 수도 있다.

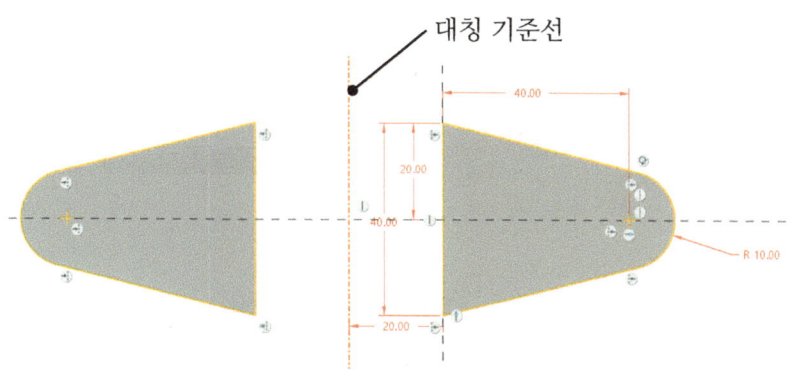

그림 2-40 대칭 복사

Exercise 01   스케치 예제 1

Top 면에 스케치를 완전 정의 한 후 밀어내기 기능을 이용하여 10 mm 돌출된 형상을 생성하시오. 그림과 똑같은 구속을 적용할 필요는 없다.

1. 한 변의 길이가 100 mm인 정사각형. 스케치 원점은 정사각형의 중앙에 있다.

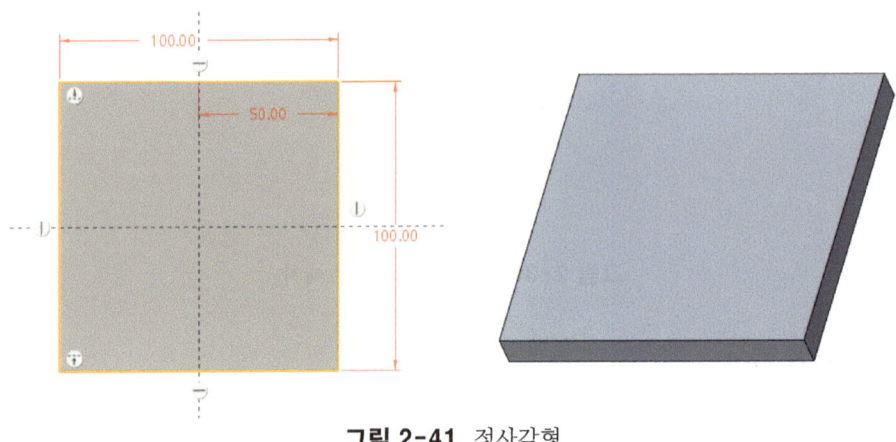

그림 2-41 정사각형

2. 한 변의 길이가 100 mm인 정삼각형. 밑변의 중심이 원점에 있다.

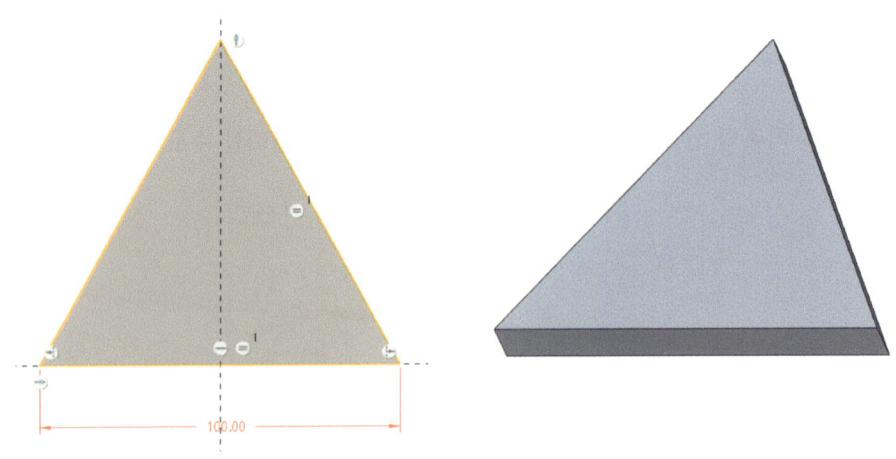

그림 2-42 정삼각형

END of Exercise

2.12 격자선 설정

스케치를 대강 그린 후 치수와 구속을 이용하여 완성하게 되는데, 대강 그린 스케치의 모양과 크기가 최종 목표 스케치와 비슷해야 수월하다. 선을 드래그 하면서 치수나 구속을 적용할 수도 있지만 처음 그릴 때 적당한 크기와 모양으로 그리는 것이 좋다. 이 때, 격자선을 표시하여 선의 크기를 짐작할 수 있다. 그래픽 도구모음에서 스케치 격자선을 표시하고, 설정 〉 격자선 설정 메뉴를 이용하여 격자선의 종류 및 간격 등을 설정할 수 있다.

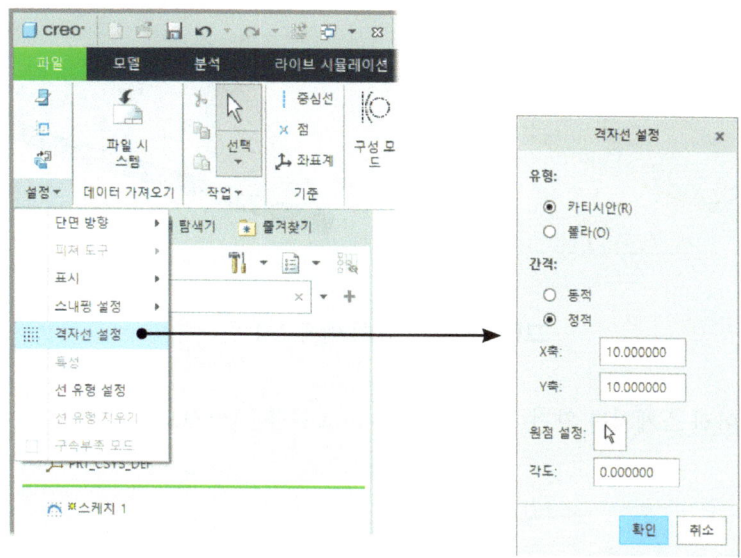

그림 2-43 격자선 설정

2 장: 스케치와 밀어내기 기본

Exercise 02 스케치 예제 2

1. Top 면에 주어진 스케치를 완전 정의 한 후 10 mm 돌출 시키시오.

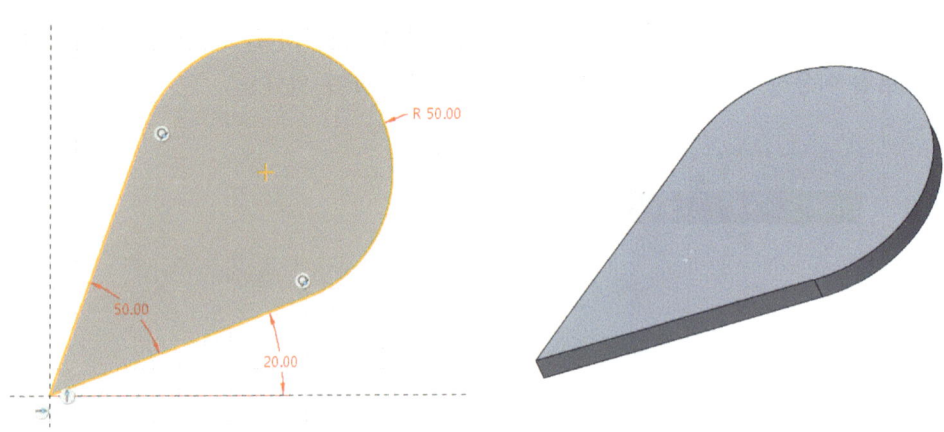

그림 2-44 스케치 예제 2-1

2. Top 면에 주어진 스케치를 완전 정의 한 후 10 mm 돌출 시키시오.

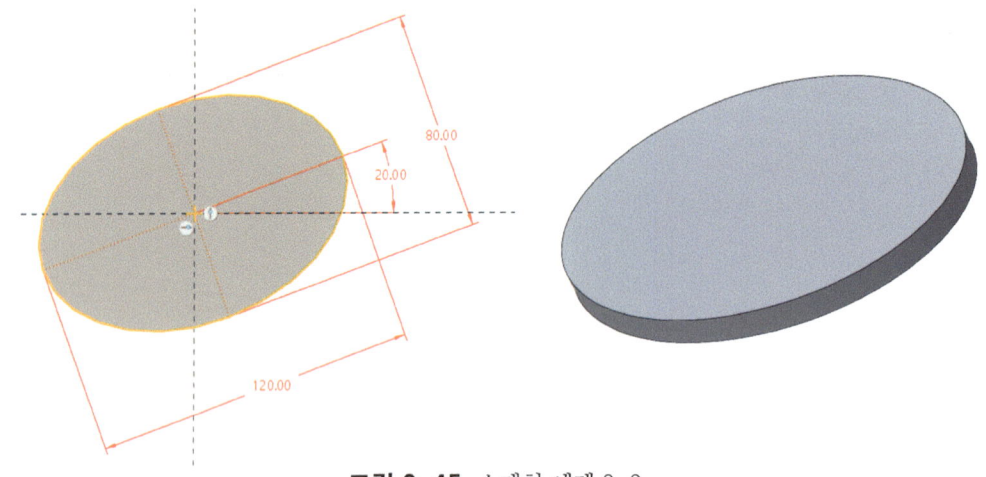

그림 2-45 스케치 예제 2-2

END of Exercise

스케치 예제 3 — Exercise 03

그림 2-46의 형상을 생성하시오. 두께는 10 mm이다.

조건

1. 원점은 형상의 가운데 있다.
2. 둥근 부분은 Fillet 기능을 이용한다.
3. 대칭 복사와 대칭 구속을 적극 이용한다.
4. 스케치는 완전 정의 되어야 한다.

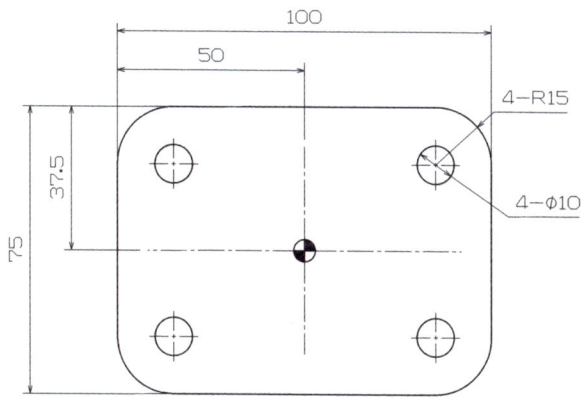

그림 2-46 구멍이 4개인 Plate

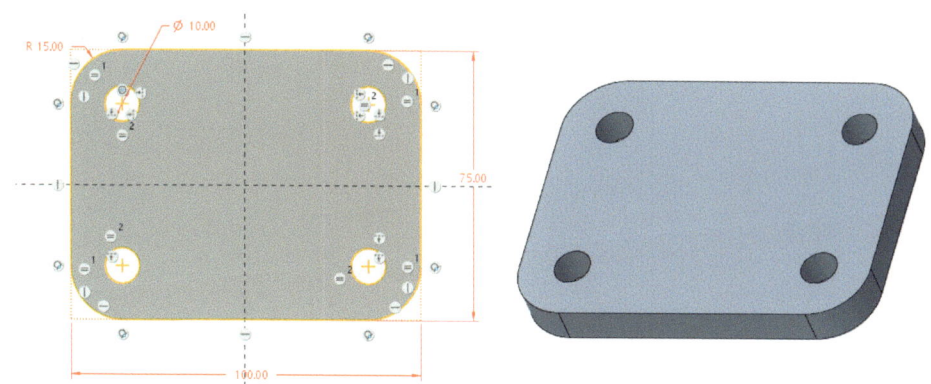

그림 2-47 완성된 형상

END of Exercise

Exercise 04   스케치 예제 4

그림 2-48과 같은 3D 형상을 생성하시오. 두께는 20 mm 이다.

조건

1. 스케치의 원점은 표시한 곳으로 정한다.
2. 스케치는 완전 정의 되어야 한다.

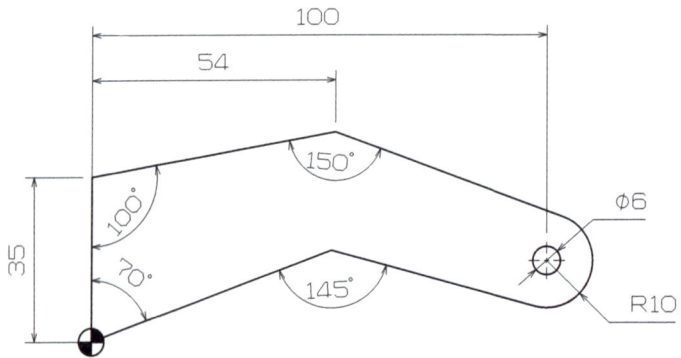

그림 2-48   Arm 형상

스케치 예제 5 — Exercise 05

그림 2-49와 같은 3D 형상을 생성하시오. 두께는 20 mm 이다.

조건

1. 스케치의 원점은 표시한 곳으로 정한다.
2. 스케치는 완전 정의 되어야 한다.

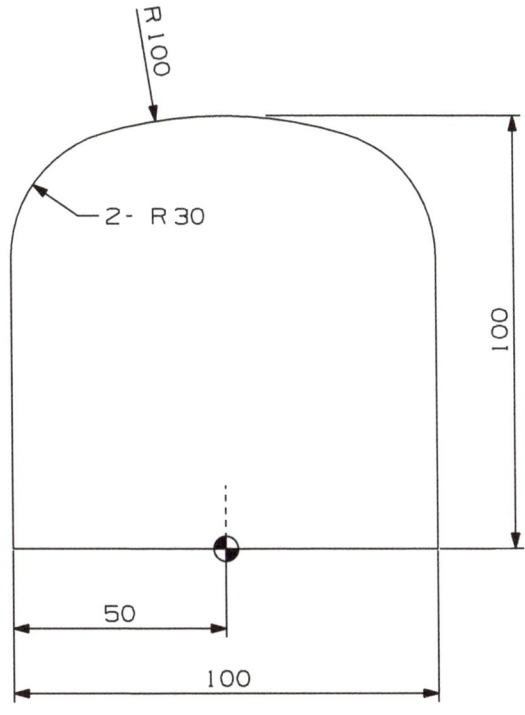

그림 2-49 Fillet이 있는 스케치

END of Exercise

Exercise 06   스케치 예제 6

다음의 5가지 형상을 모델링 하시오. 두께는 모두 10 mm 이다.

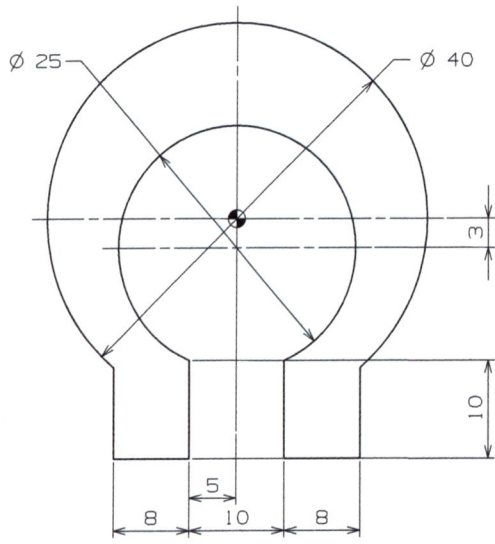

그림 2-50 스케치 예제 6-1

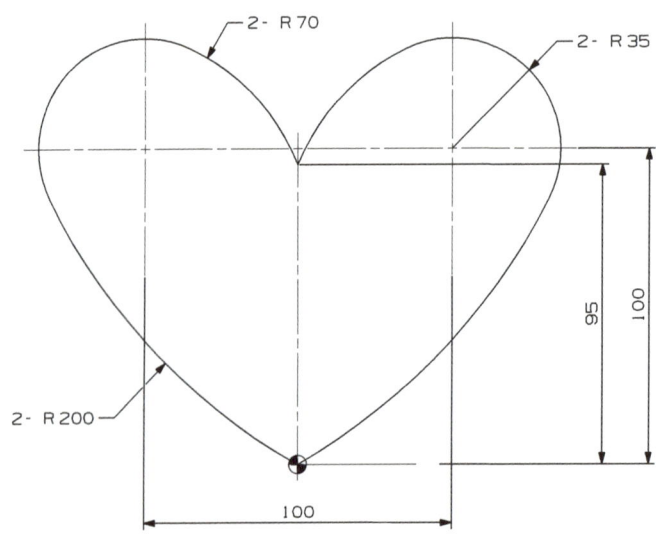

그림 2-51 스케치 예제 6-2

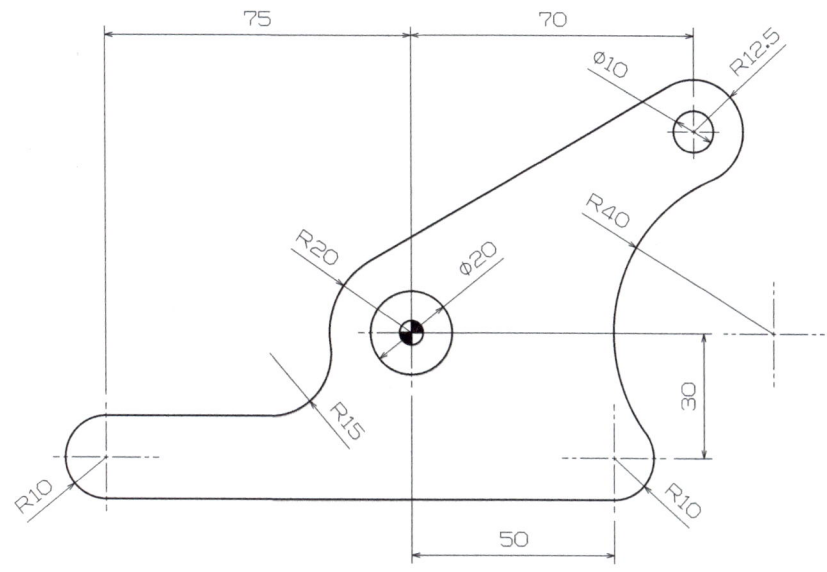

그림 2-52 스케치 예제 6-3

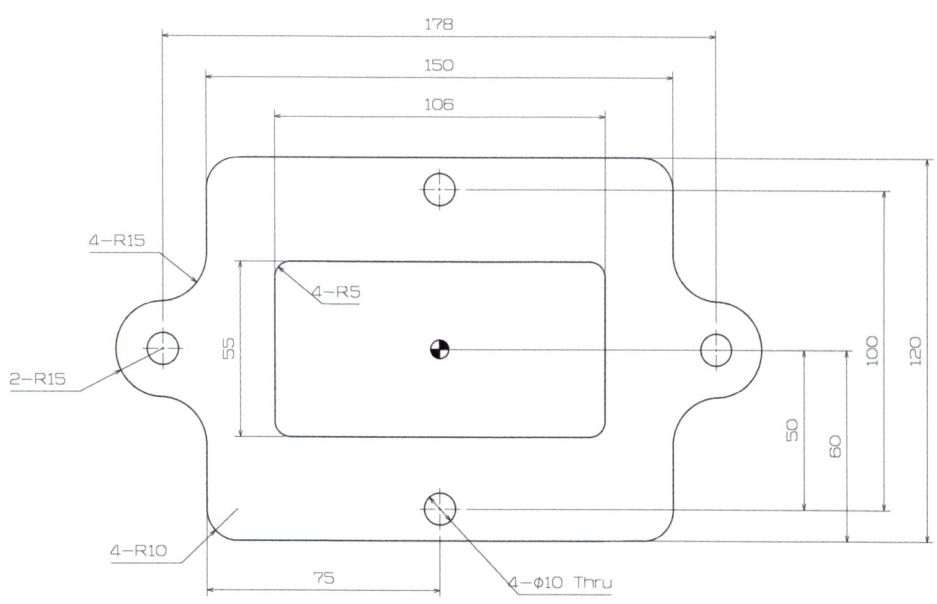

그림 2-53 스케치 예제 6-4

2 장: 스케치와 밀어내기 기본

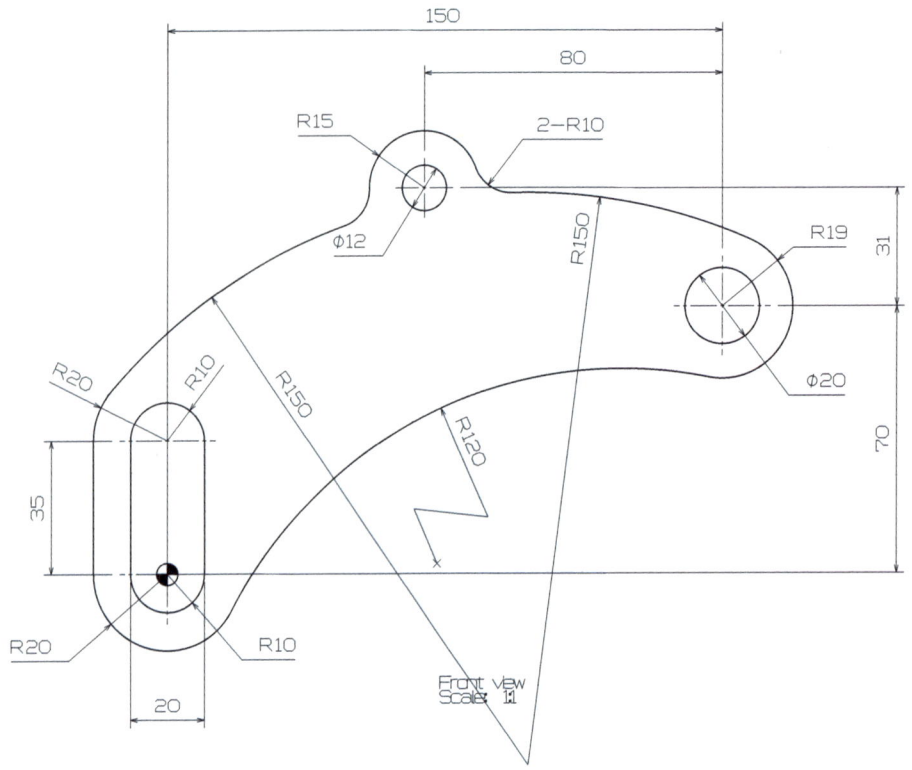

그림 2-54 스케치 예제 6-5

END of Exercise

Chapter 3
밀어내기, 회전, 구멍

■ 학습목표

- 밀어내기 기능을 사용할 수 있다.
- 회전 기능을 사용할 수 있다.
- 구멍을 생성할 수 있다.
- 부울 연산을 이해할 수 있다.

3장: 밀어내기, 회전, 구멍

3.1 스케치 밀어내기

밀어내기 기능을 실행시키면 그림 3-1과 같이 옵션이 나타나며 상태 표시줄에는 스케치 평면을 선택하거나 스케치를 선택하라는 메시지가 나타난다. 스케치를 미리 생성하지 않은 경우 스케치 평면을 선택하여 스케치를 생성하여 밀어내기 할 수 있다. 일반적으로 미리 만들어 놓은 스케치를 선택하여 밀어내기 한다.

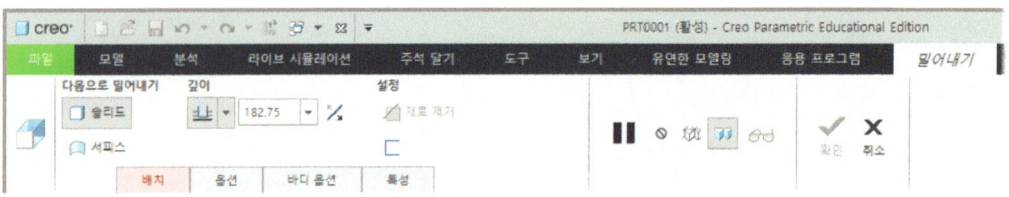

그림 3-1 밀어내기 옵션

옵션 영역을 보면 '다음으로 밀어내기' 항목이 있다. 솔리드 또는 서피스를 선택할 수 있다. 솔리드는 체적이 정의되는 형상이다. 서피스는 체적이 없는 형상이다.

솔리드로 밀어내기 할 수 있는 스케치는 교차 부분이 없는 폐곡선(그림 3-2)이어야 한다. 개곡선(그림 3-4)이나 교차하는 스케치(그림 3-3)는 솔리드로 밀어내기 할 수 없다. 스케치에서 '닫힌 루프 음영처리' 옵션을 이용하면 밀어내기 가능한 경우 음영으로 표시할 수 있다.

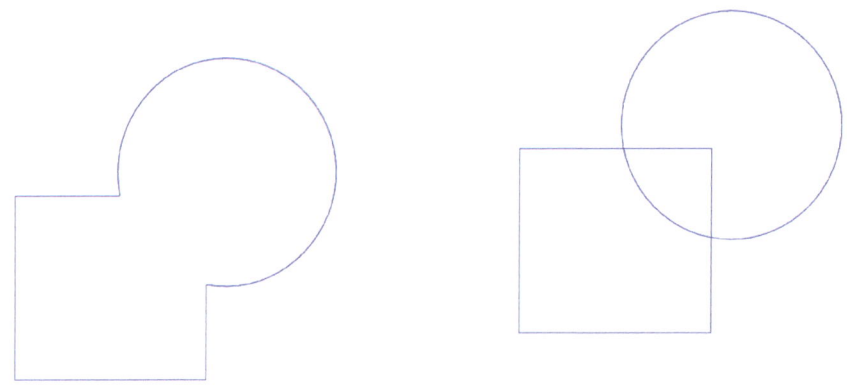

그림 3-2 교차 부분이 없는 폐곡선   그림 3-3 교차하는 스케치

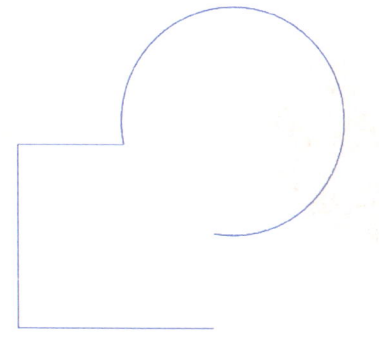

그림 3-4 개곡선

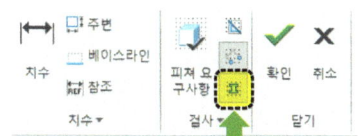

그림 3-5 닫힌 루프 음영처리 옵션

개곡선이나 교차하는 스케치는 서피스로 밀어내기 할 수 있다. 교차하지 않는 개곡선이나 폐곡선의 경우 두께를 설정하여 솔리드로 만들 수 있다.

3.2 스케치 영역 밀어내기

교차하는 스케치의 닫힌 영역을 선택하여 솔리드로 밀어내기 할 수 있다. 그러려면 밀어내기 아이콘을 누르기 전에 선택 필터를 '스케치 영역'으로 지정해야 한다. 그림 3-7은 스케치 영역을 선택하여 밀어내기 하는 모습을 보여준다. Ctrl 키를 눌러 여러 개의 영역을 선택할 수 있다.

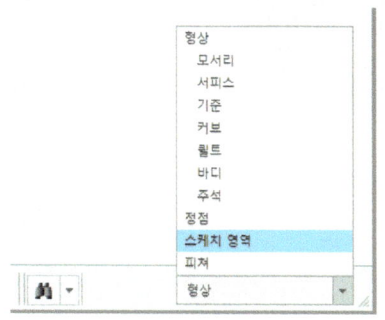

그림 3-6 스케치 영역 필터

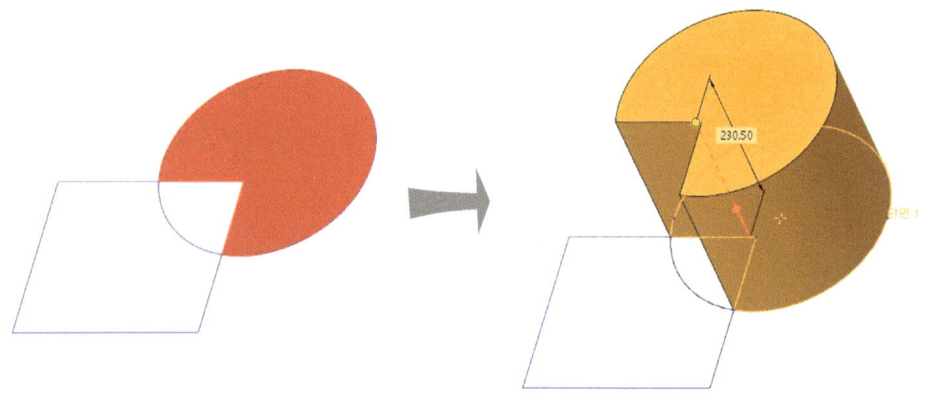

그림 3-7 스케치 영역 밀어 내기

3.3 설정

3.3.1 재료 제거

밀어내기 할 때 기존의 솔리드 바디가 있는 경우 새로 생성되는 솔리드 바디는 추가된다. 재료 제거 옵션을 이용하면 공통인 부분을 제거할 수 있다. '바디' 탭에서 '새 바디 만들기'를 선택하면 새로 생성되는 솔리드 바디는 합쳐지거나 제거되지 않고 별도의 바디로 생성된다.

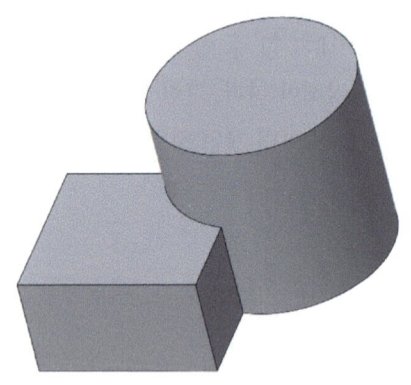

그림 3-8 합쳐진 형상

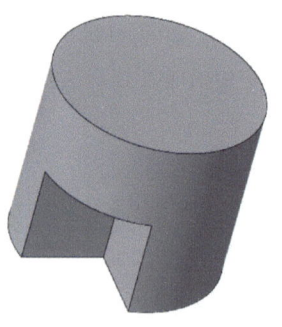

그림 3-9 제거된 형상

3.3.2 두께

교차하지 않는 개곡선이나 폐곡선은 두께를 주면서 밀어내기 할 수 있다.

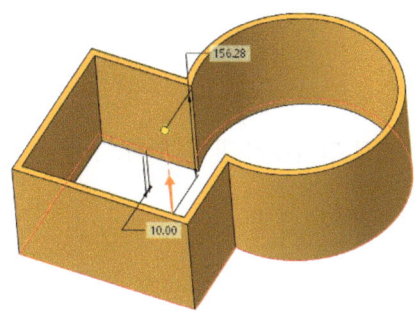

그림 3-10 두께를 주면서 밀어 내기

3.4 깊이

밀어내기 깊이를 지정할 수 있다. '옵션' 탭을 눌러 측면2를 지정할 수 있다. 처음 밀어내기 할 때의 깊이 옵션은 그림 3-11과 같다.

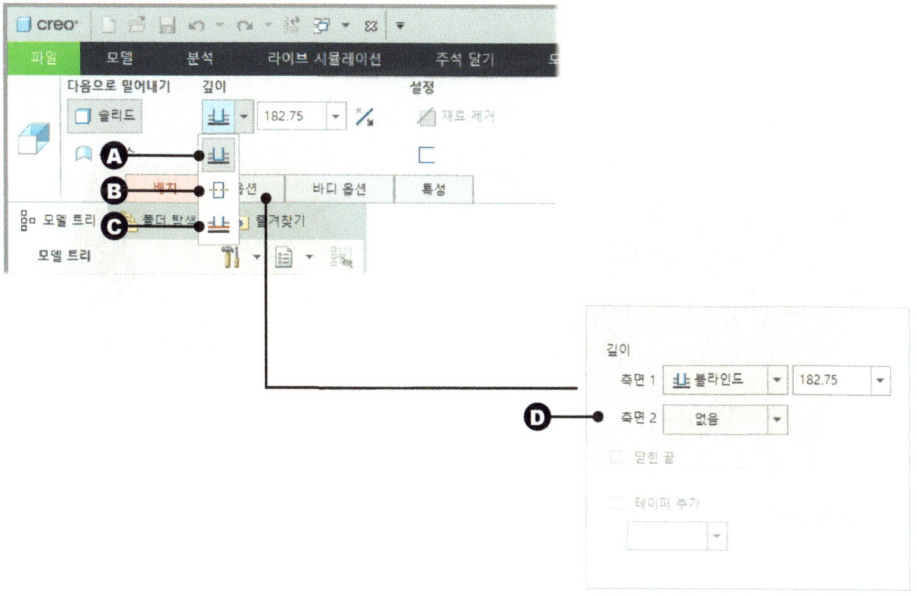

그림 3-11 깊이 옵션

3 장: 밀어내기, 회전, 구멍

Ⓐ: 블라인드

깊이를 숫자로 지정한다.

Ⓑ: 대칭

스케치를 기준으로 하여 양쪽으로 밀어내기 할 수 있다.

Ⓒ: 지점까지

서피스, 모서리, 점, 커브 등을 선택하여 그 지점까지 밀어내기 할 수 있다.

Ⓓ: 측면 2

측면 2 옵션을 지정하면 밀어내기의 시작 위치를 변경할 수 있다. 시작 위치를 반대 방향으로 설정하거나 같은 방향으로 설정할 수 있다.

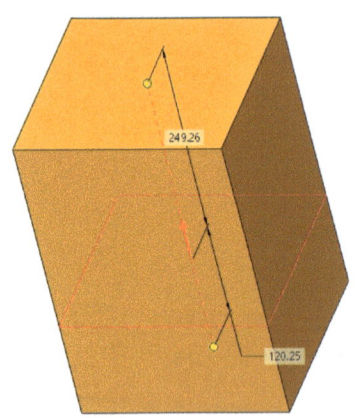

그림 3-12 측면 2: 반대 방향

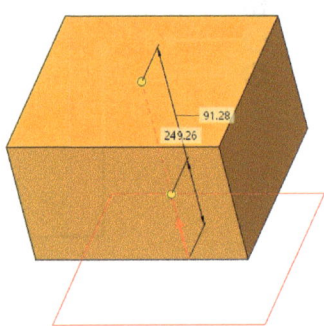

그림 3-13 측면 2: 같은 방향

깊이 설정 **Exercise 01**

절차에 따라 모델을 완성하시오.

1. Front 면에 스케치를 생성한다.

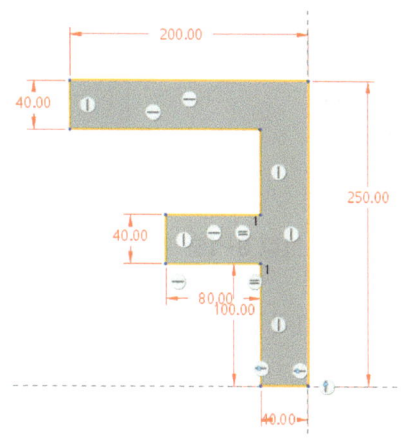

그림 3-14 스케치

2. 대칭으로 밀어내기 한다.

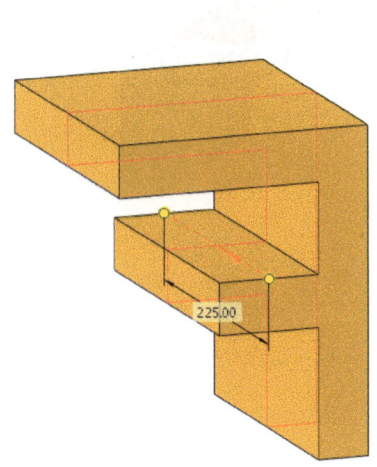

그림 3-15 밀어내기

61

3. 바닥면에 지름 60 mm의 원을 생성한다.

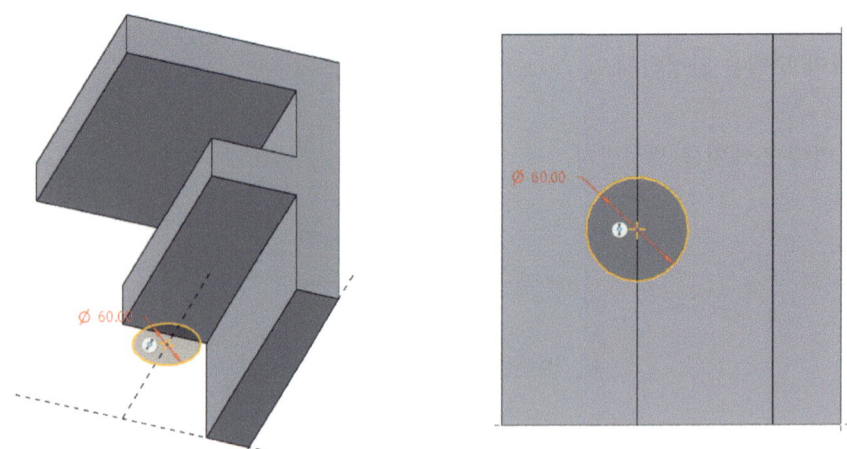

그림 3-16 원 생성

4. 원을 밀어내기 하여 합친다. 측면 1과 측면 2의 위치를 고려하여 밀어내기 옵션을 적절히 이용한다.

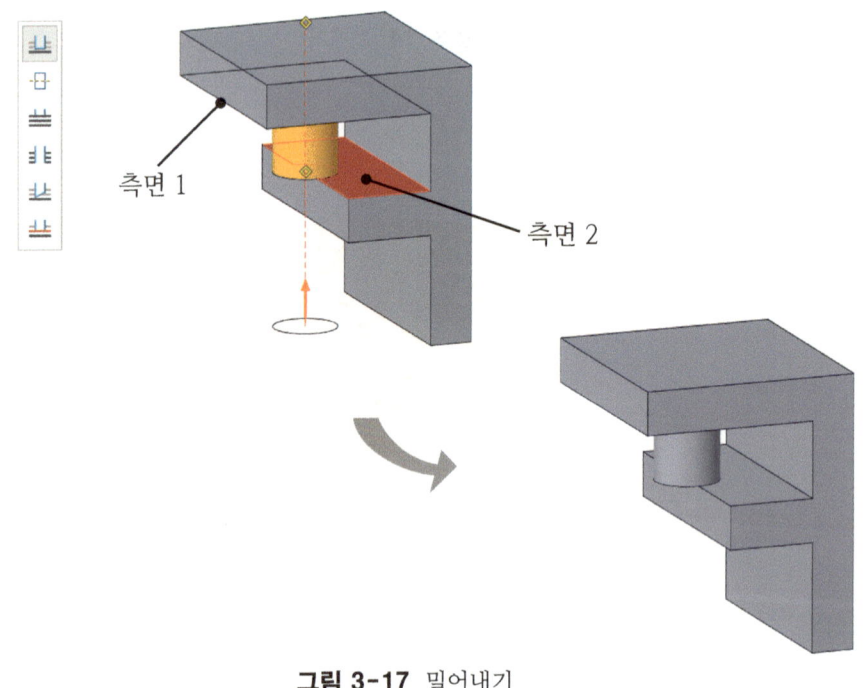

그림 3-17 밀어내기

스케치 연습 Exercise 02

Top 면에 그림 3-18과 같이 스케치를 한 후 그림 3-19와 같이 20 mm 밀어내기 하시오.

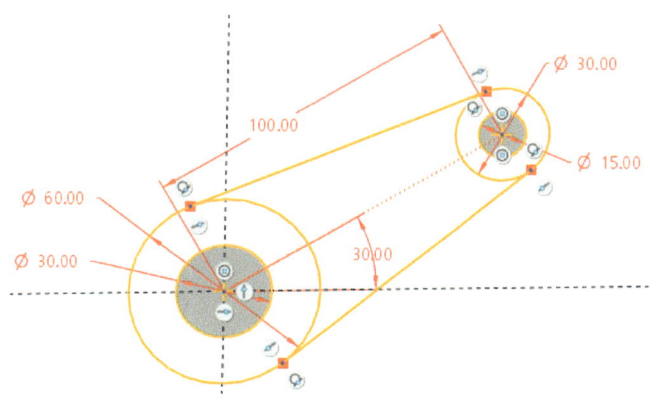

그림 3-18 스케치

그림 3-19 밀어내기

END of Exercise

3 장: 밀어내기, 회전, 구멍

Exercise 03 솔리드 바디 생성하기

그림 3-20 도면의 형상을 모델링 하시오.

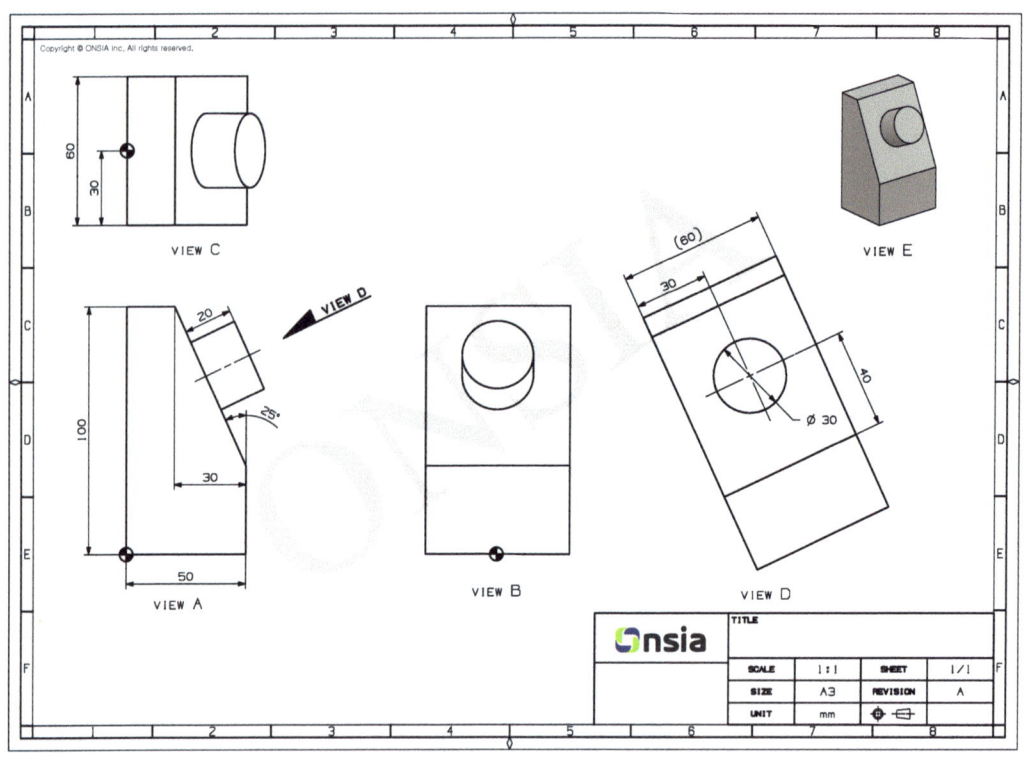

그림 3-20 Exercise 03의 도면

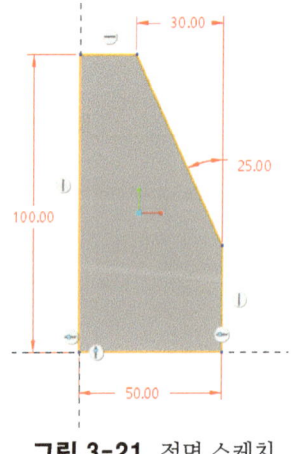

그림 3-21 정면 스케치

파일과 스케치 생성

1. 부품 파일을 생성한 후 Front 면에 그림 3-21과 같이 스케치를 생성한다. 스케치 선은 드래그 할 수 없도록 완전 정의 되어야 한다.
2. 확인 버튼을 눌러 스케치를 종료한다.
3. 스케치를 종료하면 스케치가 선택되어 있다. 화면의 빈 곳을 클릭 하여 선택 취소 한다.

밀어내기

1. 밀어내기 아이콘을 누른다.
2. 선택 필터가 '스케치'로 되어 있음을 확인한다.
3. 스케치를 선택한다.
4. 밀어내기의 '깊이' 옵션에서 대칭을 선택한다.
5. 값을 입력하고 확인을 누른다. 그림 3-22와 같이 첫 번째 피쳐가 생성된다.

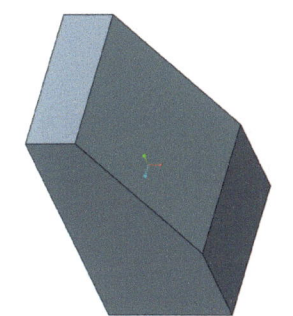

그림 3-22 첫번째 밀어내기

두 번째 스케치

1. 모델을 그림 3-23과 같이 회전한다. 그림 3-24의 스케치 보기와 비슷한 정도로 회전하면 된다.
2. 스케치 아이콘을 누르고 25도 기울어진 면을 선택하고 대화상자에서 '스케치' 버튼을 누른다.
3. 스케치 보기 아이콘을 누른다. 그림 3-24와 같이 스케치 보기가 표시된다.
4. 원을 생성한다.
5. 원의 중심과 중간에 있는 면 사이에 일치 구속을 적용하고 나머지 치수를 입력하여 그림 3-25와 같이 완성한다.
6. 스케치를 종료한다.

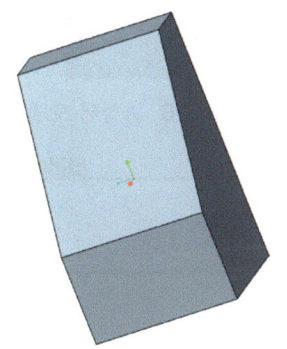

그림 3-23 모델 회전

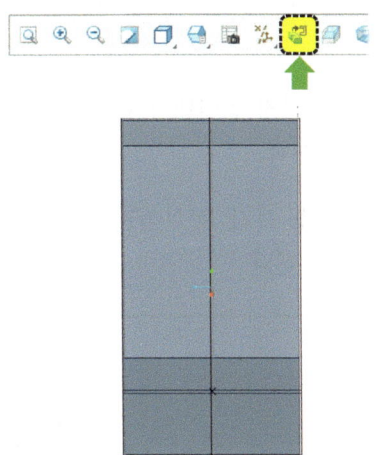

그림 3-24 스케치 보기

3 장: 밀어내기, 회전, 구멍

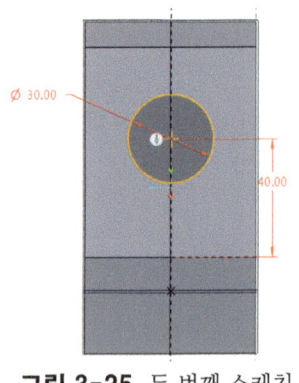

그림 3-25 두 번째 스케치

두 번째 밀어내기

원을 그린 스케치를 밀어내기 하여 그림 3-26과 같이 모델을 완성한다.

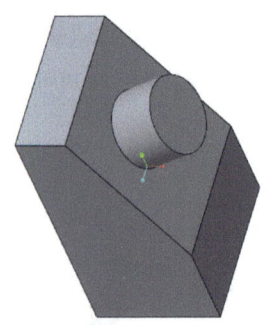

그림 3-26 완성된 모델

END of Exercise

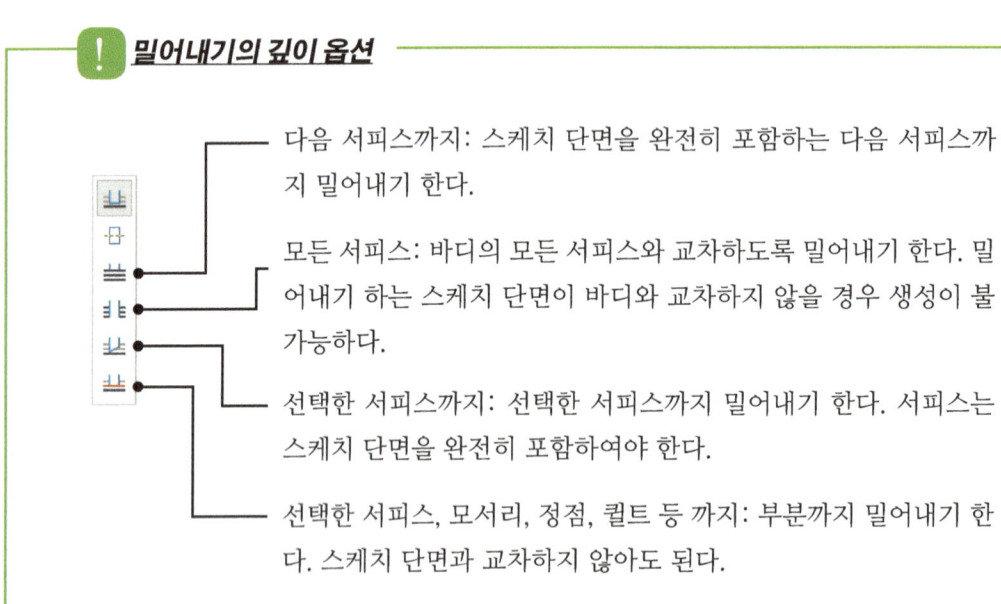

밀어내기의 깊이 옵션

다음 서피스까지: 스케치 단면을 완전히 포함하는 다음 서피스까지 밀어내기 한다.

모든 서피스: 바디의 모든 서피스와 교차하도록 밀어내기 한다. 밀어내기 하는 스케치 단면이 바디와 교차하지 않을 경우 생성이 불가능하다.

선택한 서피스까지: 선택한 서피스까지 밀어내기 한다. 서피스는 스케치 단면을 완전히 포함하여야 한다.

선택한 서피스, 모서리, 정점, 퀼트 등 까지: 부분까지 밀어내기 한다. 스케치 단면과 교차하지 않아도 된다.

솔리드 바디 생성하기 — Exercise 04

도면의 형상을 모델링 하시오.

조건
① **A** 피쳐는 항상 **B** 면까지 돌출된다.
② **C** 피쳐는 항상 형상을 관통하여 제거한다.

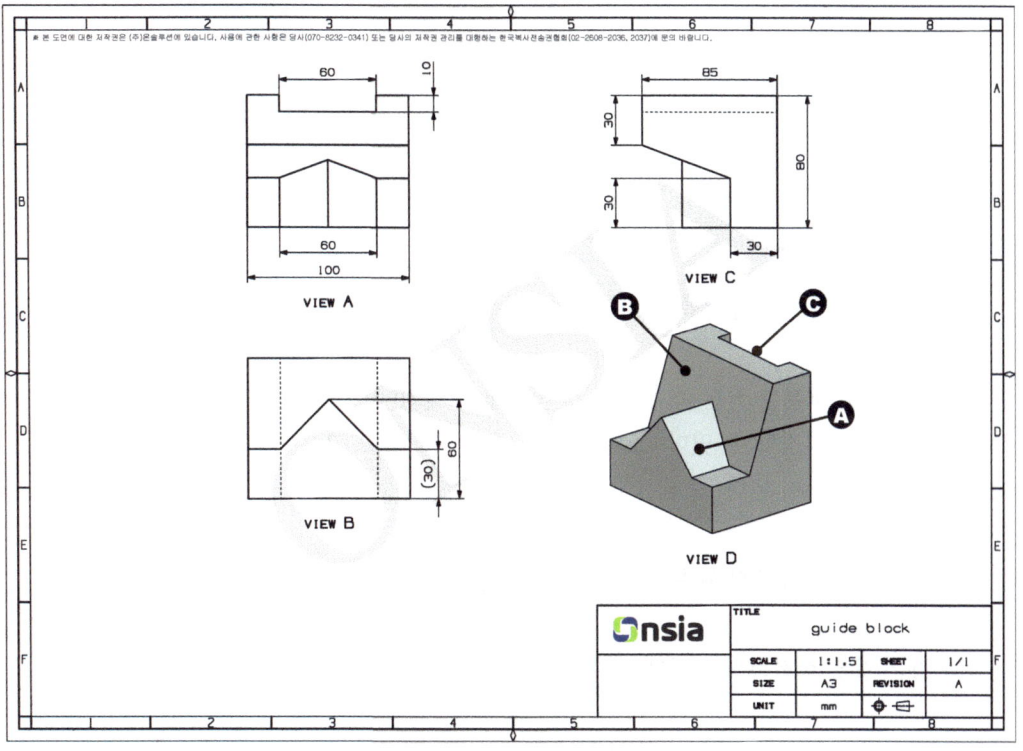

그림 3-27 Guide Block 도면

3.5 회전

축을 중심으로 스케치 단면을 회전시켜 형상을 생성한다.

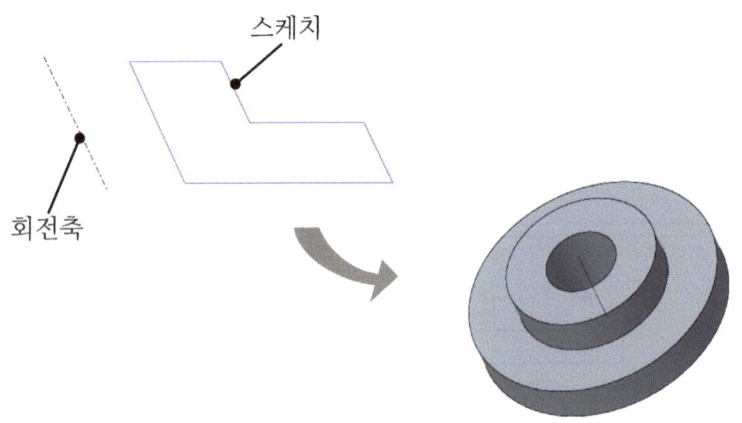

그림 3-28 회전

요구되는 스케치의 조건이나 특성, 다른 옵션들은 밀어내기와 유사하다.

밀어내기와 다른 부분은 회전 축에 대한 사항이다. 스케치에서 중심선 기능을 이용하여 직선을 그려 회전축으로 지정할 수 있다. 스케치 안에 중심선이 있고 그 스케치를 회전시키면 중심선이 자동으로 회전축이 된다. 중심선이 여러 개일 경우 그 중 하나를 선택할 수 있다.

회전 피쳐를 생성하기 전에 다른 직선 성분이 있었다면 이를 중심선으로 선택할 수 있다.

다음과 같은 경우 회전축으로 선택할 수 없다.

① 회전축이 스케치 내부를 통과하는 경우
② 회전축이 스케치와 직각인 경우

회전 형상 -1 Exercise 05

그림 3-29의 도면을 보고 솔리드 모델을 생성하시오. 스케치는 완전 정의 하고 회전 기능을 단 1회 사용하여 생성한다.

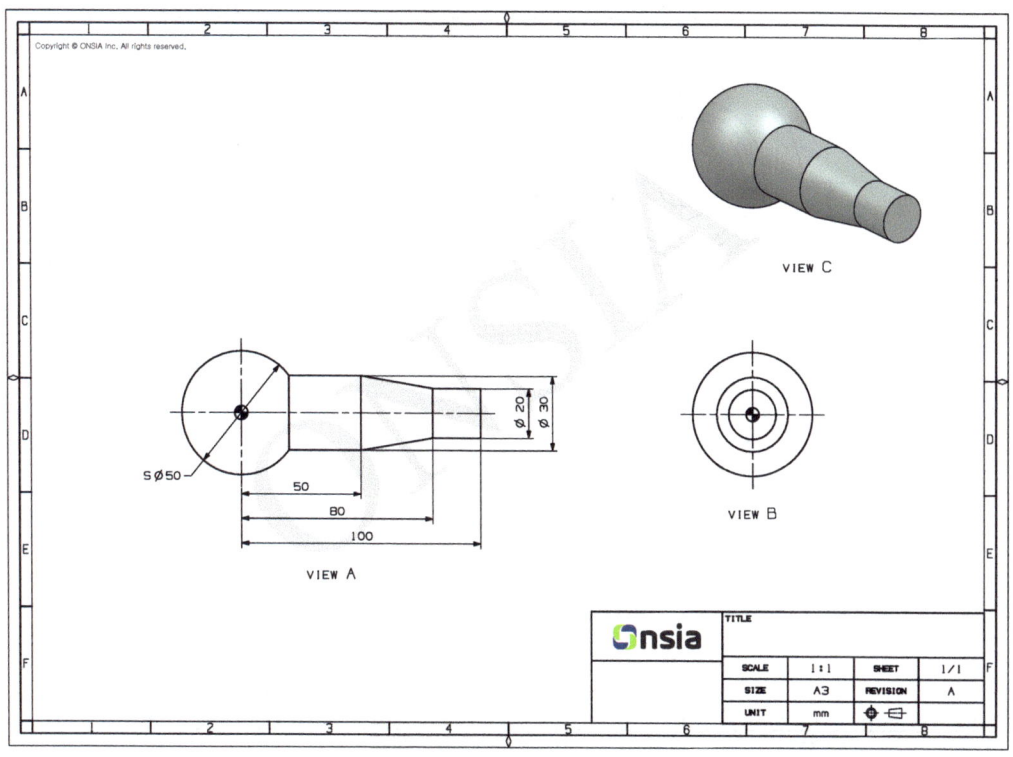

그림 3-29 Exercise 05의 도면

END of Exercise

3 장: 밀어내기, 회전, 구멍

Exercise 06 회전 형상 - 2

그림 3-30의 도면을 보고 솔리드 모델을 생성하시오. 스케치는 완전 정의 하고 회전 기능을 단 1회 사용하여 생성한다.

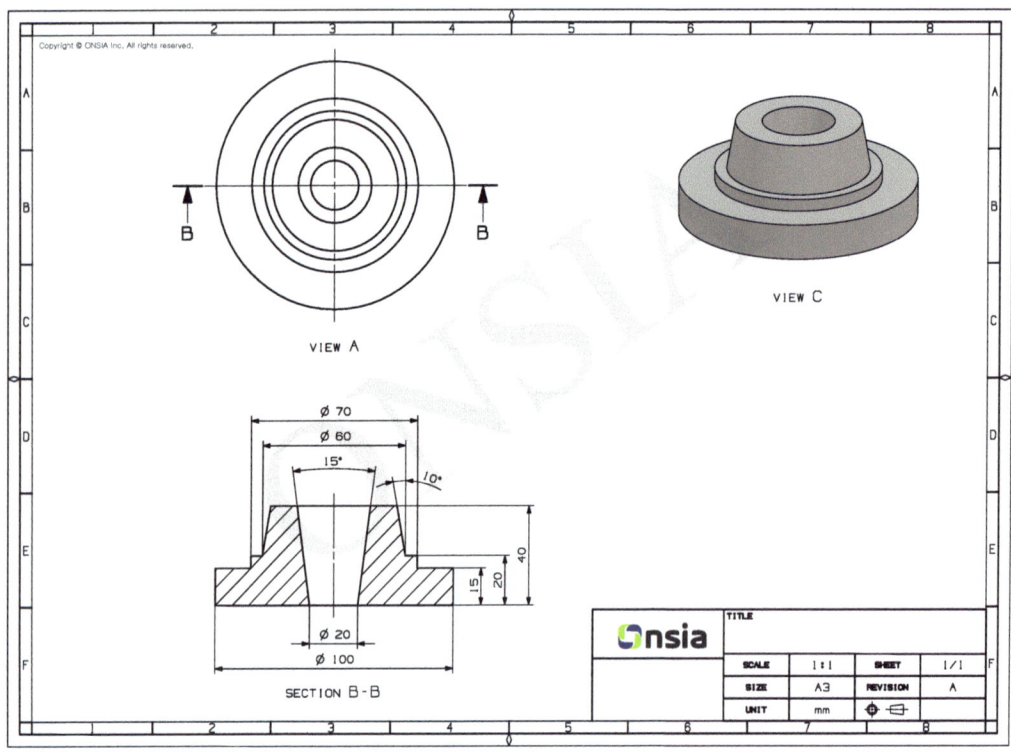

그림 3-30 Exercise 06의 도면

END of Exercise

3.6 구멍

구멍 기능을 이용하면 기계 부품 모델링에서 자주 사용하는 표준적인 구멍을 쉽게 생성할 수 있다. 구멍 생성 절차는 다음과 같다.

① 배치면을 선택한다.
② 유형을 선택한다.
③ 오프셋 참조를 선택하고 값을 입력한다.
④ 단면 유형과 프로파일을 선택하고 치수를 입력한다.
⑤ 지름, 깊이 등의 설정을 입력한다.

구멍의 방향은 배치면에 직각으로 설정된다. 직선을 선택하여 직각 또는 평행으로 생성할 수 있다. 위에 제시한 순서는 가이드라인이며 필요에 따라 순서를 변경할 수 있다.

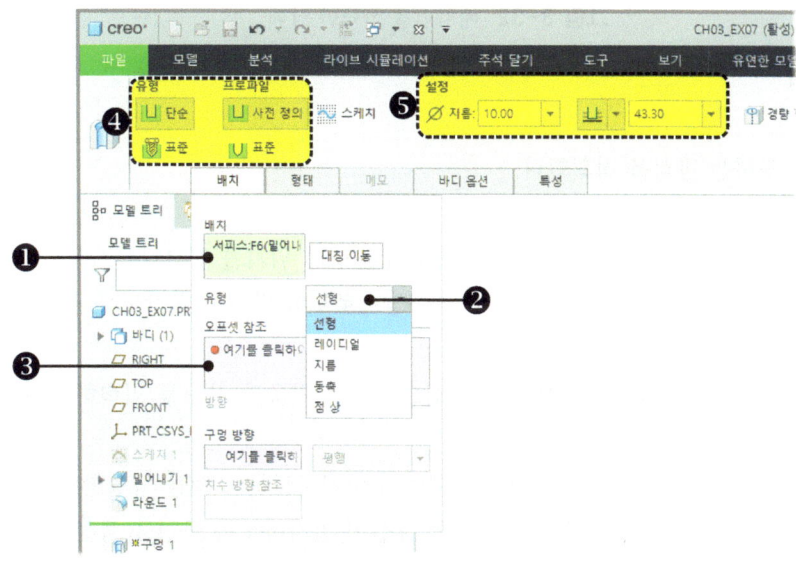

그림 3-31 구멍 생성 옵션

3.6.1 배치면

구멍의 시작 위치를 정한다. 형상의 평평한 면이나 기준 평면을 배치면으로 선택할 수 있다. 배치면을 선택하면 구멍 생성 방향이 선택한 평면에 수직으로 정해진다. 방향 옵션을 클릭하여 다른 방향을 지정할 수도 있다. 배치면을 선택하면 클릭한 위치에 구멍의 미리보기가 나타난다. 배치면은 구멍의 시작 위치를 지정한다.

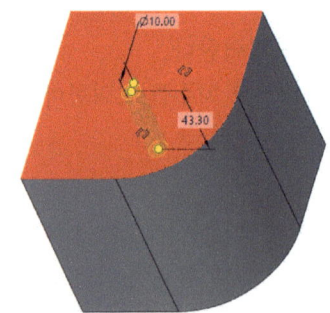

그림 3-32 배치면을 선택한 상태

3.6.2 유형

구멍의 위치를 정하는 방식을 정의한다.

- ▶ 선형: 두 개의 기준으로부터 거리를 입력하여 구멍의 위치를 정한다.
- ▶ 레이디얼: 중심과 각도 기준을 선택하여 중심으로부터 반지름과 각도를 입력하여 구멍의 위치를 정한다.
- ▶ 지름: 중심과 각도 기준을 선택하여 중심으로부터 지름과 각도를 입력하여 구멍의 위치를 정한다.
- ▶ 동축: 미리 만들어 놓은 축에 구멍의 중심축이 일치하도록 구멍을 생성한다.
- ▶ 점상: 미리 만들어 놓은 점에 구멍 단면의 중심이 일치하도록 구멍을 생성한다.

3.6.3 오프셋 참조

오프셋 값을 입력할 참조를 선택한다. 유형에 따라 선택할 대상이 달라진다. 선형의 경우 평행하지 않은 두 개의 거리 기준을 선택하고, 레이디얼이나 지름은 회전 축과 각도 기준을 선택하며 동축은 기준 축을 선택한다. 유형에서 '점상'을 선택했다면 미리 만들어 놓은 점을 선택한다. 그림 3-33은 유형으로 '선형'을 선택하고 오프셋 참조로 두 모서리를 선택한 상태를 보여준다.

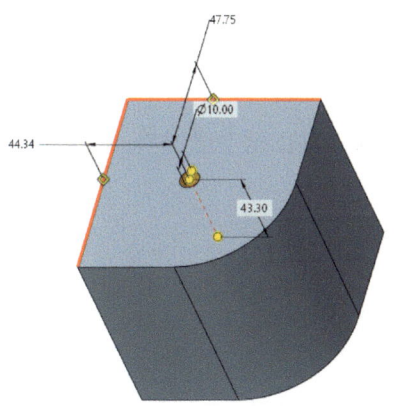

그림 3-33 선형 유형의 오프셋 참조

3.6.4 단면 유형 설정

유형과 프로파일을 선택한 후 '형태' 탭을 누르면 해당되는 단면이 표시된다. 깊이 옵션을 선택하고 값을 입력하면 구멍의 단면 치수를 정할 수 있다.

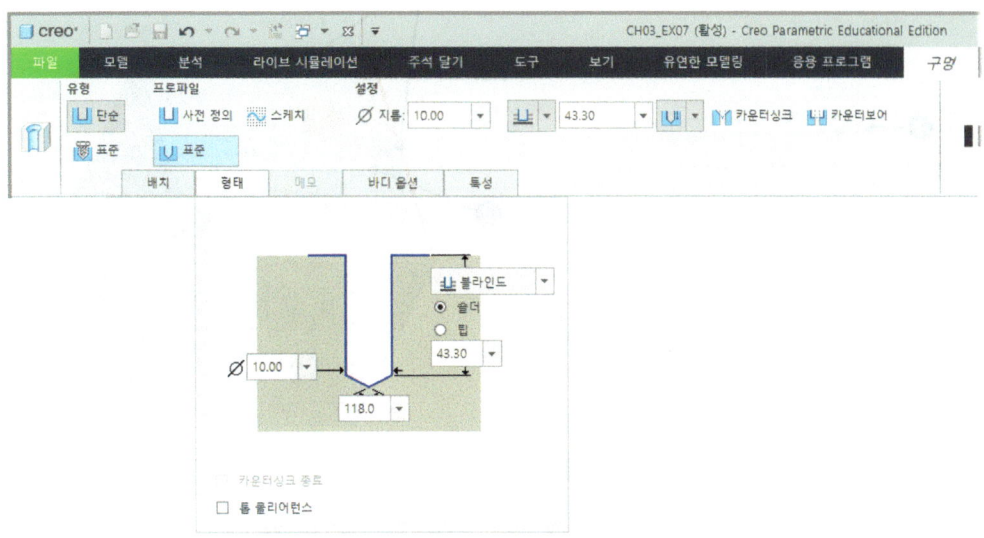

그림 3-34 형태 옵션

3 장: 밀어내기, 회전, 구멍

Exercise 07　구멍 생성 연습　　　　　　　　　　ch03_ex07

주어진 파일을 열어 절차에 따라 구멍을 생성해 보자.

선형 배치-단순-사전정의 구멍

1. 모델 탭 > 엔지니어링 > '구멍' 아이콘을 누른다.
2. 배치면을 선택한다.
3. 옵션 영역에서 '배치' 탭을 누른다. 유형으로 '선형'을 선택한다.
4. 오프셋 참조 영역을 클릭한다.
5. Ctrl 키를 누르고 두 개의 모서리를 선택한다.
6. 모서리로부터의 거리 30 mm를 입력한다.

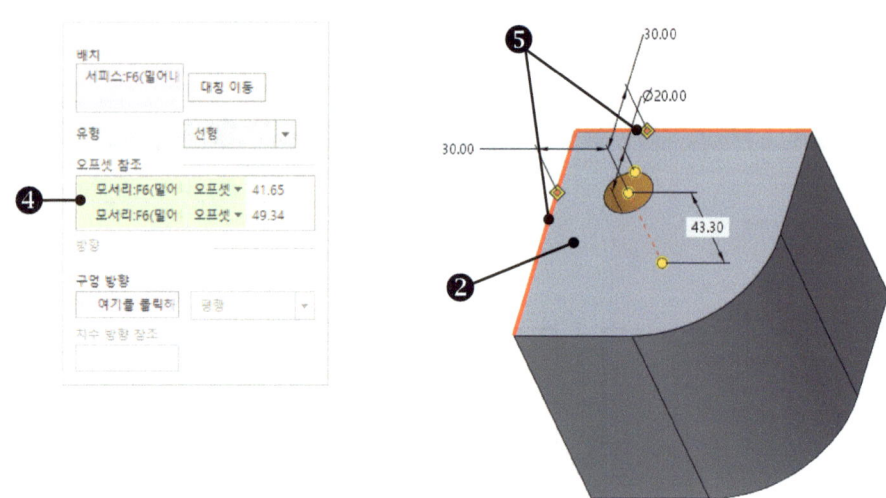

그림 3-35 배치 설정

7. 구멍 유형과 프로파일을 선택하고 '형태' 탭을 누른다. (그림 3-36)
8. 지름 20 mm를 입력하고, 깊이 옵션에서 '전체 통과'를 선택한다.
9. 확인 버튼을 누른다.

74

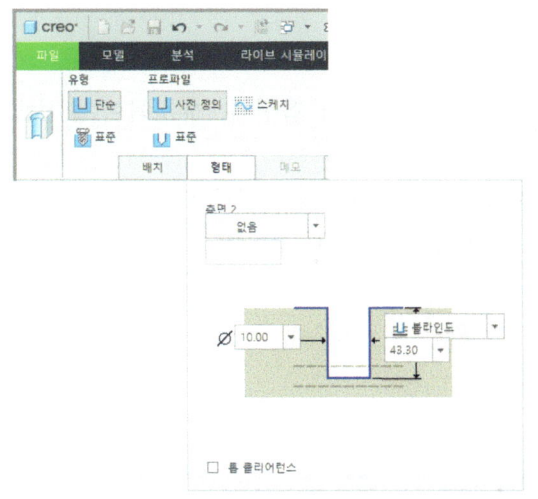
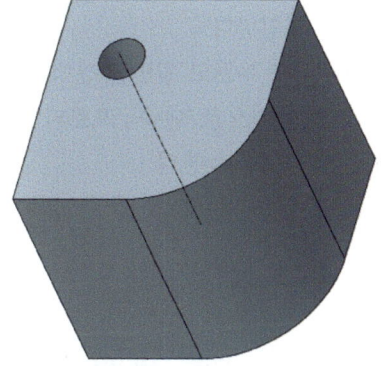

그림 3-36 형태 옵션   그림 3-37 생성된 구멍

동축 배치-단순-표준 프로파일 구멍

1. 모델 트리에서 라운드 1을 클릭 > '정의 편집'을 선택한다.
2. 반지름을 30으로 변경한다.
3. 모델 탭 > 기준 > 축을 선택한다.
4. 기준축 대화상자에서 '참조' 영역을 클릭한 후 라운드 곡면을 선택한다.
5. 대화상자에서 '확인' 버튼을 누른다.

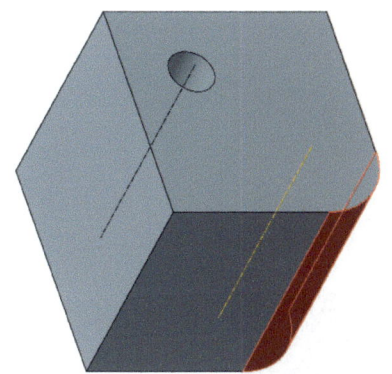 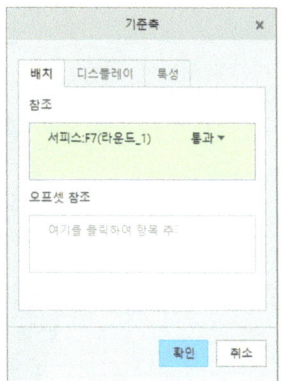

그림 3-38 기준 축 생성

6. 모델 탭 > 엔지니어링 > '구멍' 아이콘을 누른다.
7. 라운드 면의 중심에 생성한 기준축을 선택한다.
8. '배치' 탭을 누른다. 유형이 '동축'으로 된 것을 확인하고, '배치' 옵션에 1개 항목이 덜 선택된 것을 확인한다.
9. Ctrl 키를 누르고 윗면을 선택한다. 구멍의 시작 위치가 윗면으로 지정된다.
10. 구멍 유형으로 '단순', 프로파일로 '표준'을 선택하고 '카운터보어' 버튼을 누른다.
11. '형태' 탭을 누른다.
12. 구멍 단면 치수를 그림 3-39와 같이 입력하고 '확인' 버튼을 누른다.

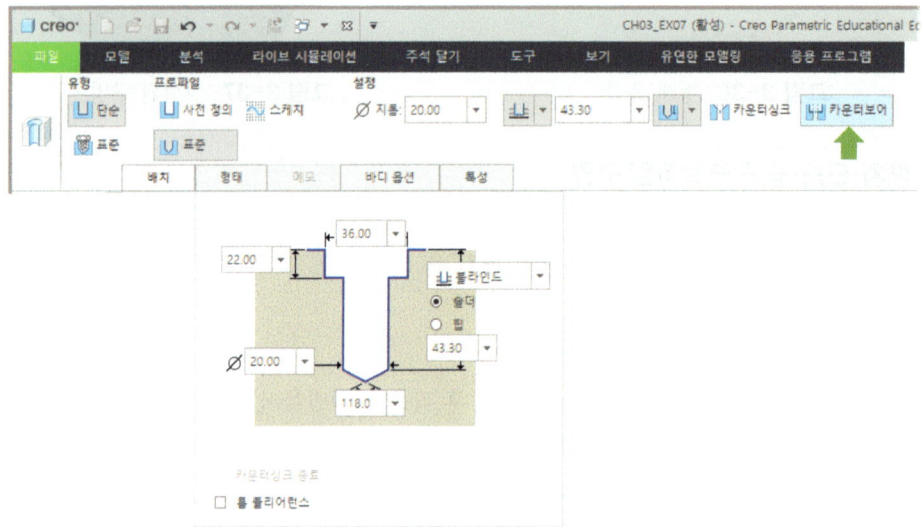

그림 3-39 형태 옵션

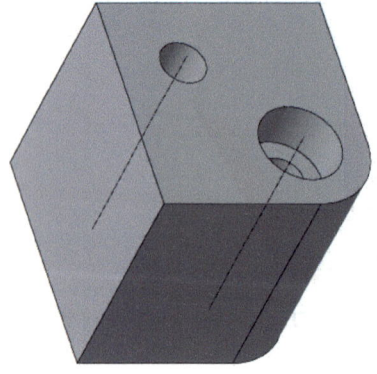

그림 3-40 카운터보어 구멍

단면 보기

1. '보기' 탭 > 모델 디스플레이 > '단면' 아이콘을 누른다.
2. 그림 3-41과 같이 면을 선택하고 화살표를 드래그하여 위치를 정한다.
3. 확인을 누른다.

모델 트리 하위에 단면이 생성된다. 우클릭하여 삭제, 비활성화, 치수 수정 등의 옵션을 적용할 수 있다.

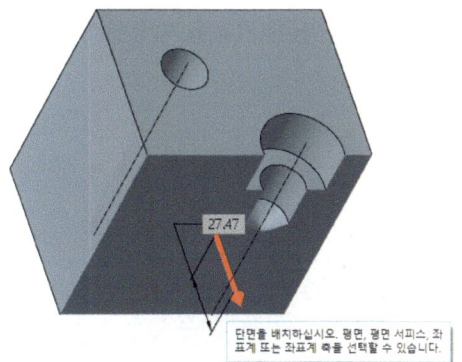

그림 3-41 단면 설정

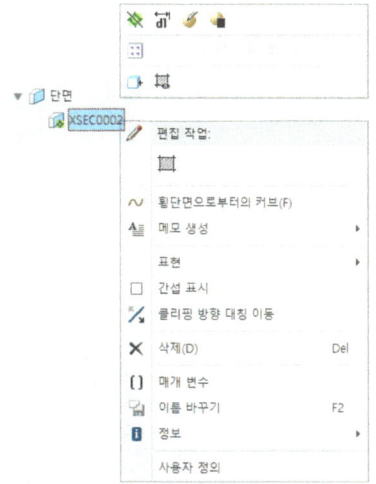

그림 3-42 단면 옵션

3 장: 밀어내기, 회전, 구멍

3.7 바디간 부울 연산

두 번째 이후의 바디를 생성할 때 바디 옵션에서 '새 바디 만들기'를 체크하면 기존 바디와 별개의 새로운 바디를 생성할 수 있다. 바디 별로 모델링을 한 후 합치거나 제거하거나 공통의 바디를 생성할 수 있다. 이를 바디간 부울 연산이라고 한다. 집합에서 말하는 합집합, 차집합, 교집합에 해당된다. 이에 대한 예제는 Chapter 8의 Exercise 03을 참고한다.

그림 3-43의 바디 A는 사각형을 밀어내기 한 바디이고, 바디 B는 원을 밀어내기 한 후 쉘 기능을 수행한 바디이다. 쉘 기능에 대해서는 나중에 자세히 다룬다. 각각의 바디에 대한 모델링을 수행한 뒤 모델 탭 > 바디 > 부울 연산 기능을 이용하여 하나의 바디를 완성하게 된다.

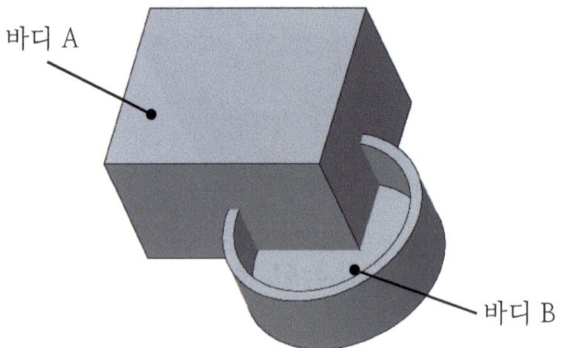

그림 3-43 두 개의 바디

3.7.1 병합

두 개의 바디 사이에 합집합을 적용한다. 바디 A에 바디 B를 추가하면 그림 3-44와 같은 하나의 바디가 완성된다.

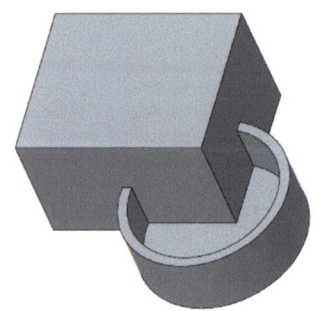

그림 3-44 병합

3.7.2 빼기

두 개의 바디 사이에 차집합을 적용한다. 바디 A에서 바디 B를 제거하면 그림 3-45와 같은 하나의 바디가 완성된다.

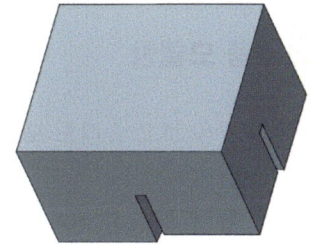

그림 3-45 빼기

3.7.3 교차

두 개의 바디 사이에 교집합을 적용한다. 바디 A와 바디 B의 공통 부분은 그림 3-46과 같다.

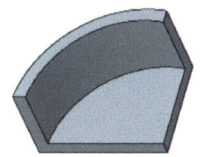

그림 3-46 교차

---

ch03_ex08 바디간 부울 연산 **Exercise 08**

바디간의 부울 연산을 적용하여 최종 형상을 완성해 보자.

절차

1. 바디 A와 B 사이에 '교차'를 적용한다.
2. 1의 결과 바디를 바디 C에 '병합' 한다.
3. 필터를 이용하여 최종 바디가 하나로 된 것을 확인한다.

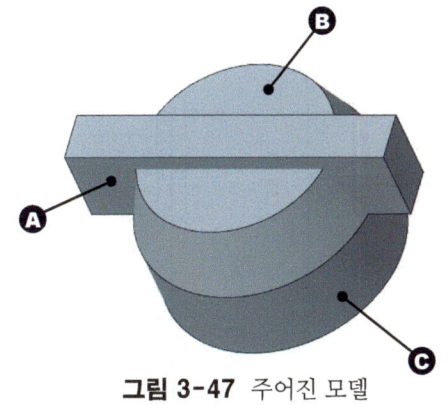

그림 3-47 주어진 모델

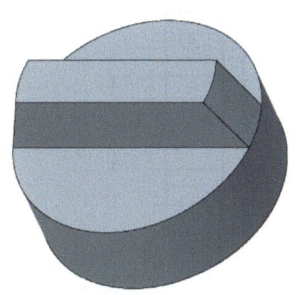

그림 3-48 완성된 모델

END of Exercise

3 장: 밀어내기, 회전, 구멍

Exercise 09   부품 모델링

그림 3-49의 도면을 보고 솔리드 모델을 생성하시오.

1. 모든 구멍은 '구멍' 기능을 이용하여 생성한다.
2. 스케치는 모두 완전 정의 한다.

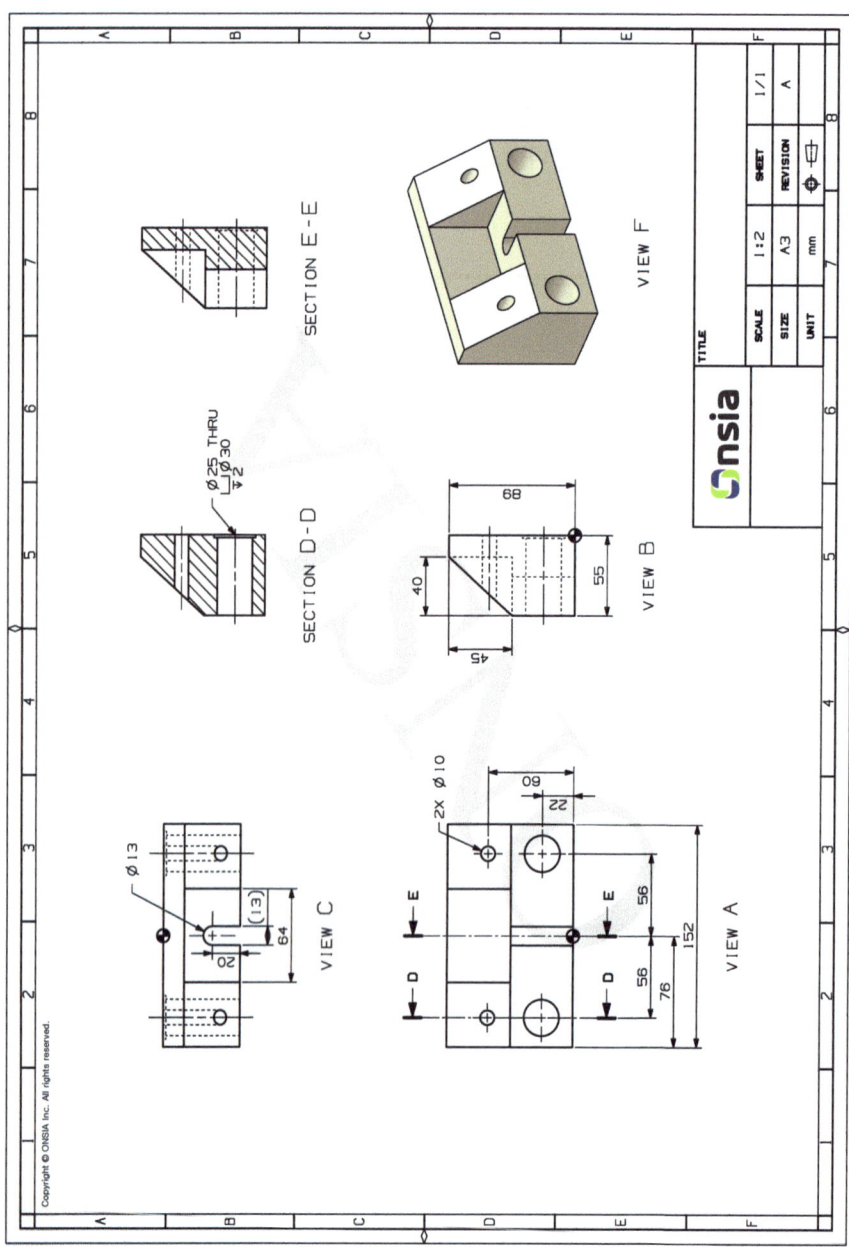

그림 3-49 Exercise 09의 도면

부품 모델링 Exercise 10

다음 도면 형상을 모델링 하시오.

1. 구멍은 '구멍' 기능을 이용하여 생성한다.
2. 스케치는 모두 완전 정의 한다.

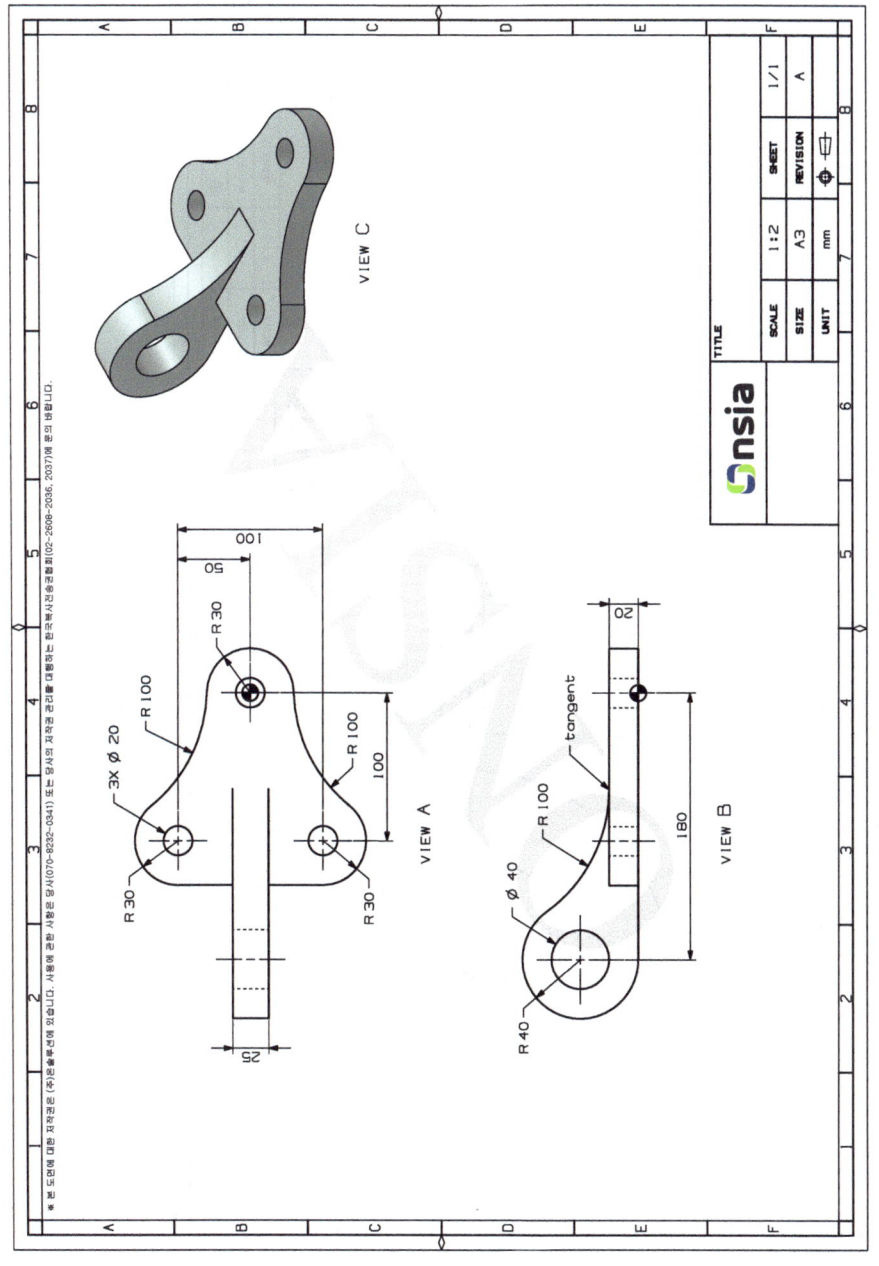

그림 3-50 Exercise 10의 도면

3 장: 밀어내기, 회전, 구멍

Exercise 11 부품 모델링

다음 도면 형상을 모델링 하시오.

1. '구멍' 기능을 적극 이용하여 생성한다.
2. 스케치는 모두 완전정의 한다.

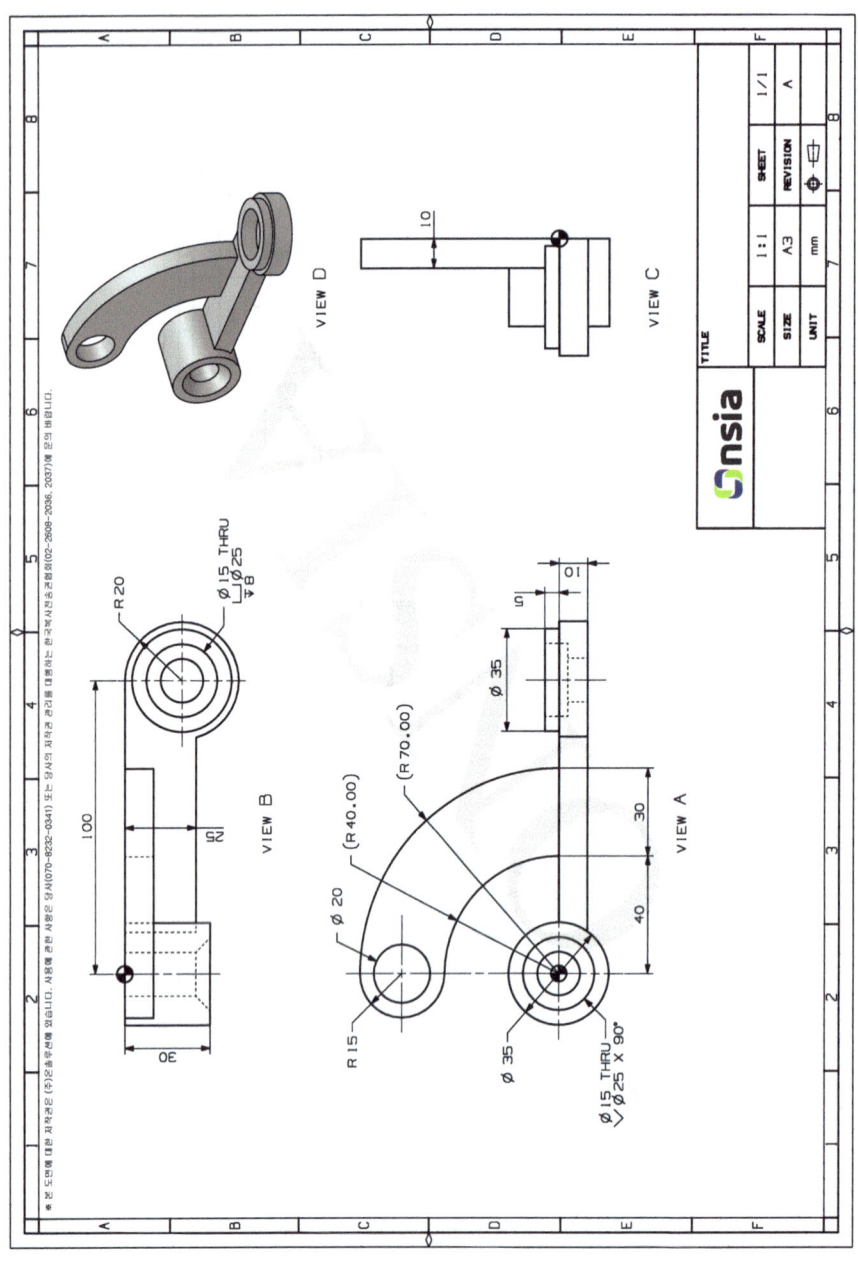

그림 3-51 Exercise 11의 도면

부품 모델링 **Exercise 12**

그림 3-52의 도면을 보고 형상을 모델링 하시오

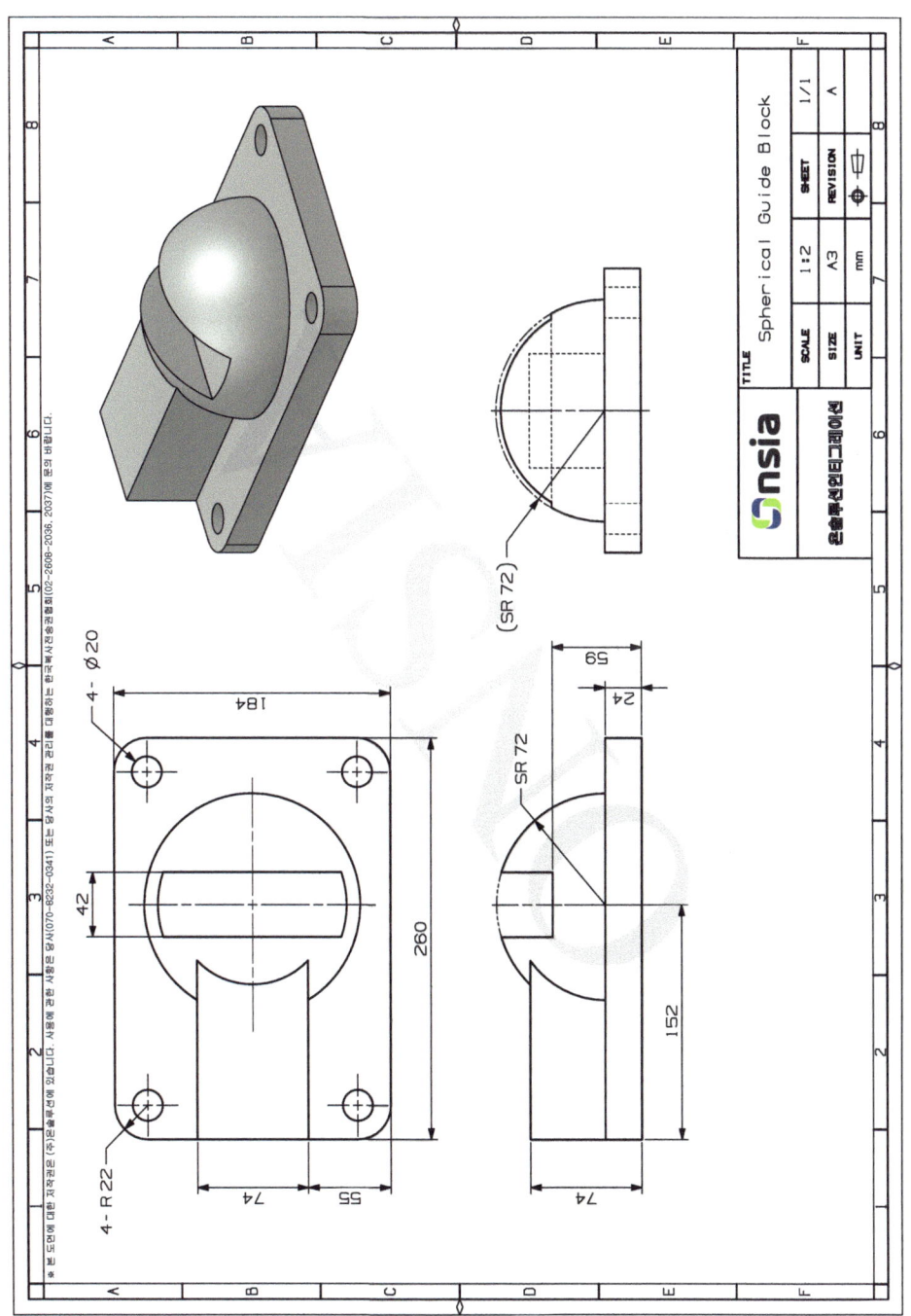

그림 **3-52** Exercise 12의 도면

3 장: 밀어내기, 회전, 구멍

(빈 페이지)

Chapter 4
참조 개체

■ 학습목표

- 참조 개체의 종류와 용도를 이해한다.
- 기준면, 기준축, 점을 생성할 수 있다.
- 참조 개체를 이용한 모델링을 할 수 있다.

4 장: 참조 개체

4.1 참조 개체란?

바디나 면 등의 실질적 형상을 이루지 않으면서 그런 형상을 생성하는데 이용되는 모델링 요소를 참조 개체라고 한다.

참조 개체에는 기준면, 기준축, 점이 있다. 원하는 위치에 스케치를 그리고자 하는데 평면이 없으면 기준면을 생성하여 사용한다. 필요한 곳에 축이 없거나 점이 없으면 기준축이나 점을 생성하여 사용한다.

참조 개체는 그 자체가 모델링의 최종 목적이 아니며 원하는 형상을 만들기 위해 거쳐 가는 매개체이다. 따라서 참조 개체를 생성했다면 반드시 그 후의 모델링 단계에서 그 개체를 선택하여 사용하게 된다. 뒤에 사용하지 않은 참조 개체는 삭제해도 무방하다고 볼 수 있다.

스케치도 비슷한 의미로 이해할 수 있다. 스케치를 생성했다면 그 후에 반드시 그 스케치를 이용하여 밀어내기를 하거나 회전시켜 3D 형상을 생성하게 된다. 그렇게 사용하지 않은 스케치는 그 외 다른 목적이 없다면 삭제해도 된다. 복잡한 모델을 생성하기 위해서는 필요한 참조 개체를 자유자재로 만들어 사용할 수 있어야 한다.

참조 개체는 항상 기존 형상 또는 다른 참조 개체를 참조하여 정의한다. 기존 형상과 연관성이 있어서 참조하는 형상을 변경하면 참조 개체도 따라서 변경된다. 또한 이후에 참조 개체를 이용하여 생성한 형상도 같이 변경된다.

그림 4-1은 참조 개체를 생성할 수 있는 '기준' 아이콘 그룹을 보여준다. 스케치 아이콘이 왜 이 그룹에 있는지 이해할 수 있다.

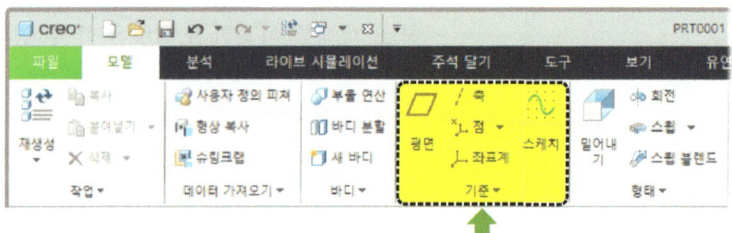

그림 4-1 '기준' 아이콘 그룹

4.2 기준점

기준점의 용도는 다음과 같다.
- 밀어내기의 깊이나 회전 기능의 각도 조건
- 구멍을 생성할 때 위치 지정
- 기준축이나 기준면 생성

점 아이콘을 누르면 그림 4-2와 같은 기준점 대화상자가 나타난다. 참조 영역을 클릭하고 참조할 개체를 선택하면 점이 정의되고 옵션을 변경할 수 있다. 그림 4-3은 첫 번째 참조로 모서리를 선택했을 때의 대화상자를 보여준다. 선택한 모서리의 한 쪽 끝으로부터 비율을 입력하여 위치를 완전 정의할 수 있다. 다른 참조를 선택하여 점의 위치를 정의할 수도 있다.

'새 점'을 클릭하여 연속하여 다른 점을 생성할 수 있다.

첫 번째 참조로 면을 선택하면 대화상자가 그림 4-4와 같이 표시된다. 오프셋 참조 영역을 클릭하여 다른 참조

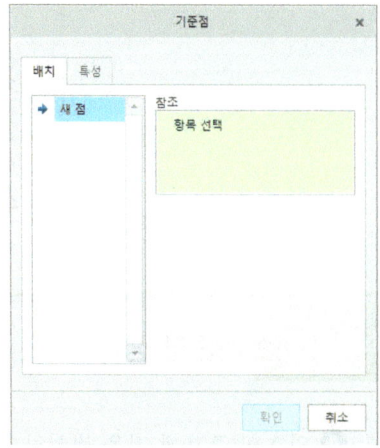

그림 4-2 기준점 대화상자

를 선택하면 면 상에 점의 위치를 완전 정의 할 수 있다. 오프셋 참조를 여러 개 선택할 때는 Ctrl 키를 누른다.

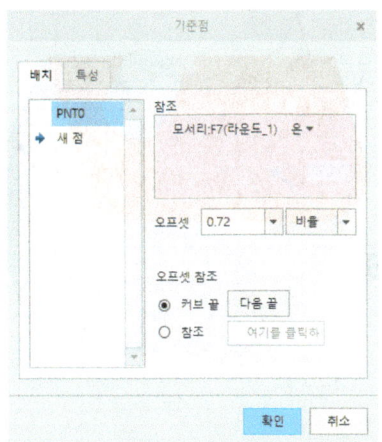

그림 4-3 모서리를 선택했을 때의 대화상자

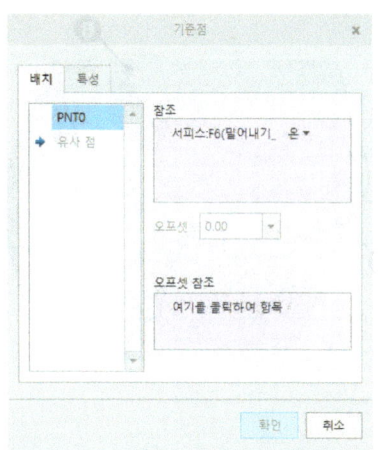

그림 4-4 면을 선택했을 때의 대화상자

점 아이콘 드롭다운에 있는 '오프셋 좌표계' 아이콘을 이용하면 좌표계를 선택하여 좌표값으로 점을 정의할 수 있다. '참조' 영역을 클릭한 후 좌표계를 선택하면 좌표값을 입력할 수 있다. (그림 4-5)

그림 4-5 좌표계를 이용한 기준점 정의

Exercise 01   기준점 생성   ch04_ex01

1. Ⓐ 원호의 중간에 점을 생성하기오.
2. Ⓑ 원호의 중심에 점을 생성하시오.
3. Ⓒ 면에 점을 생성하시오. 모서리로부터의 거리는 30 mm로 한다.
4. Ⓓ 모서리의 20% 위치에 점을 1개 생성하시오.

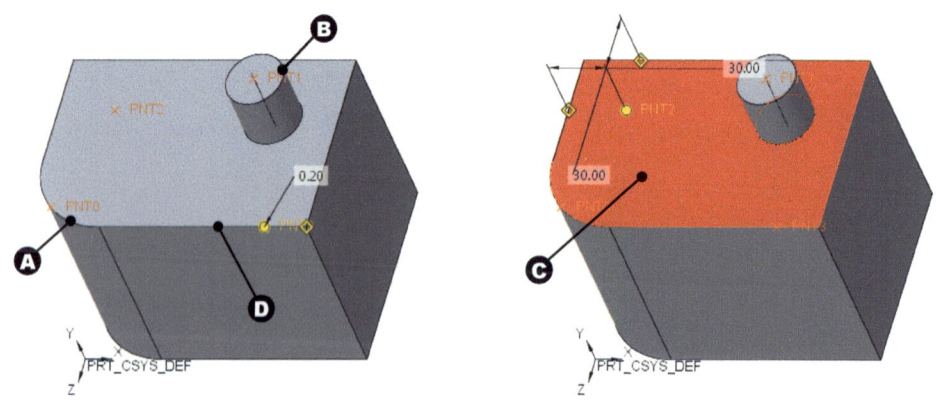

그림 4-6 점 생성 연습

END of Exercise

4.3 좌표계

좌표계 아이콘을 눌러 좌표계를 생성할 수 있다. 원점과 축 방향을 지정하면 된다. 원점으로 모서리, 평면, 다른 좌표계, 점을 선택할 수 있다. 방향 탭을 눌러 방향을 지정할 개체를 지정한다.

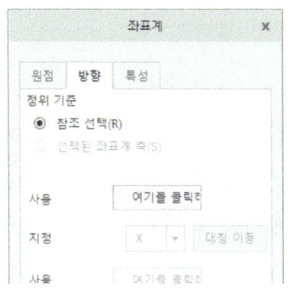

그림 4-7 좌표계의 방향 옵션

좌표계와 점 생성 | Exercise 02

1. Ⓐ 점을 원점으로 하는 좌표계를 생성하시오. 모서리를 선택하여 축 방향을 그림과 같이 맞춘다.
2. 좌표계를 이용하여 Ⓑ 위치에 점을 생성한다. 좌표값은 (30, 50, 0)이다.

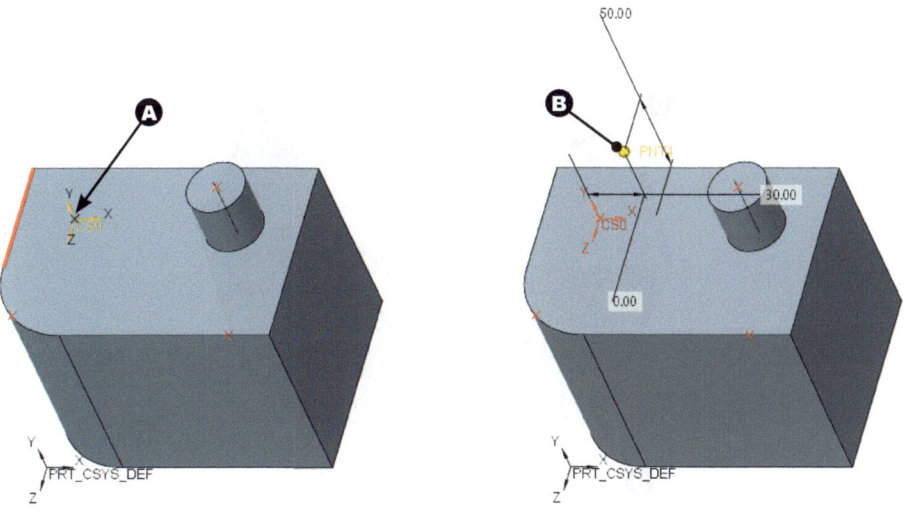

그림 4-8 좌표계와 점 생성 연습

END of Exercise

4.4 기준축

기준축의 용도는 다음과 같다
- 회전의 중심축
- 이동의 방향
- 기준면을 생성할 때

축 아이콘을 누르면 그림 4-9와 같은 대화상자가 나타나며, 상태 표시줄에는 축 배치를 위해 평면, 서피스, 모서리 또는 점 등의 참조를 2개 선택하라는 메시지가 나타난다. 필요한 참조를 선택하지 않으면 확인 버튼이 활성화 되지 않는다. 원통면을 선택하면 그 중심에 기준축을 생성할 수 있다.

그림 4-9 기준축 대화상자

Exercise 03 기준축 생성 *ch04_ex03*

1. 꼭지점 **A**와 **B**를 통과하는 기준축을 생성하시오.
2. 원통면 **C**의 중심축에 기준축을 생성하시오.
3. 면 **D**의 적당한 위치에 점을 생성한 후 그 점에서 시작하여 면 **D**와 수직인 기준 축을 생성하시오.

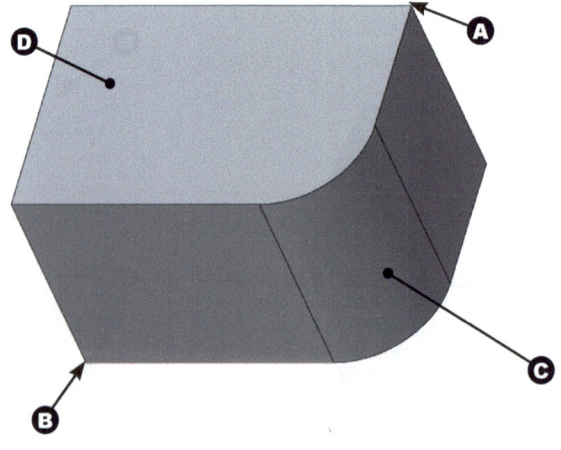

그림 4-10 기준축 생성 연습

기준축 응용 모델링 Exercise 04

두 개의 평면이 만나는 곳에 기준축을 정의한 후 주어진 단계에 따라 회전 피쳐를 생성해 보자.

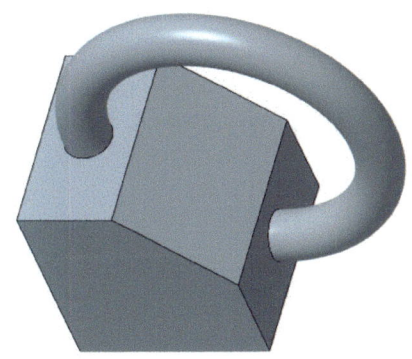

그림 4-11 완성할 모델

육면체 생성 및 모따기

1. Top 면에 한 변의 길이가 100 mm인 정사각형을 생성한 후 100 mm 밀어내기 한다.
2. 모델 > 엔지니어링 > 모따기 기능을 이용하여 50 mm 모따기 한다. 모따기 기능에 대한 자세한 사항은 Chapter 5에서 설명한다.

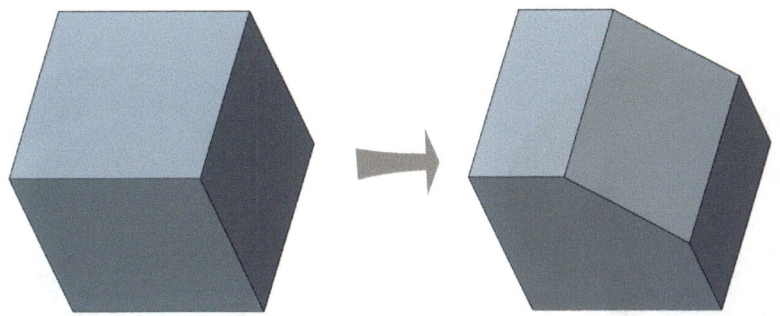

그림 4-12 육면체 생성 후 모따기

원형 스케치 생성

그림 4-13과 같이 지정된 면의 중앙에 지름 25 mm의 원형 스케치를 생성한다.

기준 축 생성

그림 4-14와 같이 평면 Ⓐ와 Ⓑ가 교차하는 곳에 기준축을 생성한다.

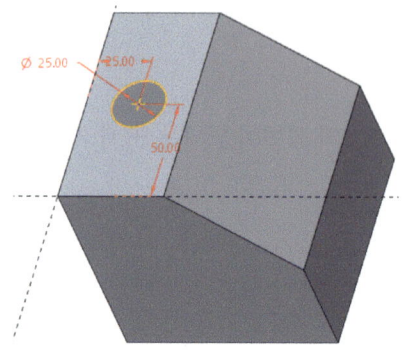

그림 4-13 원 생성

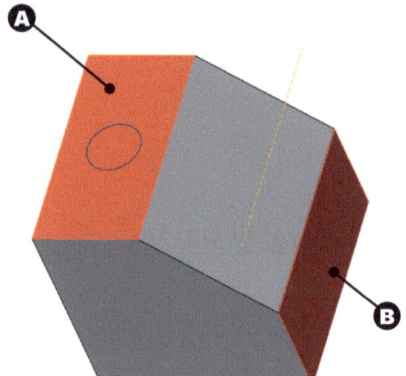

그림 4-14 기준축 생성

회전 피처 생성

1. 회전 아이콘을 누른다.
2. 원형 스케치와 기준축을 선택한다.
3. 각도 조건으로 그림 4-15의 평면 Ⓒ를 선택하여 완성한다.

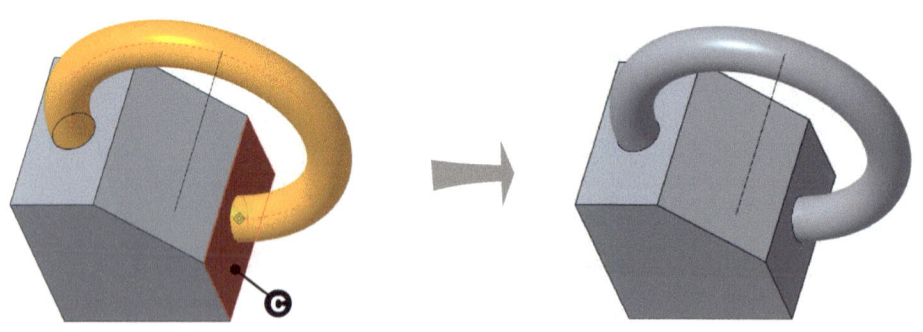

그림 4-15 완성된 모델

END of Exercise

4.5 기준면

평면 아이콘을 눌러 기준 평면을 생성할 수 있다. 기준면의 용도는 다음과 같다.
- 스케치면
- 대칭복사 기능의 기준면
- 밀어내기의 깊이 또는 회전의 각도 조건

선택한 참조만으로 기준면을 생성할 수 없는 경우 확인 버튼은 활성화 되지 않는다. 여러 개의 참조 요소를 선택하려면 Ctrl 키를 누른다.

그림 4-16 기준면 대화상자

---

ch04_ex05   기준면 생성   **Exercise 05**

1. 기준축 ❹에 직각이면서 점 ❺를 통과하는 평면
2. 곡면 ❹에 접하면서 점 ❹를 통과하는 평면
3. 모서리 ❹를 중심으로하여 면 ❺와 45° 각도를 이루는 평면

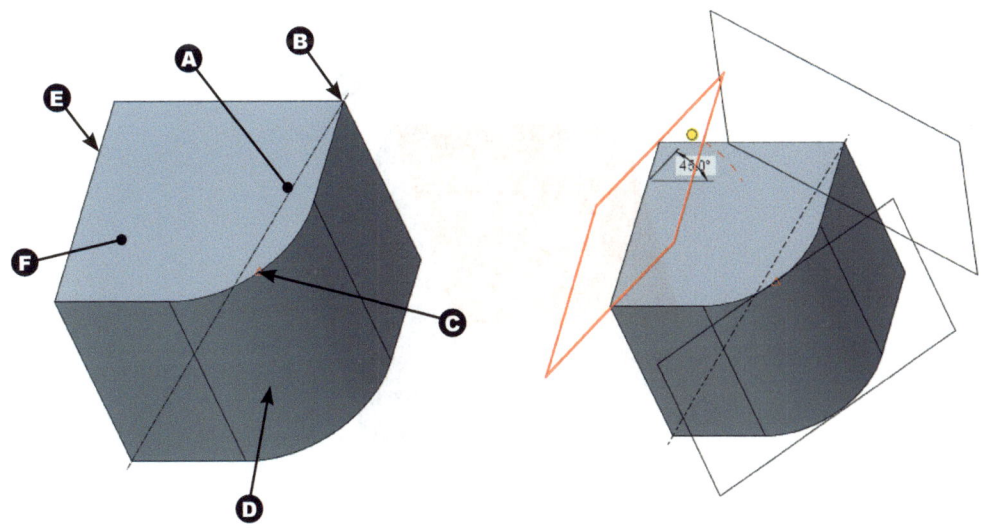

그림 4-17 기준면 생성 연습

END of Exercise

4 장: 참조 개체

Exercise 06   기울어진 기준면을 이용한 모델링

절차에 따라 모델을 완성해 보자.

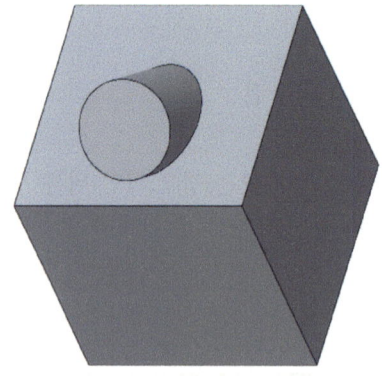

그림 4-18 완성할 모델

육면체 및 기준면 생성

1. 100x100x100 정육면체를 생성한다.
2. 평면 아이콘을 누른다.
3. Ctrl 키를 누르고 평면 **Ⓐ**와 모서리 **Ⓑ**를 선택하고 각도 45°를 입력한다.

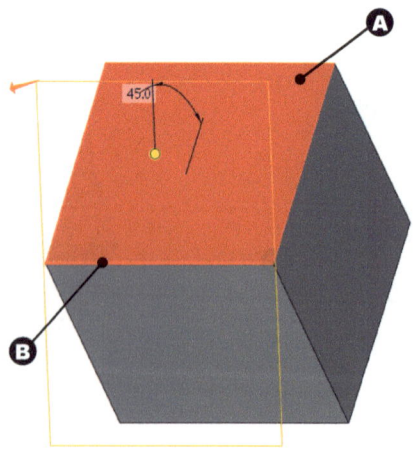

그림 4-19 기준면 생성

스케치 생성

1. 기준면에 스케치 면을 정의한다.
2. 그림 4-20과 같이 원을 생성하고 완전 정의한다.

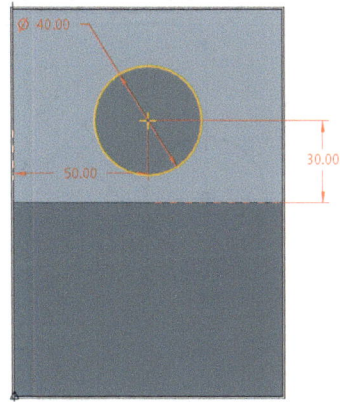

그림 4-20 스케치

밀어내기

원을 다음 서피스까지 밀어내기 하여 모델을 완성한다.

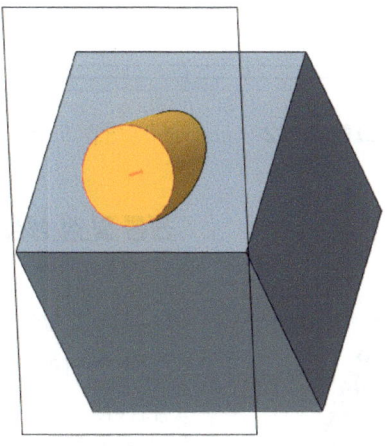

그림 4-21 밀어내기

END of Exercise

4 장: 참조 개체

Exercise 07 접하는 기준면을 이용한 모델링

절차에 따라 다음 도면의 모델을 완성해 보자.

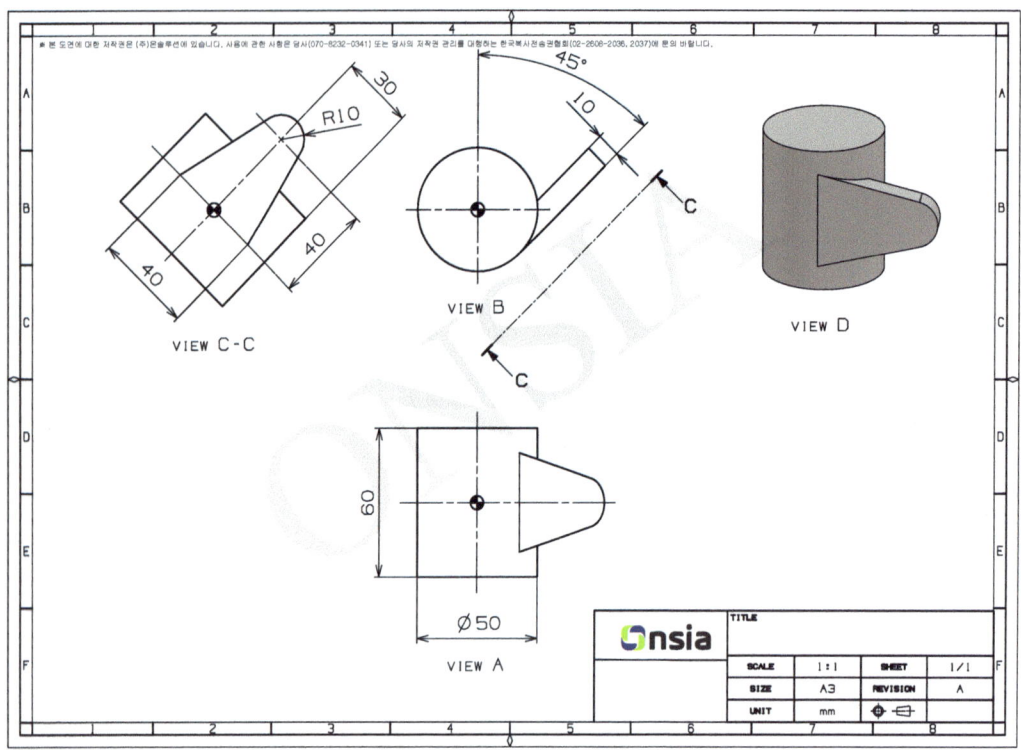

그림 4-22 Exercise 07 연습 도면

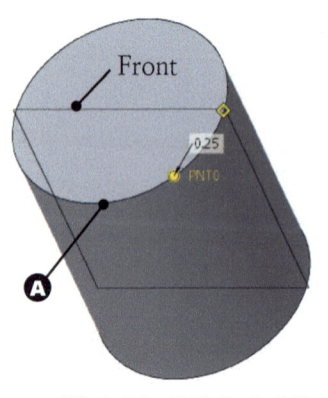

그림 4-23 원통과 점 생성

원통 및 점 생성

1. 원통을 생성한다.
2. 점 아이콘을 누르고 원형 모서리 Ⓐ를 선택한다.
3. 그림 4-23과 같이 한 쪽 끝에서 0.25 위치에 점을 생성한다.

기준면 생성

1. 평면 아이콘을 누른다.
2. Ctrl 키를 누르고 그림 4-24의 원통면 **B**와 점 **C**를 선택한다.
3. 대화상자에서 참조 서피스 오른쪽 항목에서 탄젠트를 선택한다. (그림 4-24의 **D**)
4. 확인을 눌러 기준면을 생성한다.

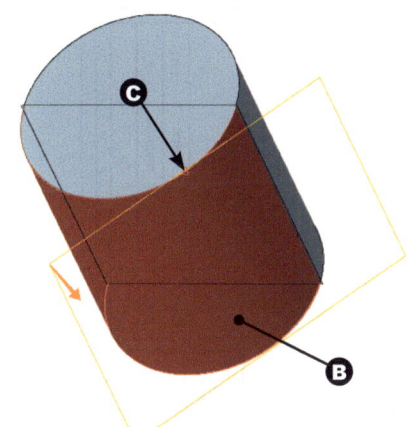
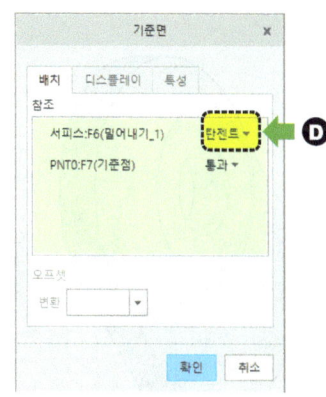

그림 4-24 기준면 생성

스케치 생성 및 밀어내기

1. 생성된 기준면에 그림 4-25와 같이 스케치를 생성한다.
2. 밀어내기 하여 그림 4-26과 같이 모델을 완성한다.

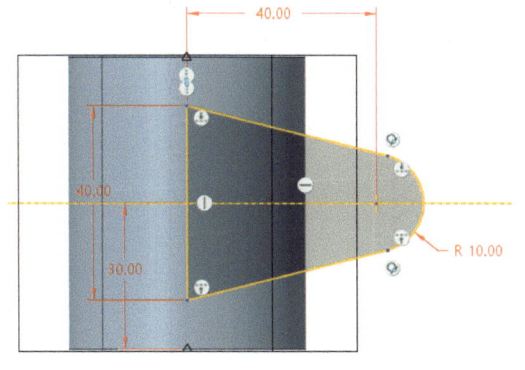
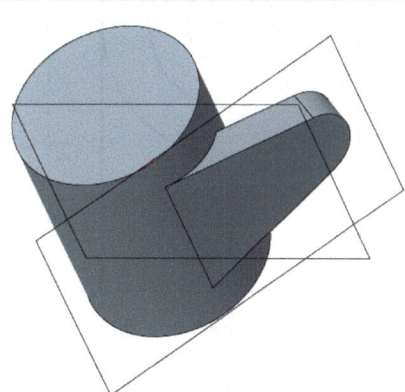

그림 4-25 스케치   **그림 4-26** 밀어내기

END of Exercise

Exercise 08   기준축을 이용한 모델링

다음 도면 형상을 모델링 하시오.

1. 모든 스케치는 완전 정의되어야 한다.

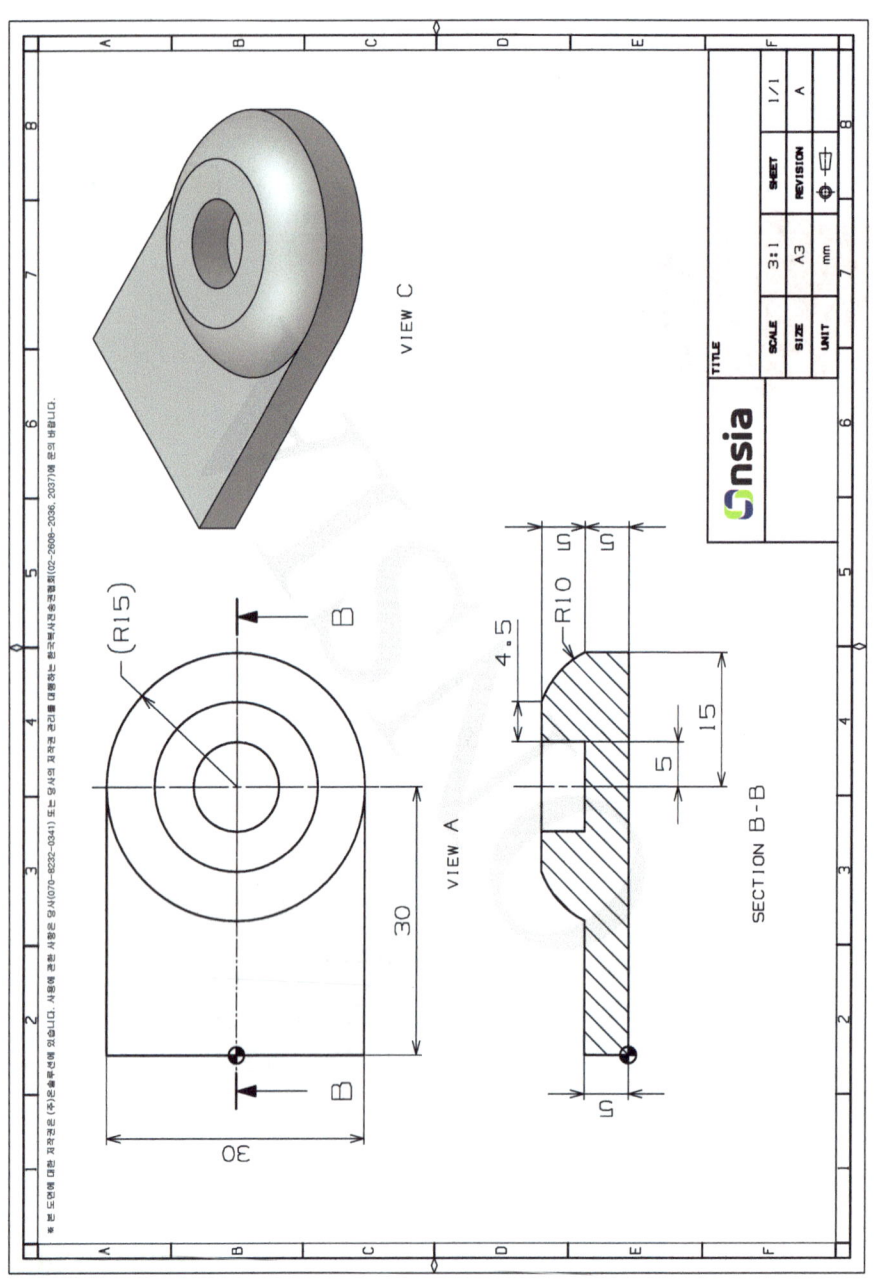

그림 4-27 Exercise 08 연습 도면

기울어진 기준면을 이용한 모델링 — Exercise 09

다음 도면 형상을 모델링 하시오.

1. 구멍은 구멍 기능을 이용하여 생성한다.

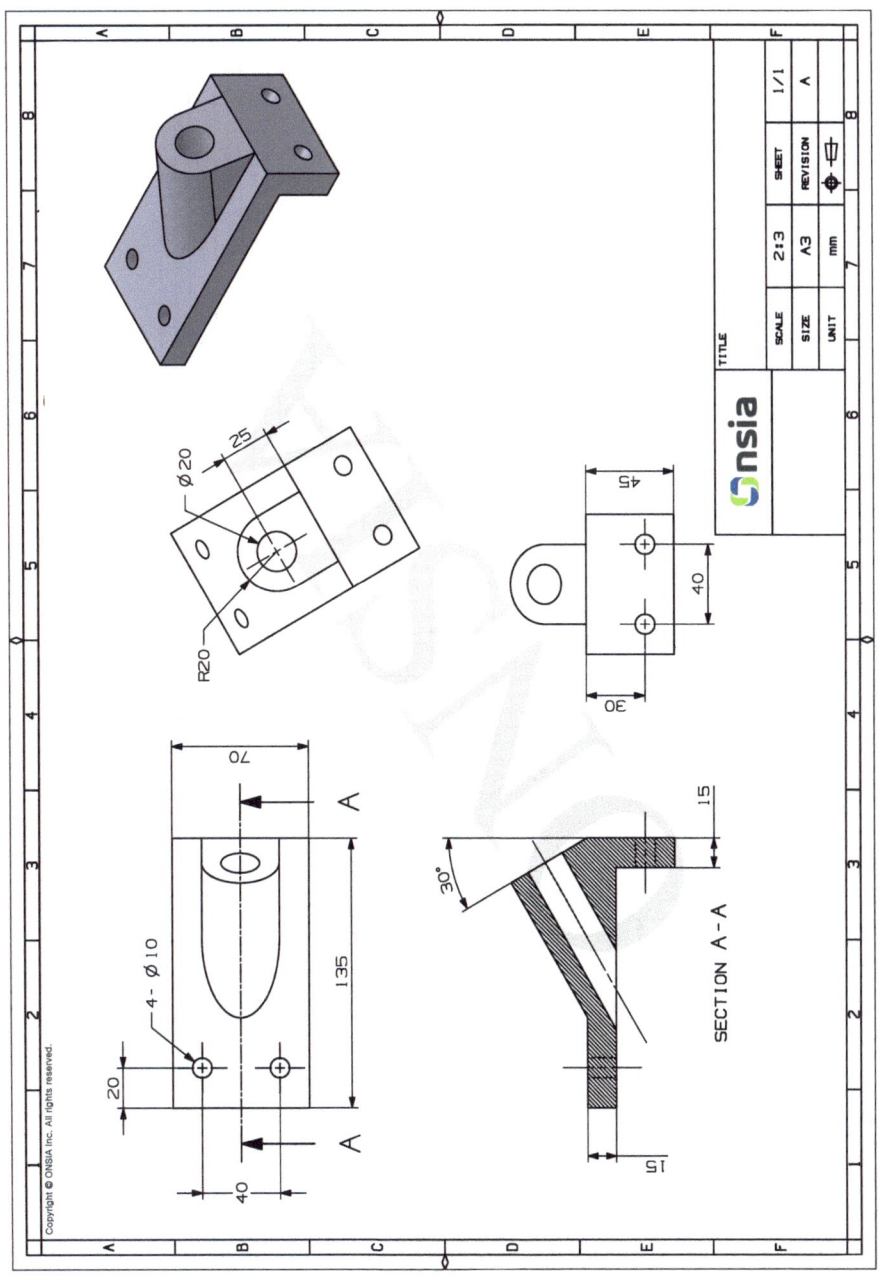

그림 4-28 Exercise 09 연습 도면

4 장: 참조 개체

Exercise 10   기울어진 기준면을 이용한 모델링

다음 도면 형상을 모델링 하시오.

1. 구멍은 구멍 기능을 이용하여 생성한다.

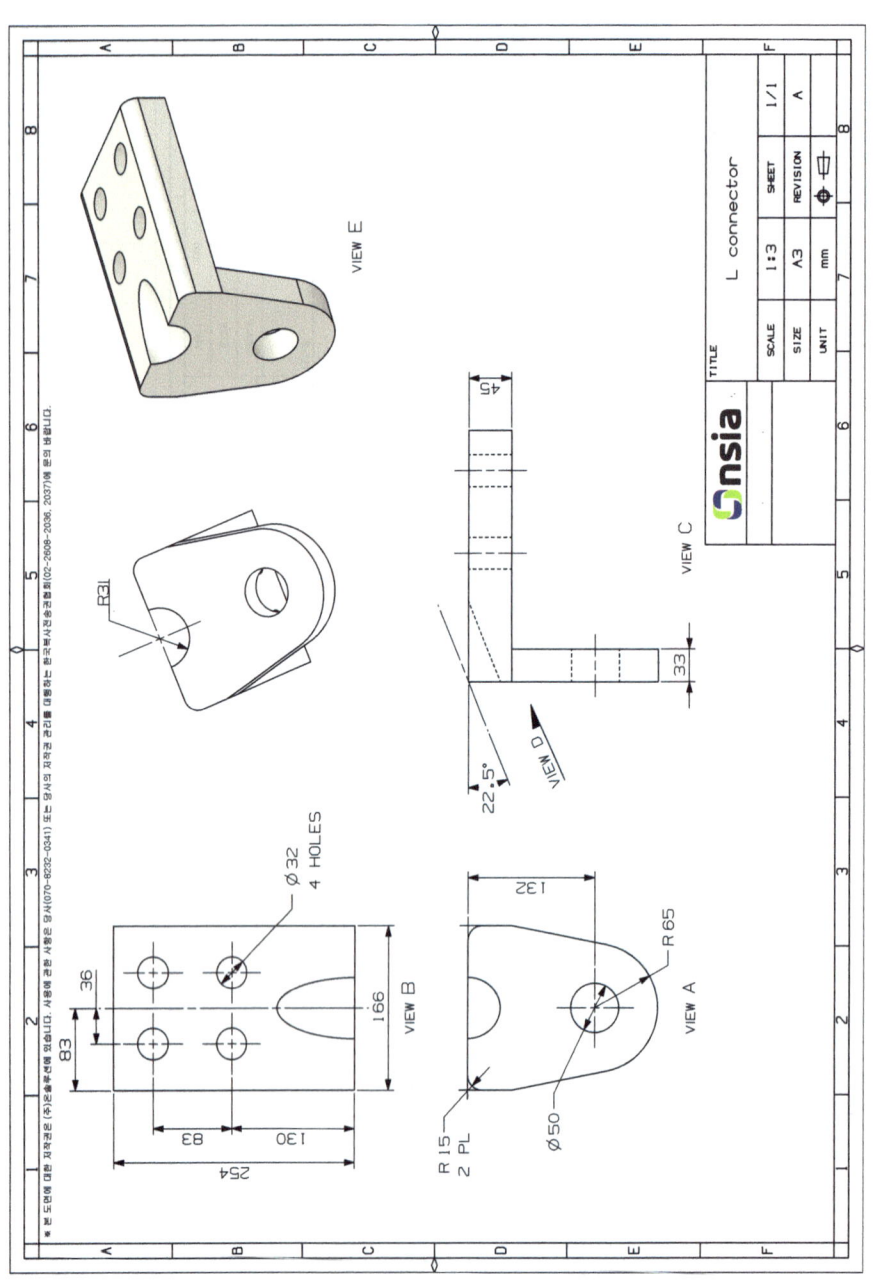

그림 4-29 Exercise 10 연습 도면

기울어진 기준면을 이용한 모델링 — Exercise 11

다음 도면 형상을 모델링 하시오.

1. 구멍은 구멍 기능을 이용하여 생성한다.

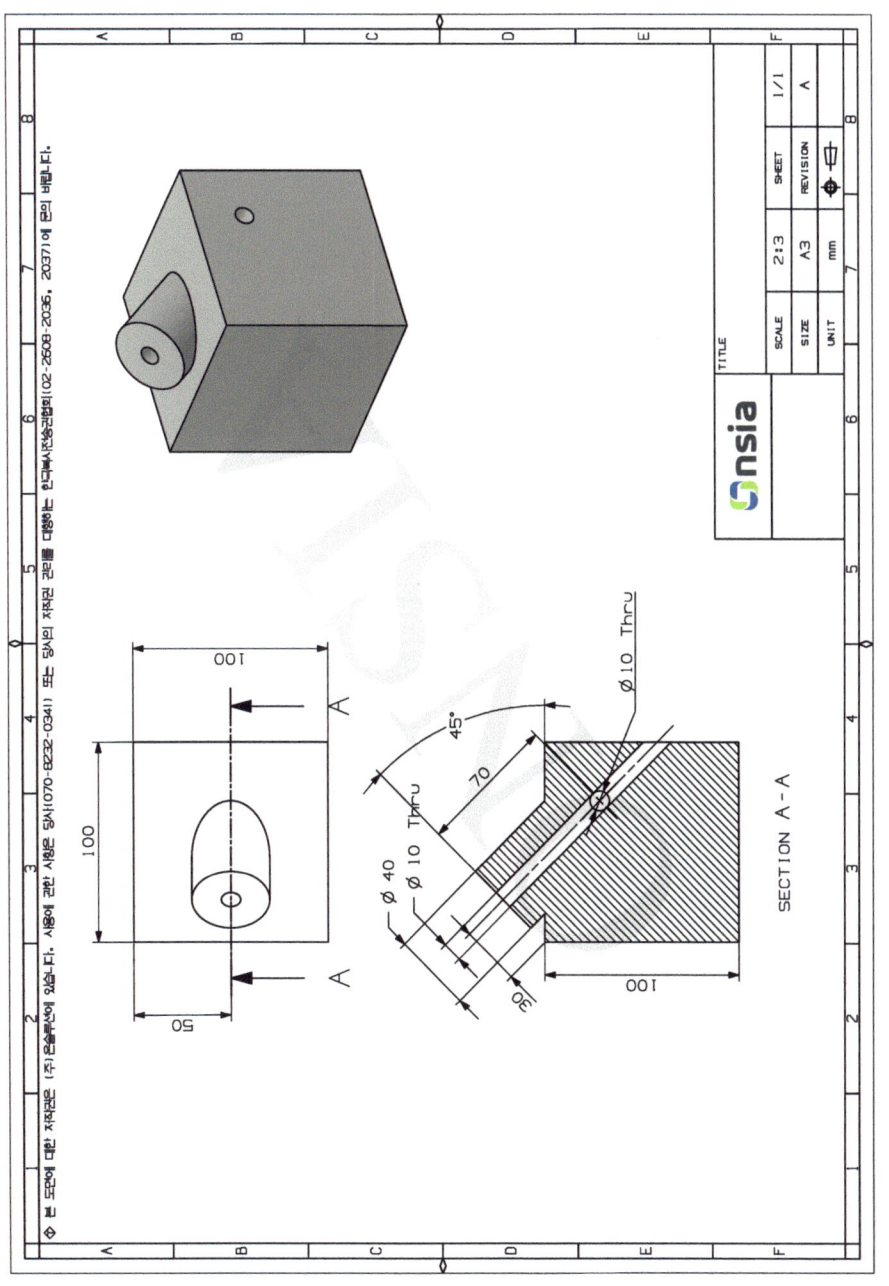

그림 4-30 Exercise 11 연습 도면

(빈 페이지)

Chapter 5
상세 모델링

■ 학습목표

- 필렛 기능을 이해한다.
- 모따기 기능을 이해한다.
- 구배 기능을 이해한다.
- 쉘 기능을 이해한다.
- 보강대 기능을 이해한다.

5 장: 상세 모델링

5.1 필렛

뾰족한 모서리를 부드럽게 만드는 것을 필렛이라고 하며 Creo의 라운드 기능을 이용하여 필렛을 생성할 수 있다. 라운드 아이콘을 누르면 그림 5-1과 같은 옵션창이 나타나며 상태 표시줄에는 모서리, 모서리 체인 또는 서피스를 선택하라는 메시지가 나타난다. 모서리를 순차적으로 선택하고 '세트' 탭을 누르면 추가적인 옵션이 나타난다.

모서리를 여러 개 선택하여 각각의 필렛 반지름과 옵션을 설정할 수 있다. Ctrl 키를 누르고 여러 개의 모서리를 선택하면 모두 같은 반지름과 옵션을 설정할 수 있다.

그림 5-2는 모서리를 각각 선택하여 필렛을 생성한 것이다.

그림 5-1 라운드 옵션창

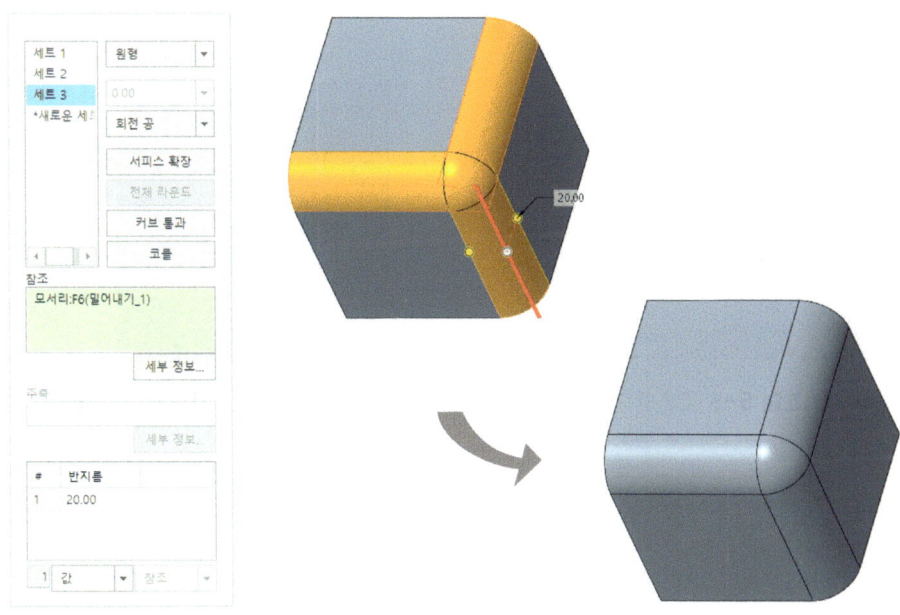

그림 5-2 필렛 생성

5.1.1 횡단면

단면의 형태를 정의한다. 원형, 원추형, C2 연속, D1xD2 원추형, D1xD2 C2 형이 있다.

가장 일반적인 원형 단면은 반지름으로 정의된다. 원추형은 코닉 커브 형태를 이루며 코닉 파라미터를 이용하여 단면의 모양을 조절할 수 있다. 또한 면과 만나는 모서리에서의 곡률 연속(C2) 서피스 연속성을 지정할 수 있기 때문에 더 미려한 필렛 서피스를 생성할 수 있다. D1xD2 원추형은 두 개의 치수를 조절할 수 있으며 원추형 단면을 갖는다. D1xD2 C2는 두 개의 D1xD2 원추형에 부가하여 C2 연속을 적용할 수 있다.

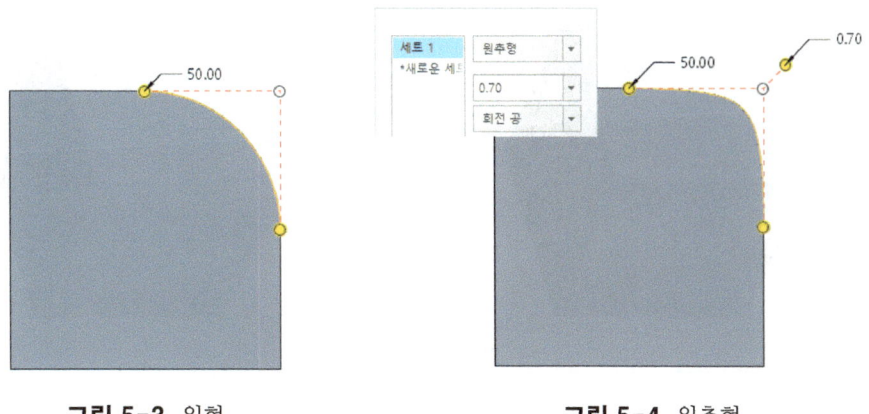

그림 5-3 원형　　　　　　**그림 5-4** 원추형

105

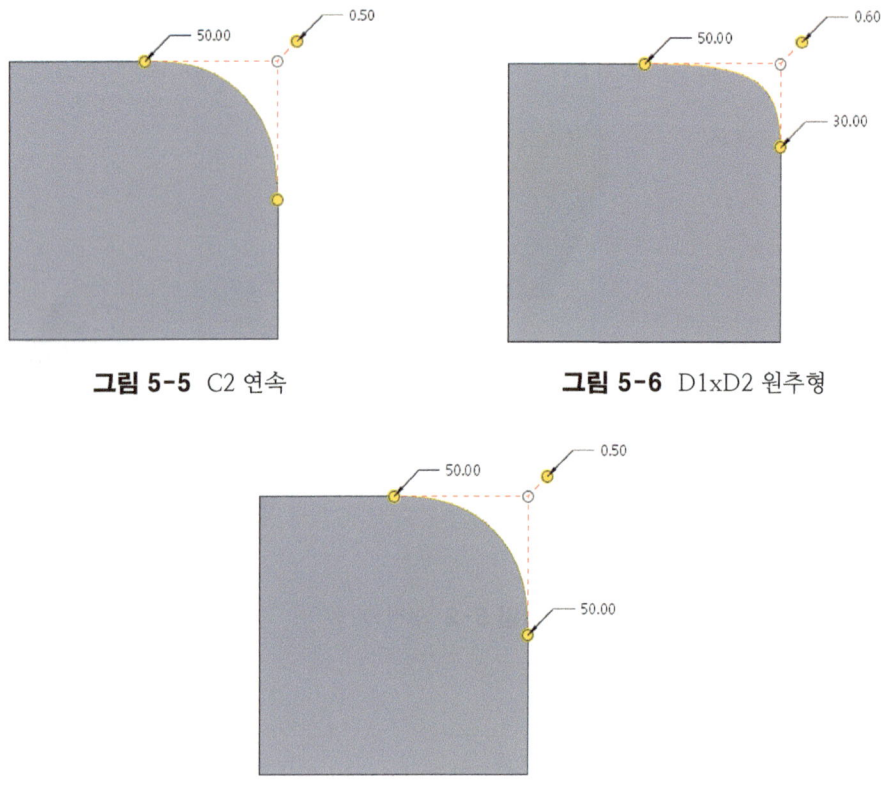

그림 5-5 C2 연속   그림 5-6 D1xD2 원추형

그림 5-7 D1xD2 C2 연속

5.1.2 커브 통과

면에 커브를 미리 생성하여 그 커브에 맞게 필렛 서피스를 생성할 수 있다. 원형, 원추형, C2 연속 횡단면에서만 가능하며, 한 쪽 면에만 커브를 정의할 수 있다.

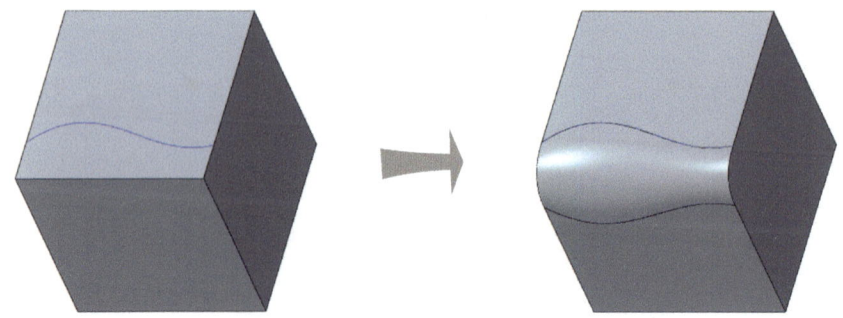

그림 5-8 커브 통과

5.1.3 코들(Chordal)

코들 옵션을 이용하면 반지름이나 코닉 파라미터가 아닌 코드 길이로 필렛 크기를 정의할 수 있다. 세트 옵션에서 코들 버튼을 눌러 정의할 수도 있고, 좌클릭하여 나타나는 팝업 아이콘에서 코들을 클릭하여 정의할 수도 있다.

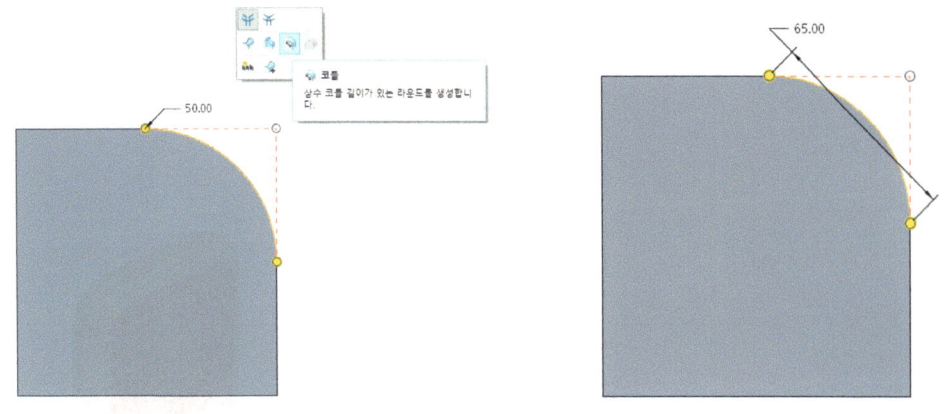

그림 5-9 코들 옵션

5.1.4 가변 반지름

반지름 입력 영역에서 우클릭 〉 반지름 추가를 선택하여 모서리 위치마다 다른 반지름을 지정할 수 있다.

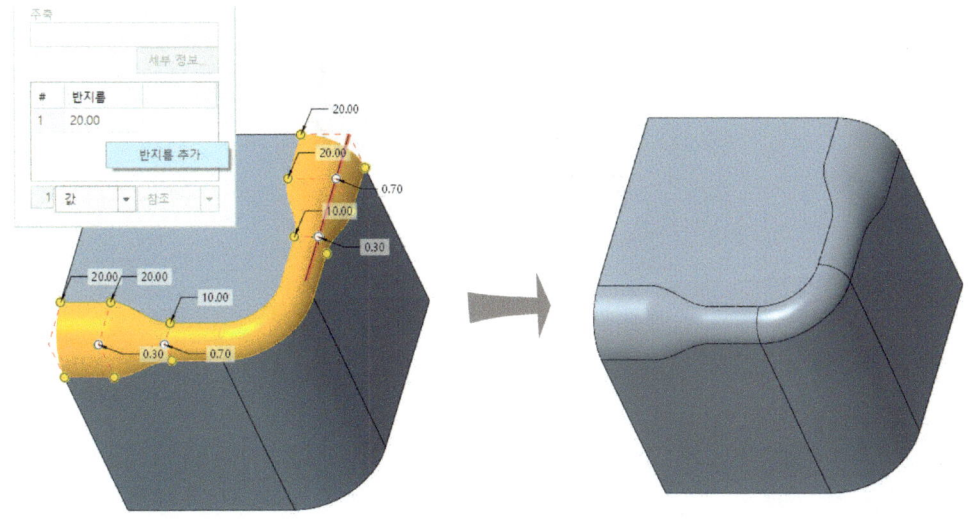

그림 5-10 가변 반지름

5.1.5 전체 라운드

서로 떨어져 있는 두 면을 하나의 세트에 선택하면 '전체 라운드' 버튼이 활성화 되며 '구동 서피스' 옵션도 함께 활성화 된다. 상태 표시줄에는 전체 라운드로 대체할 서피스를 선택하라는 메시지가 나타난다. 두 서피스를 연결하는 서피스를 구동 서피스로 선택하면 전체 라운드 필렛이 생성된다.

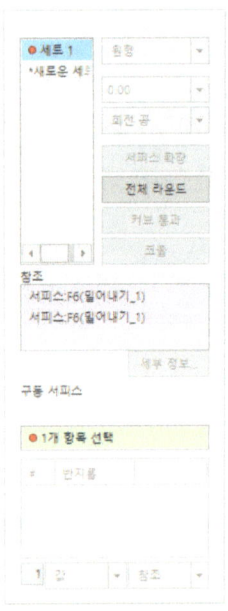
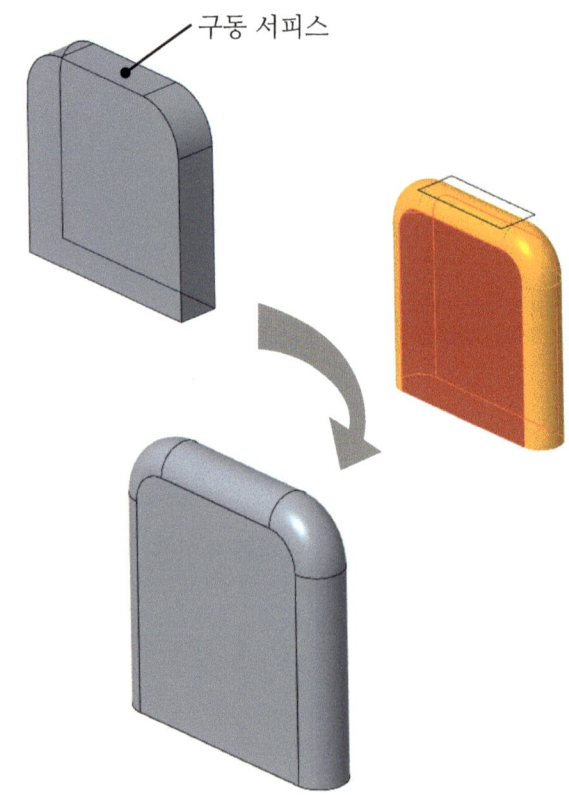

그림 5-11 전체 라운드

5.1.6 변환 모드

여러 개의 필렛이 만나는 곳에 변환 모드를 적용하여 원하는 결과를 선택할 수 있다. 다음 절차를 따른다.

1. 표준 모드로 모서리를 선택하고 반지름 등 옵션을 설정한다.
2. 변환 모드 버튼을 누른다. 변환 모드 적용 가능한 곳이 하이라이트 된다.
3. 하이라이트 된 부분 중에서 변환 모드 적용할 곳을 선택한다.
4. 오른쪽 버튼을 꾹 누른다. 팝업메뉴가 나타난다.
5. 팝업메뉴에서 적용할 변환 모드를 선택한다.

그림 5-13은 세 모서리가 만나는 꼭지점에 라운드 전용 1을 적용한 결과를 보여준다. '변환' 탭을 누르면 적용된 전환을 삭제할 수 있다.

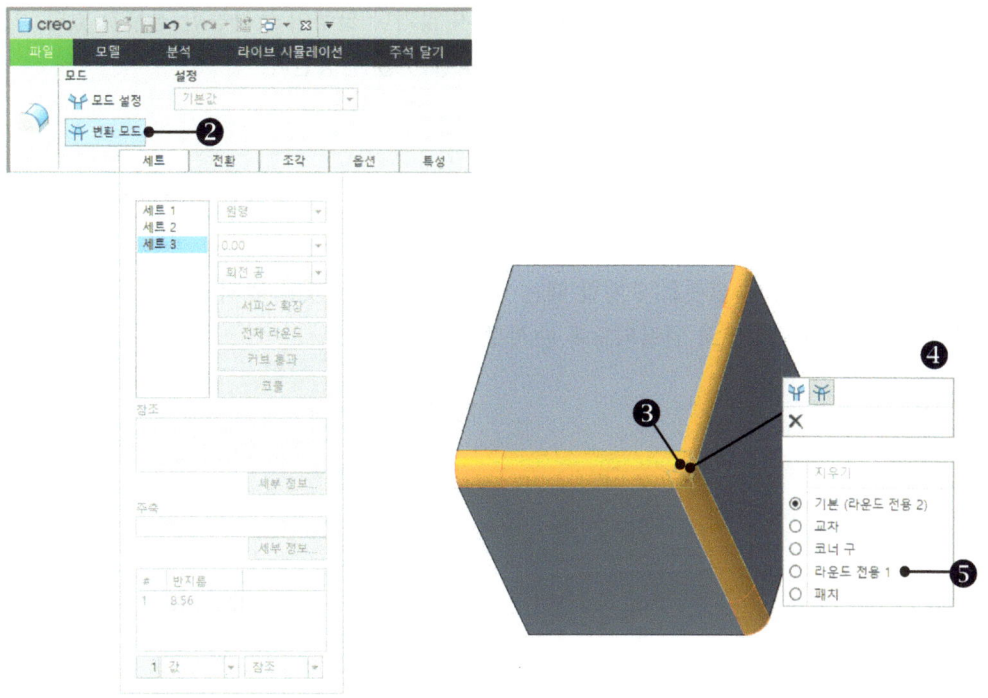

그림 5-12 변환 모드 적용 절차

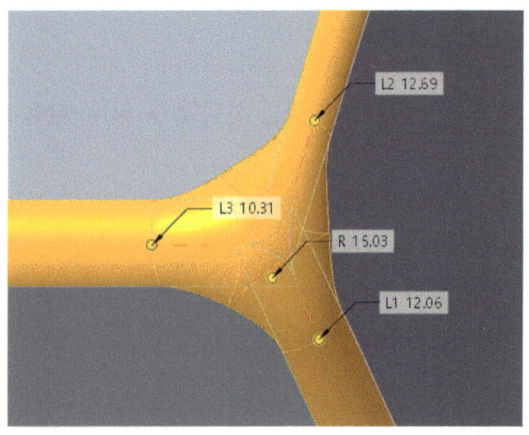 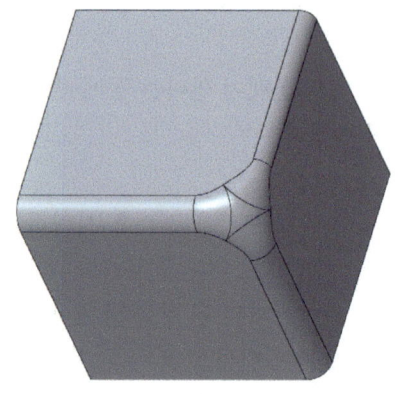

그림 5-13 라운드 전용1 적용

5.1.7 필렛 가이드라인

많은 모서리에 필렛을 생성할 때 좋은 모양이 나오지 않거나 필렛이 불가능한 경우가 있다. 이런 경우에는 다음의 가이드라인에 따라 필렛을 생성할 것을 권장한다.

1. 반경이 큰 것부터 작은 것으로 진행한다.
2. 네 개 이상의 모서리가 모이는 부분이 있다면 그 부분을 우선적으로 고려한다.
3. 여러 번으로 나누어 적용한다.
4. 여러 번으로 나누어 필렛을 수행할 때는 개별 모서리에 필렛을 먼저 적용하여 나중에 선택할 모서리가 탄젠트로 연결되도록 순서를 정한다.

ch05_ex01 필렛 적용 순서-1 **Exercise 01**

주어진 파일을 열어 가이드라인에 따라 필렛을 생성하시오.

Case 1: 각각의 모서리에 서로 다른 반지름 적용

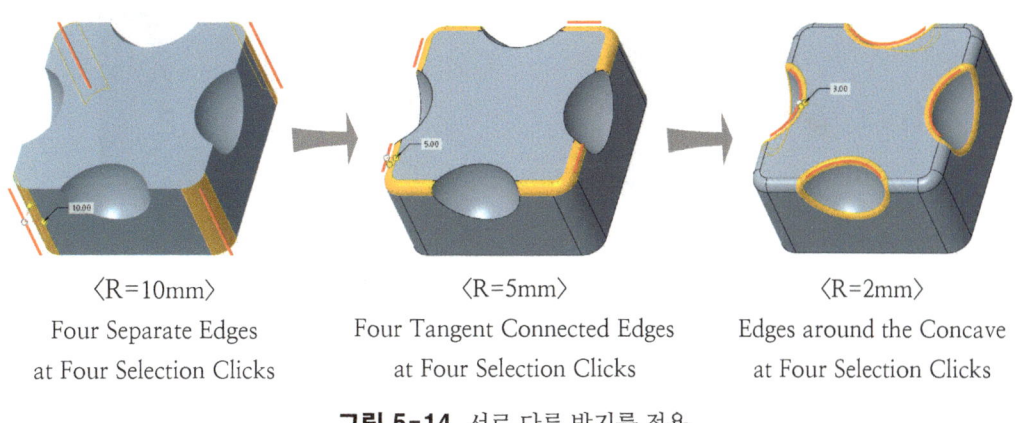

⟨R=10mm⟩
Four Separate Edges
at Four Selection Clicks

⟨R=5mm⟩
Four Tangent Connected Edges
at Four Selection Clicks

⟨R=2mm⟩
Edges around the Concave
at Four Selection Clicks

그림 5-14 서로 다른 반지름 적용

Case 2: 모두 같은 반지름 적용

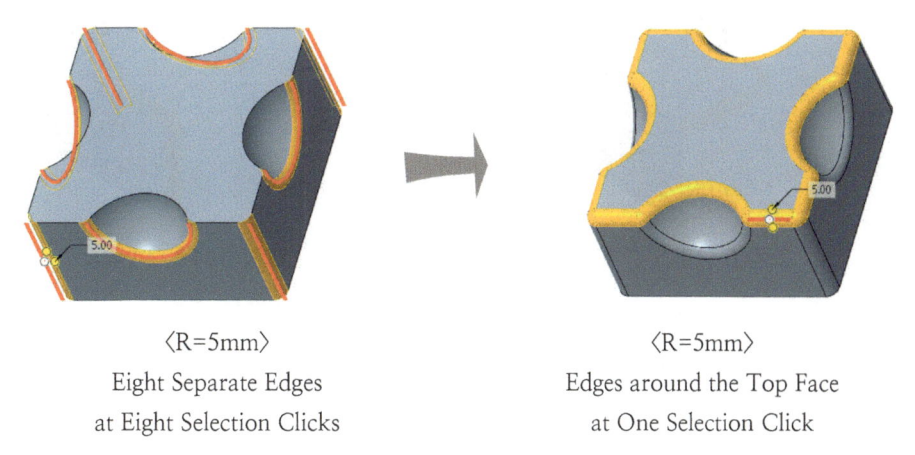

⟨R=5mm⟩
Eight Separate Edges
at Eight Selection Clicks

⟨R=5mm⟩
Edges around the Top Face
at One Selection Click

그림 5-15 같은 반지름 적용

END of Exercise

Exercise 02 필렛 적용 순서-2

ch05_ex02

주어진 파일을 열어 제시된 절차에 따라 필렛을 생성하시오.

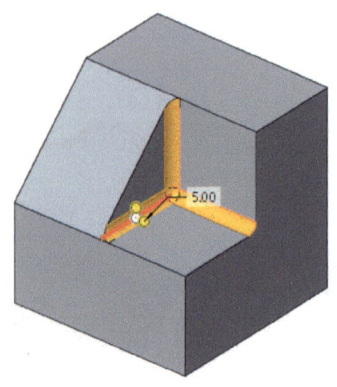

그림 5-16 1 단계

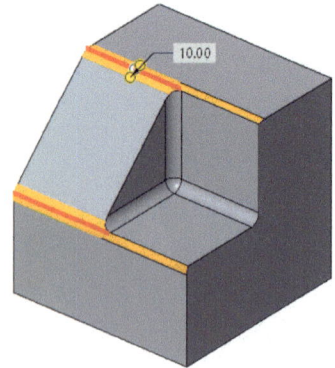

그림 5-17 2 단계

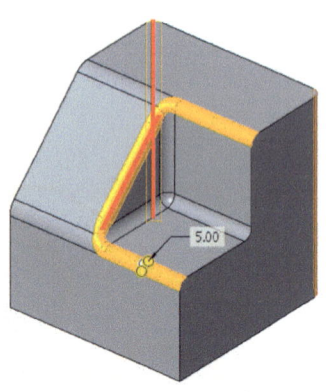

그림 5-18 3 단계

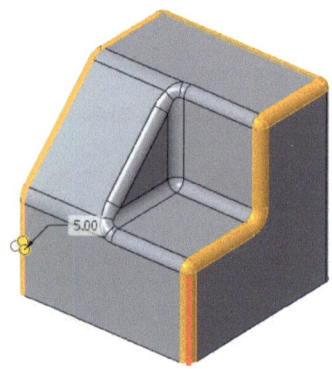

그림 5-19 4 단계

END of Exercise

5.2 모따기

뾰족한 모서리는 지정된 각도로 또는 모서리에서 일정 거리를 입력하여 경사지게 만들 수 있다. 이를 모따기라고 한다. 그림 5-20과 같이 튀어 나온 뾰족한 모서리는 따내고, 그림 5-21과 같이 들어간 뾰족한 모서리는 채우게 된다. 모따기는 부품의 가공 공정에서 부품 자체에 적용되고, 필렛은 금형을 제작하는 과정에서 적용되어 부품에 나타나게 되는 경우가 많다.

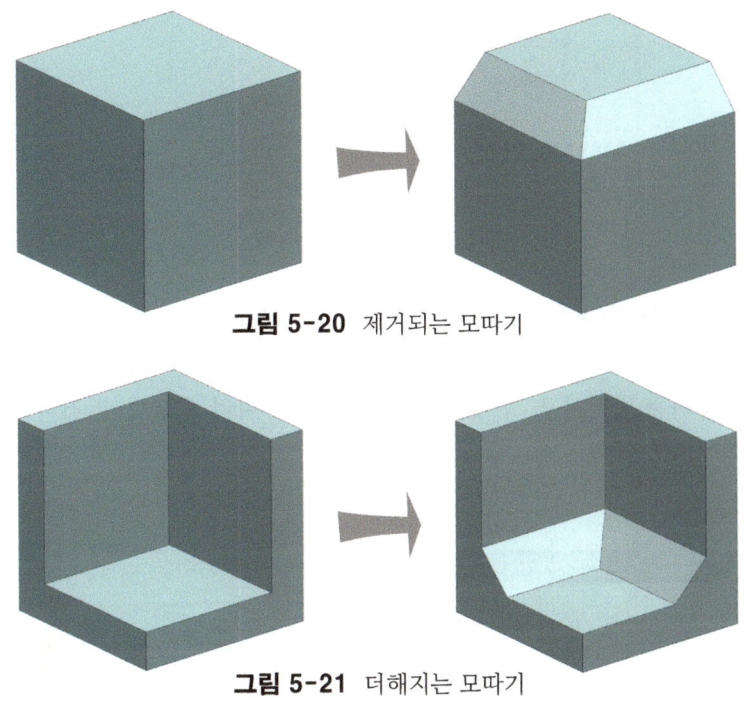

그림 5-20 제거되는 모따기

그림 5-21 더해지는 모따기

5.2.1 모따기 유형

설정 드롭다운에서 모따기 유형을 선택한다. Ctrl 키를 눌러 모서리 여러 개에 같은 모따기를 설정할 수 있다. 모서리를 공유하는 서피스의 상태에 따라 유형이 제한된다.

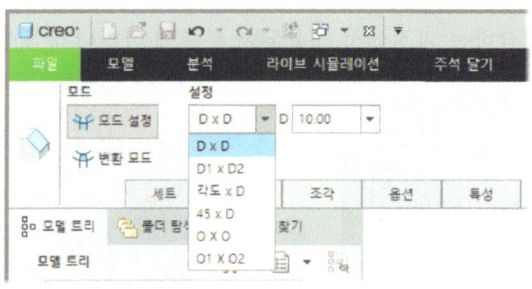

그림 5-22 모따기 유형

그림 5-23과 같이 곡면을 포함하는 모서리를 모따기 할 때는 O-O 유형과 O1-O2 유형만 가능하다. '세트' 탭을 눌러 오프셋 방법을 선택할 수 있다. '서피스 오프셋'은 두 개의 곡면을 오프셋하여 모따기 하는 방식이고, '탄젠트 거리'는 곡면을 따라 오프셋 한 거리를 이용하여 모따기 하는 방식이다.

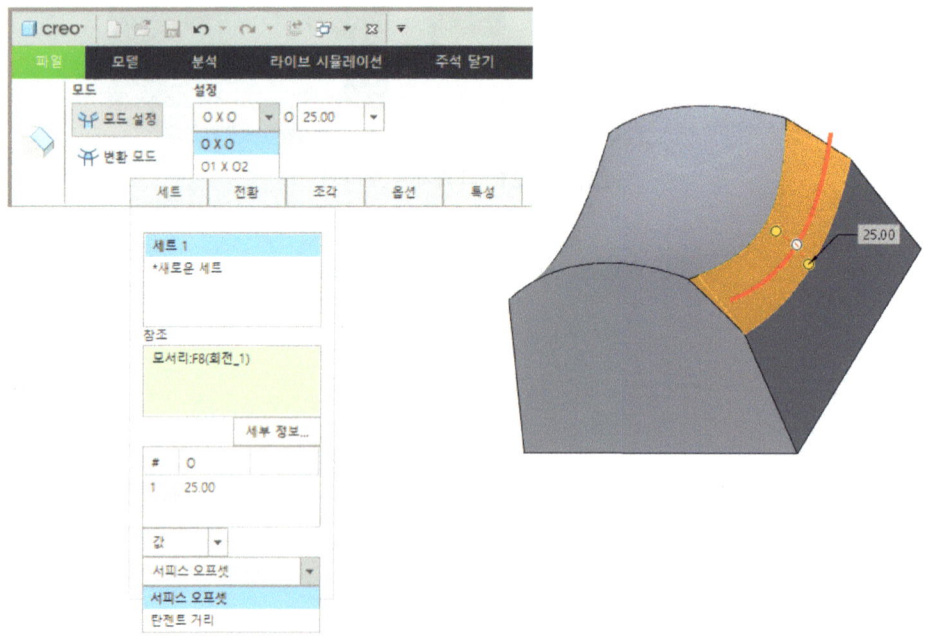

그림 5-23 O-O 유형

5.2.2 변환 모드

여러 개의 모따기가 만나는 곳에 변환 모드를 적용하여 원하는 결과를 선택할 수 있다. 절차는 필렛에서와 같다.

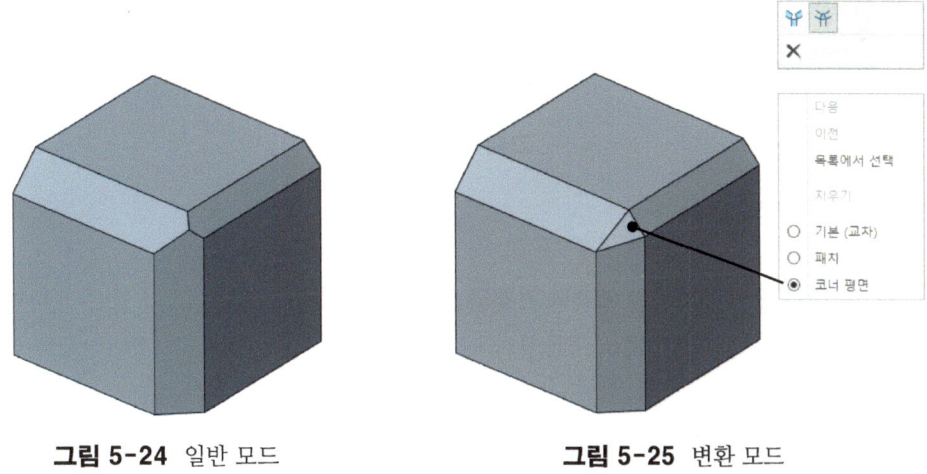

그림 5-24 일반 모드   **그림 5-25** 변환 모드

5.3 구배

구배 기능을 이용하면 면에 구배를 줄 수 있다. 구배는 금형의 끝 방향과 일정 각도를 이루도록 제품의 면을 경사(Slope)지게 만드는 것이다. 그림 5-26의 옵션에서 구배면, 구배 경첩, 잡아당기는 방향을 지정한 후 각도를 지정한다. 그림 5-27은 구배 과정을 보여준다.

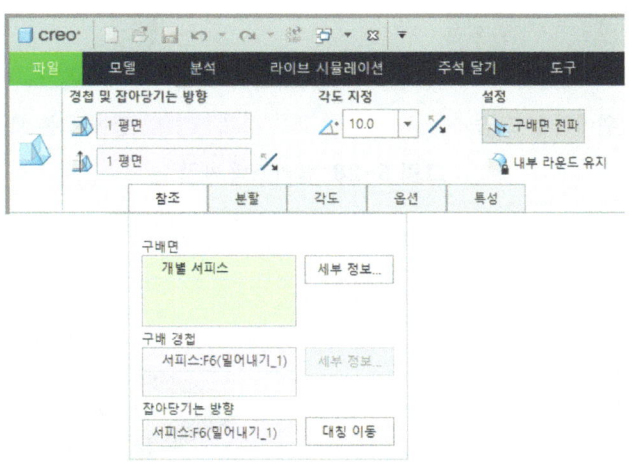

그림 5-26 구배 옵션

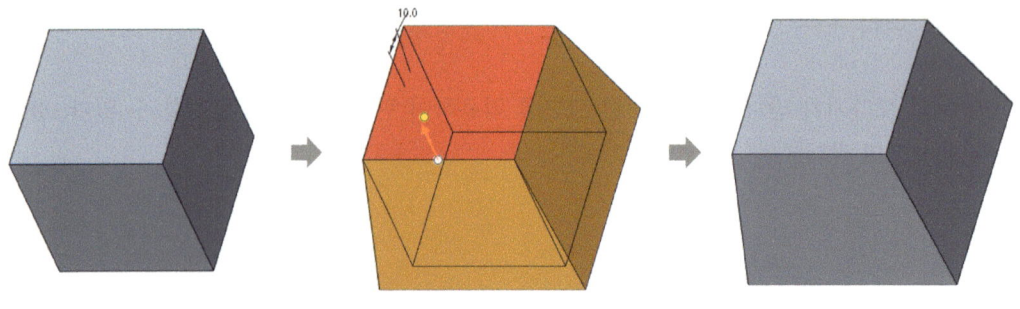

그림 5-27 구배 과정

5.3.1 구배의 필요성

그림 5-28과 같은 플라스틱 제품을 사출금형으로 만들려면 그림 5-29와 같은 캐비티(Cavity) 금형과 그림 5-30과 코어(Core) 금형이 필요하다.

그림 5-31과 같이 캐비티와 코어를 합형한 내부 공간(그림 5-31에서 ⓐ)에 플라스틱 수지를 충진한 후 열과 압력을 가하면 그림 5-32의 검게 표시한 부분과 같이 플라스틱 제품이 성형되고, 금형을 벌려 제품을 빼내게 된다. 그런데, 형상의 측면이 그림 5-33과 같이 금형을 빼는 방향과 나란할 경우 문제가 발생한다.

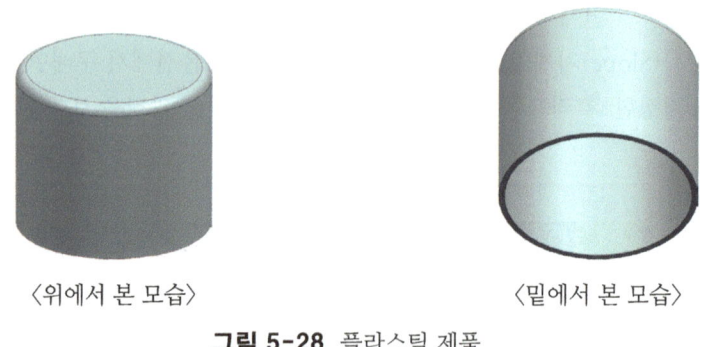

〈위에서 본 모습〉　　　　　〈밑에서 본 모습〉

그림 5-28 플라스틱 제품

그림 5-29 캐비티(Cavity)

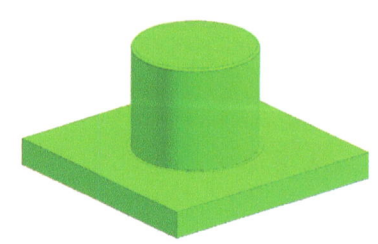

그림 5-30 코어(Core)

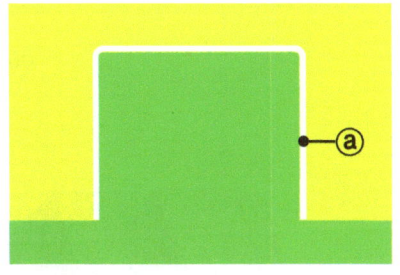
그림 5-31 합형된 캐비티, 코어에 의해 형성된 빈 공간

그림 5-32 성형된 제품

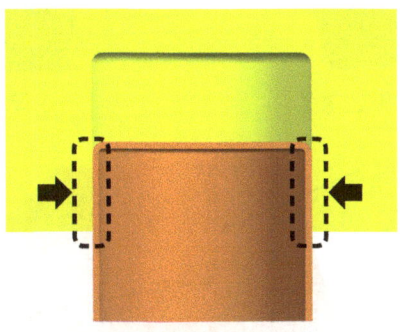
그림 5-33 플라스틱 제품이 캐비티에서 절반 정도 분리된 상태

그림 5-33의 경우 제품이 빠지려면 제품의 측면이 점선으로 표시한 부분에서, 캐비티와 면 접촉 상태에서 미끄러지면서(슬라이딩) 제품이 분리되어야 한다. 제품이 표면이 손상될 수밖에 없다. 반면 그림 5-34와 같이 제품의 측면에 경사가 있다면, 그림 5-35와 같이 제품의 면과 캐비티 면은 긁힘이 없이 깨끗하게 분리된다. 그림 5-34에서 ⓐ로 표시한 방향은 금형을 벌리는 방향을 나타낸다. 이 방향을 끌 방향 또는 잡아당기는 방향이라고 한다. 영어로는 Pulling Direction, Draw Direction, Eject Direction 등의 용어를 사용한다.

그림 5-34 빼기 구배가 적용된 제품

그림 5-35 제품의 분리

5 장: 상세 모델링

Exercise 03 구배 연습

ch05_ex03

주어진 파일을 열어 10°의 구배를 생성하시오.

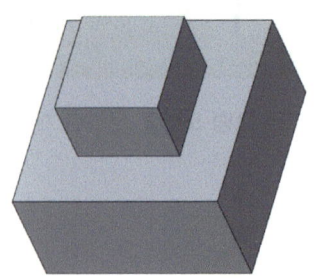

그림 5-36 구배 전 형성

그림 5-38 구배 결과

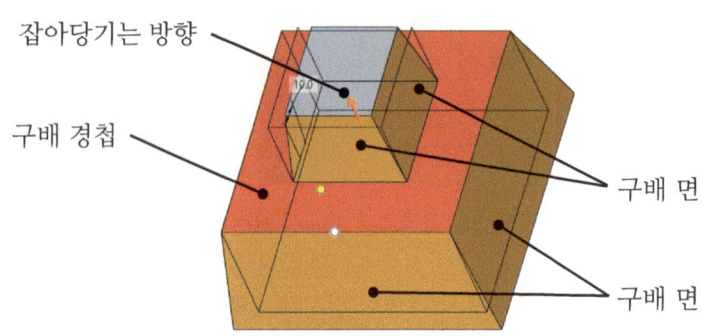

그림 5-37 구배 설정

END of Exercise

> **밀어내기 구배(테이퍼 추가)**
>
> 밀어내기 하면서 구배를 줄 수 있다.
>
>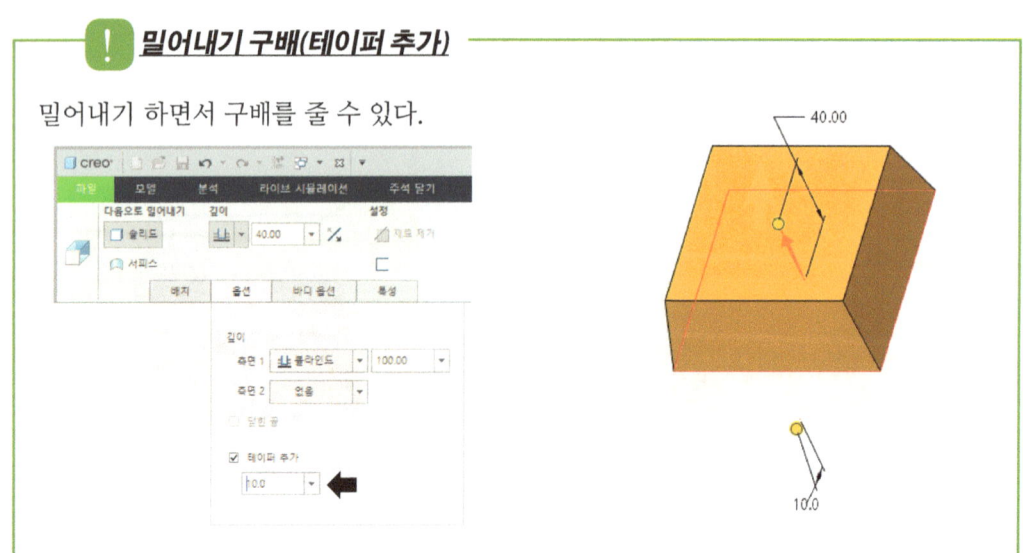

5.3.2 분할

금형의 분할을 정의하기 위해 분할 옵션을 설정할 수 있다. 구배 경첩에 의한 분할과 분할 개체에 의한 분할을 생성할 수 있다.

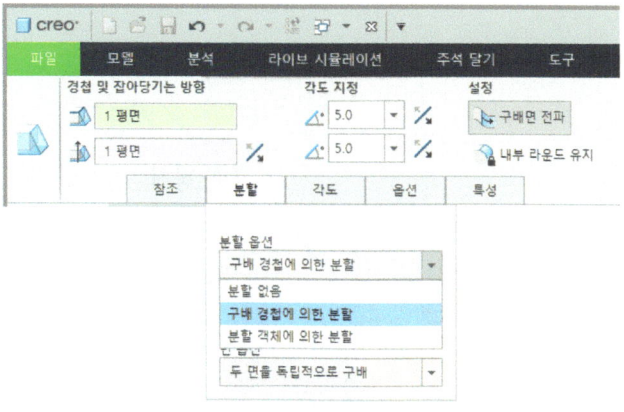

그림 5-39 분할 옵션

중간 면을 구배 경첩으로 지정하면 그림 5-40과 같이 양쪽 면 모두 구배를 줄 수도 있고, 그림 5-41과 같이 한쪽 면만 구배를 줄 수도 있다. 이는 면 옵션에서 선택한다.

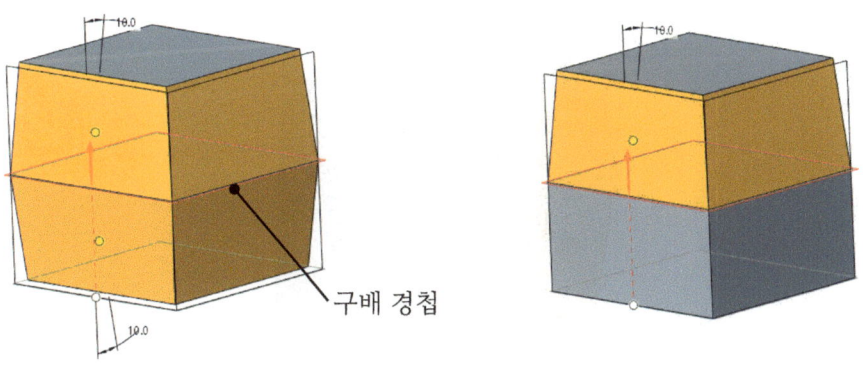

그림 5-40 면 옵션-두 면 구배   **그림 5-41** 면 옵션-한 면 구배

구배 경첩과 분할 개체를 따로 지정하려면 '분할 개체에 의한 분할'을 선택한다. 그림 5-42는 분할 개체로 스케치를 사용한 예를 보여준다.

스케치를 구배 경첩으로 하고, 구배 경첩에 의한 분할 옵션을 이용하면 그림 5-43과 같은 구배를 생성할 수 있다.

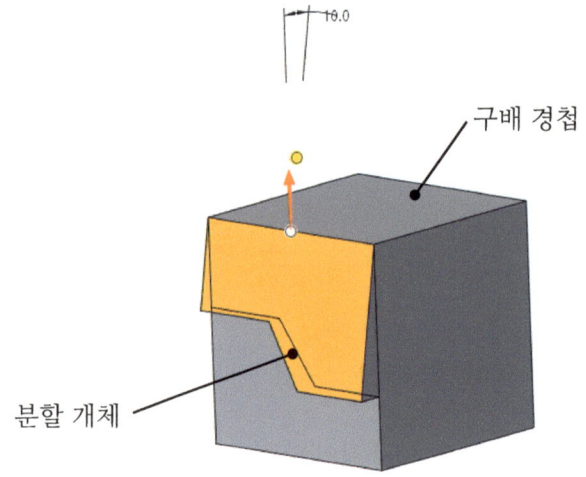

그림 5-42 분할 개체에 의한 분할

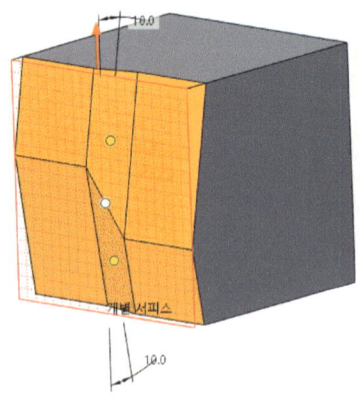

그림 5-43 분할 경첩에 의한 분할

5.4 쉘

쉘 기능을 이용하면 솔리드 바디에 두께를 형성하면서 파낼 수 있다. 제거할 면을 선택할 수도 있고 선택하지 않을 수도 있다. 두께를 바디의 안쪽으로 형성할 수도 있고 바깥쪽으로 형성할 수도 있다.

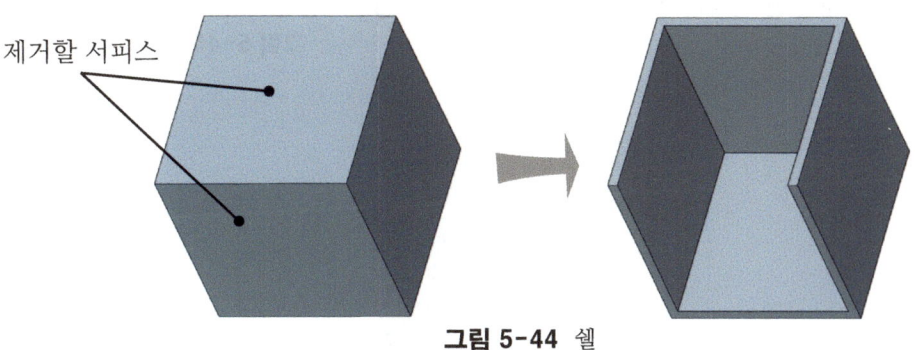

그림 5-44 쉘

'기본값이 아닌 두께' 옵션 영역을 클릭한 후 원하는 면을 선택하여 다른 두께를 지정할 수 있다. 그림 5-45는 세 개의 면을 제거하면서 5 mm의 두께를 적용하고 바닥면에 52 mm의 두께를 지정한 예를 보여준다.

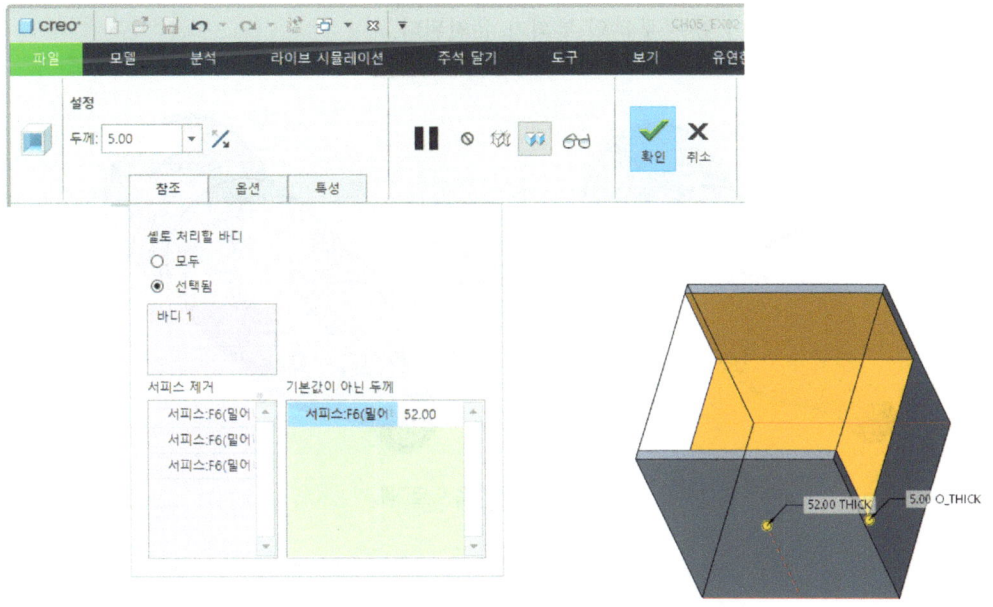

그림 5-45 기본값이 아닌 두께 설정

셸 기능을 한 번 적용 했더라도 여러 번 반복하여 적용할 수 있다는 점에 주목한다. 그림 5-45의 결과에 다시 한 번 두께 5 mm의 셸을 적용하면 그림 5-46과 같은 결과를 얻을 수 있다.

솔리드 바디의 두께에 비하여 셸의 두께가 작으면 그림 5-47과 같은 형태의 셸을 생성할 수 있다. 10 mm 두께에 해당되는 부분에 4 mm의 셸을 적용하면 2 mm의 공간이 형성된다.

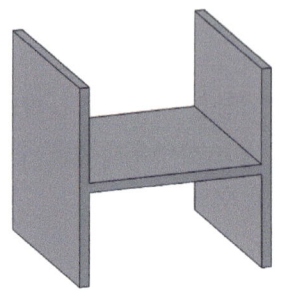

그림 5-46 셸을 두 번 적용

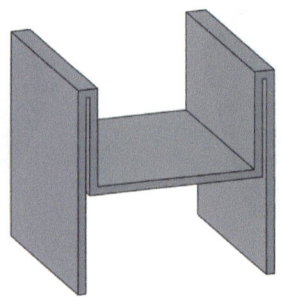

그림 5-47 얇은 두께 적용

셸의 두께는 안쪽 또는 바깥쪽으로 설정할 수 있다. 그림 5-48의 왼쪽 모델은 병의 체적에 해당되는 형상이다. 원하는 체적의 모델을 생성한 다음 셸의 두께를 바깥쪽으로 설정하여 비어 있는 모델을 생성하면 비어 있는 부분의 부피가 유지된다.

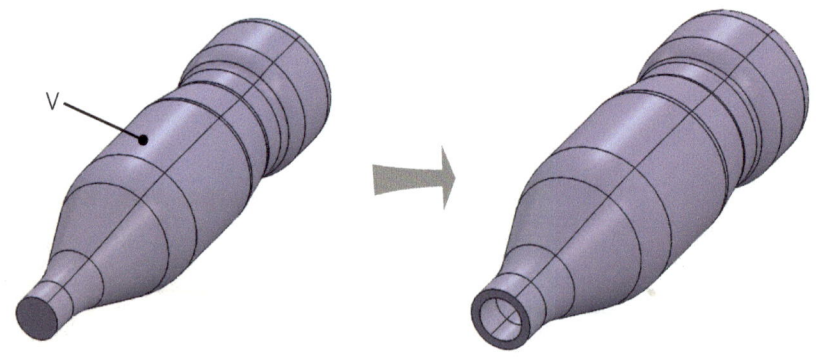

그림 5-48 바깥쪽으로 셸

5.5 리브

하중을 받는 부품의 강도를 보강하기 위하여 일정한 두께의 보강대를 추가하는데, 리브 기능을 이용하면 쉽게 생성할 수 있다.

보강대를 생성할 스케치는 반드시 열린 단면이어야 한다. 단면이 형상의 면 또는 모서리와 꼭 맞을 필요는 없지만 열린 단면의 선 방향으로 연장했을 때 반드시 형상과 만나야 한다.

5.5.1 프로파일 리브

프로파일 리브 기능은 열린 단면을 스케치 면과 나란한 방향으로 밀어내기 하여 보강대를 생성하는 기능이다.

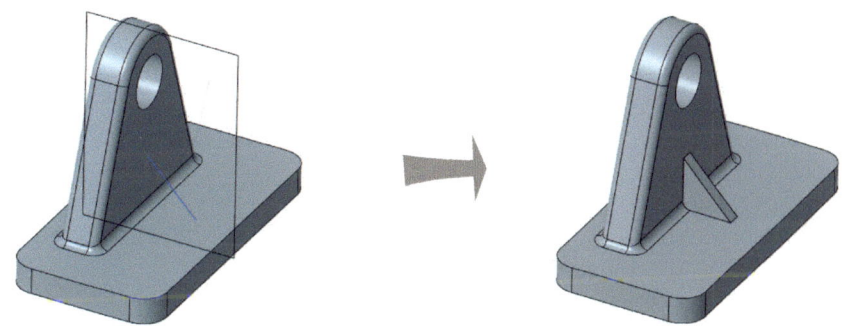

그림 5-49 프로파일 리브

5.5.2 궤적 리브

스케치 면에 수직으로 돌출시켜 보강대를 생성할 수 있다. 스케치는 열린 단면이어야 한다. 구배 추가, 노출된 모서리 라운드, 내부 모서리 라운드 옵션을 설정할 수 있다. 형태 탭에 해당 치수가 나타난다.

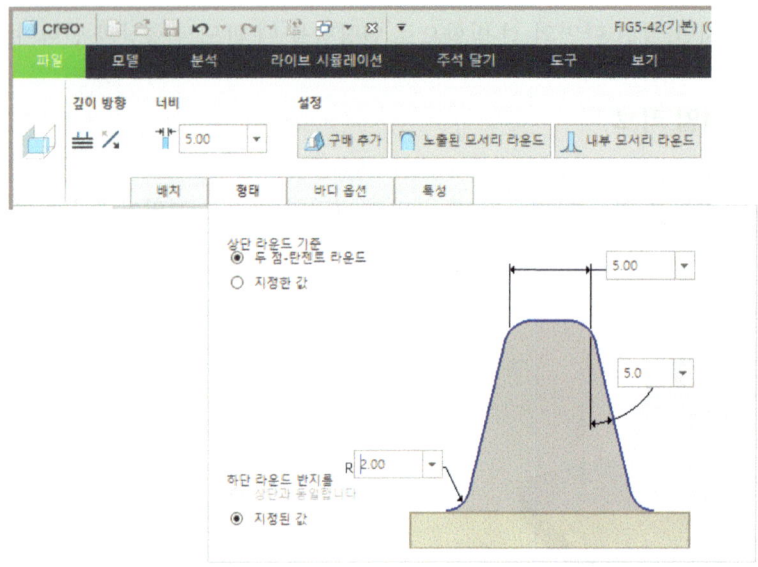

그림 5-50 궤적 리브 옵션

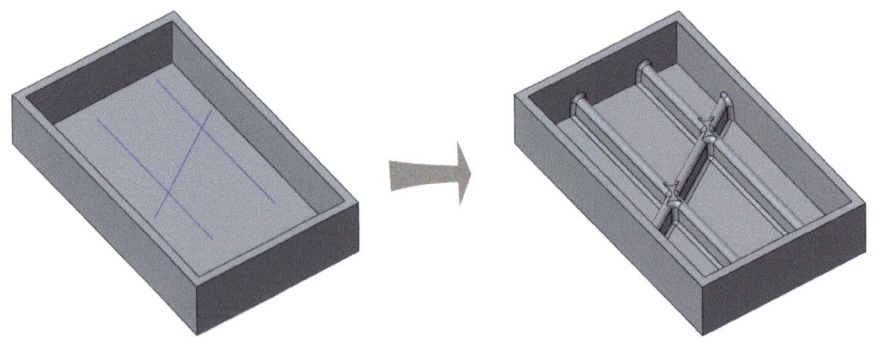

그림 5-51 궤적 리브

ch05_ex04

보강대 생성하기 | Exercise 04

주어진 파일을 열어 아래 그림과 같이 보강대를 생성하시오.

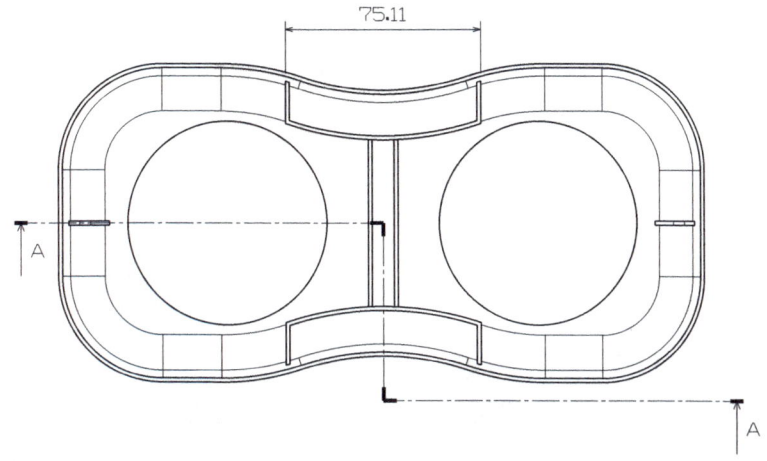

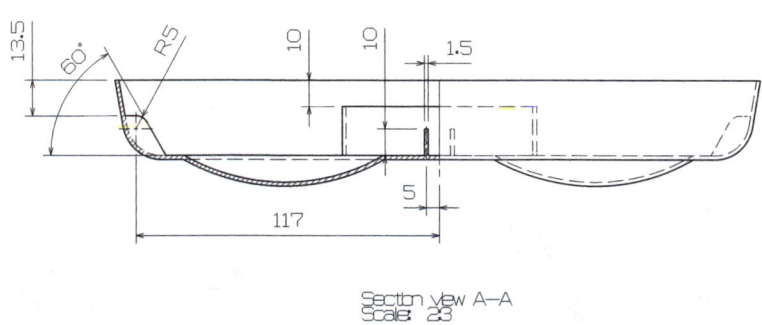

그림 5-52 보강대 생성

Exercise 05   필렛과 쉘 생성

ch05_ex05

주어진 파일을 열어 설명에 따라 아래 그림과 같이 쉘과 필렛을 생성하시오.

1. 그림 5-53, 그림 5-54에 지정한 모서리에 필렛을 각각 생성한다.
2. 그림 5-55와 같이 3 mm의 두께를 균일하게 생성한다. 제거할 면으로 바닥면을 선택한다.
3. 그림 5-56과 같이 바닥면을 둥글게 만든다. (전체 라운드)

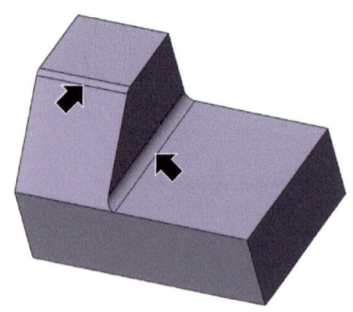

그림 5-53 필렛 5 mm

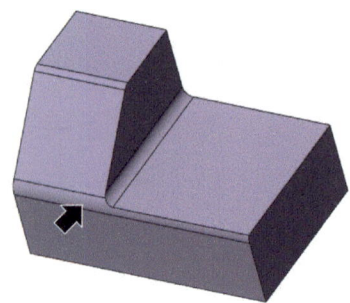

그림 5-54 필렛 10 mm

그림 5-55 필렛 5 mm

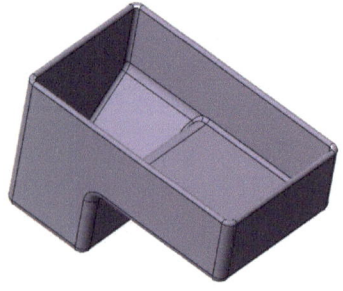

그림 5-56 쉘 3 mm와 전체 라운드

END of Exercise

Mounting Bracket **Exercise 06**

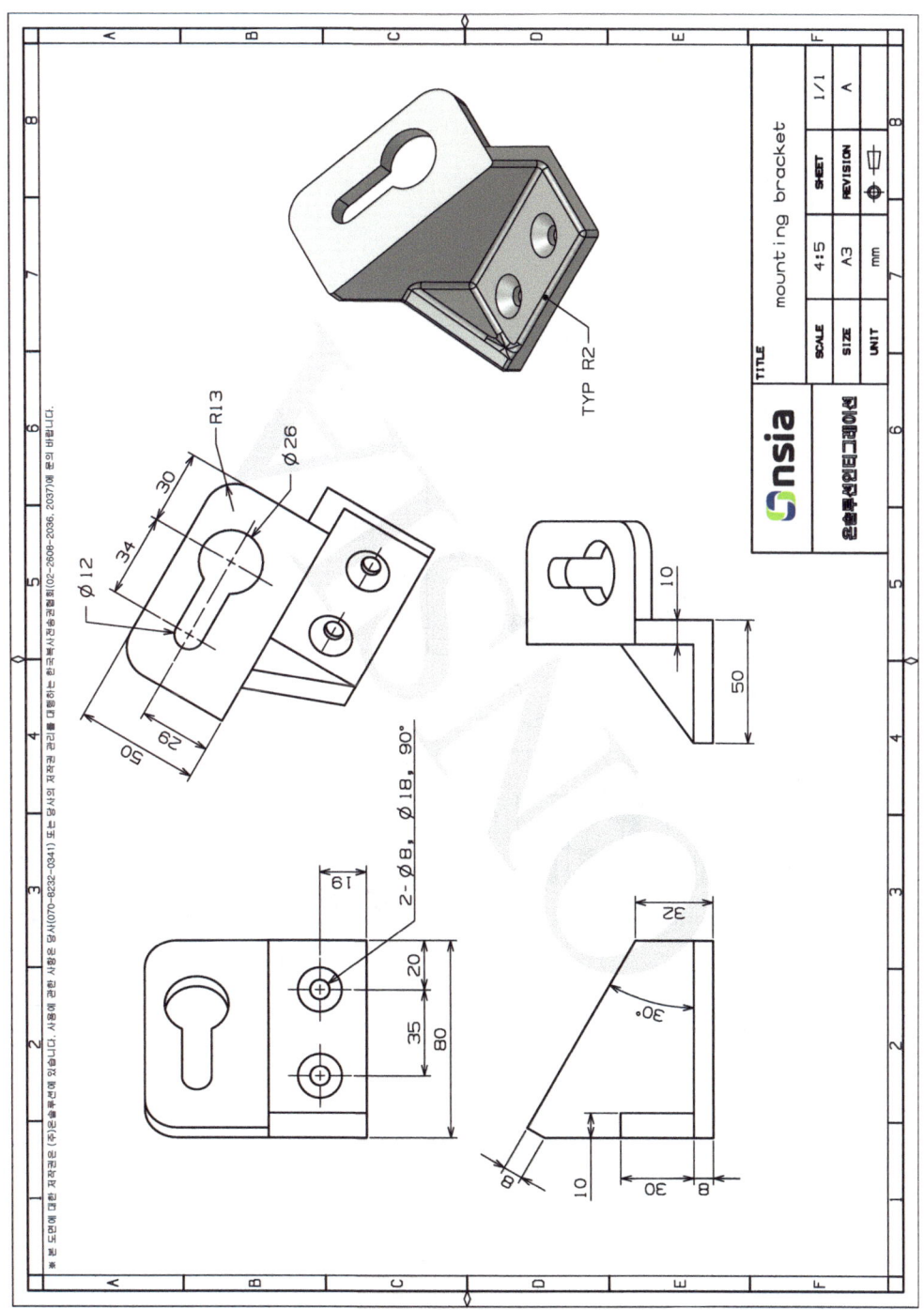

그림 5-57 Mounting Bracket 도면

Exercise 07　Guide Bracket

그림 5-58과 같은 솔리드 모델을 생성하시오.

다음의 일반 절차를 따른다.

1. 추가하는 형상을 모두 모델링 한다.
2. 제거하는 형상을 모델링 한다.
3. 마지막으로 필렛을 모델링 한다.

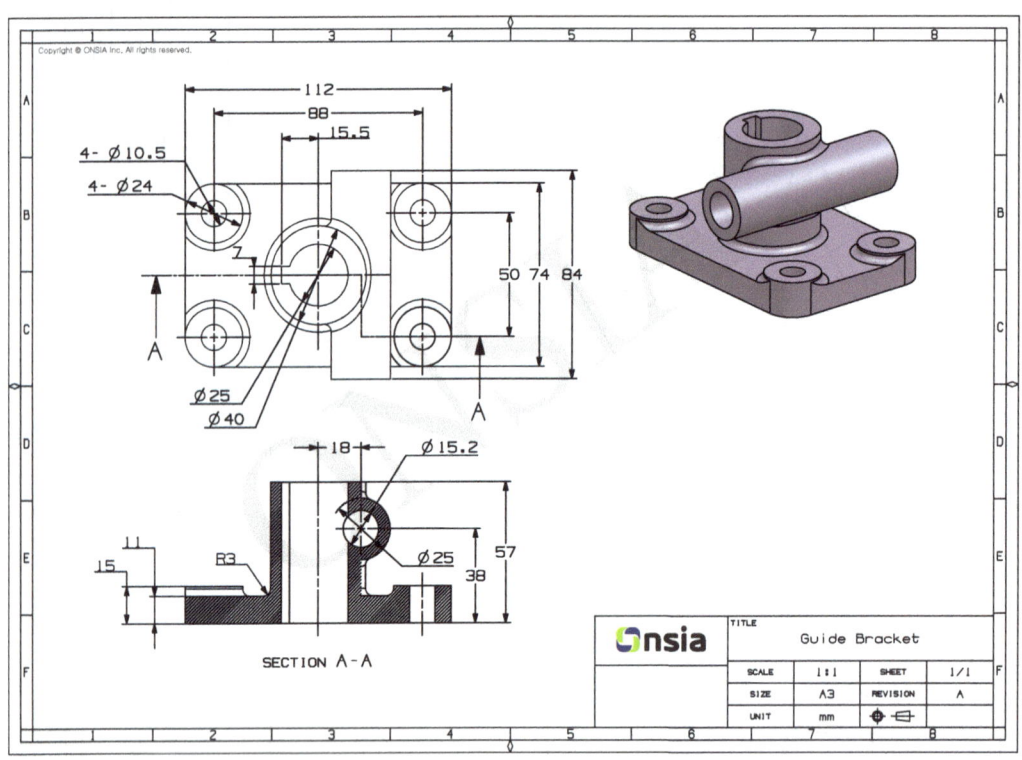

그림 5-58 Guide Bracket

Chapter 6
모델 수정

■ 학습목표

- 피쳐의 종속 관계를 이해할 수 있다.
- 모델링 순서의 중요성을 이해할 수 있다.
- 피쳐 생성 순서를 수정할 수 있다.
- 스케치 면을 변경할 수 있다.
- 선택한 개체를 변경할 수 있다.

6장: 모델 수정

6.1 모델 수정의 이해

하나의 모델을 생성할 때 여러 가지 기능을 조합하여 사용하게 되는데 각각의 결과는 모델 트리에 기록되며 이를 "피쳐"라고 한다. 피쳐는 3차원 모델링에서 가장 작은 모델링 단위로서 다른 피쳐를 이용하여 생성할 수 있고, 생성 후 개별적으로 수정할 수 있다.

그림 6-1은 3차원 모델의 모델 트리와 모델링 결과를 보여준다. 스케치 1을 이용하여 생성한 밀어내기 1의 평면에 스케치 2를 생성하고, 스케치 2를 이용하여 밀어내기 2를 생성하였다. 밀어내기 2의 평면에 구멍 1을 생성하면서 스케치 3과 스케치 5가 생성되었다. 따라서 스케치 1의 경사면 각도 45도를 60도로 수정하면 밀어내기 2와 구멍 1 피쳐도 영향을 받게 된다. (그림 6-2) 이와 같이 피쳐간의 영향을 주고 받는 관계를 "종속 관계" 또는 "모자 관계"라고 한다. 현재 피쳐에 영향을 주는 피쳐를 "모 피쳐"(또는 부모 피쳐)라 하고, 현재 피쳐의 영향을 받는 피쳐를 "자 피쳐"(또는 자손 피쳐)라고 한다. 스케치 2는 밀어내기 1의 자 피쳐이고, 밀어내기 1은 스케치 2의 모 피쳐이다.

모델을 수정할 때 피쳐간의 종속 관계로 인하여 자 피쳐에 영향을 줄 수 있으며, 그로 인하여 자 피쳐 생성에 각종 오류가 발생할 수 있다는 점을 이해하고 오류가 발생할 경우 해결할 수 있어야 한다. 이 챕터에서는 이런 오류를 해결하는데 있어서 피쳐를 삭제하고 다시 생성하는 방식을 배제하고 기존 피쳐를 수정하는 올바른 방법을 집중적으로 다룬다.

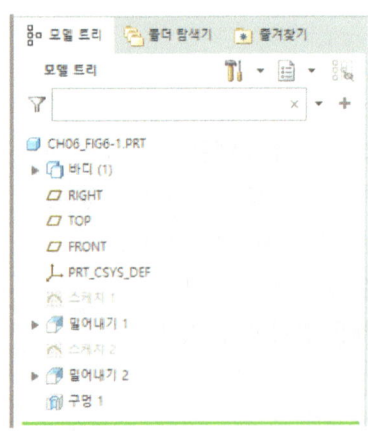 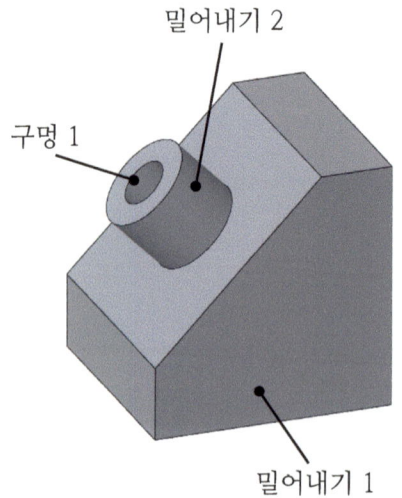

그림 6-1 3차원 모델

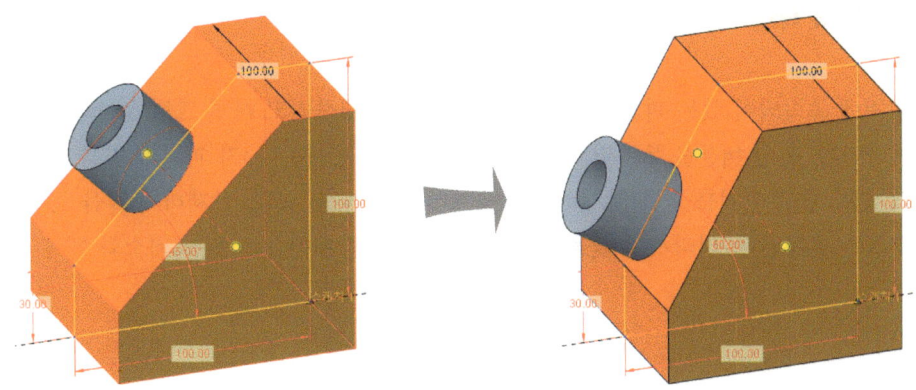

그림 6-2 경사각 수정의 영향

6.1.1 종속 관계

피쳐 간의 종속 관계를 도식적으로 확인할 수 있다. 그림 6-1 의 모델 트리에서 밀어내기 2에 우클릭 > 정보 > "참조 뷰어"를 선택하면 그림 6-3과 같은 종속 관계 확인 창이 나타나 피쳐 간의 종속 관계를 일목요연하게 검토할 수 있다. 이 창에서 어떤 피쳐를 더블 클릭 하면 그 피쳐에 대한 모 피쳐와 자 피쳐를 보여준다.

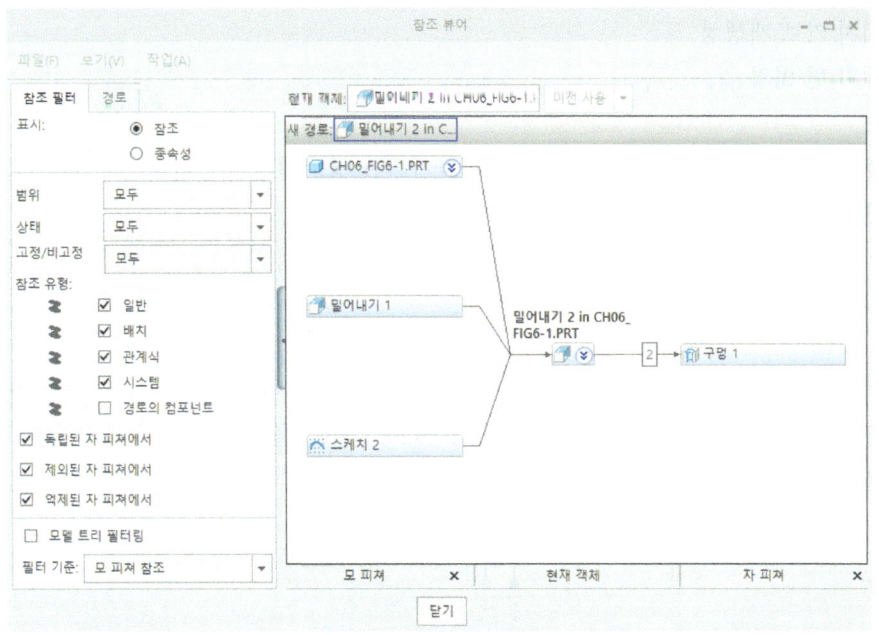

그림 6-3 참조 뷰어

6.1.2 피쳐 삭제

어떤 피쳐에 종속되어 있는 피쳐가 있을 경우 피쳐를 삭제하려고 하면 그림 6-4와 같은 확인 창이 나타난다. 옵션 버튼을 누르면 자 피쳐 처리 방식을 보여준다. 자 피쳐가 있을 경우 모 피쳐를 삭제할 때 자 피쳐를 함께 삭제하거나 삭제하지 않을 수 있다. 삭제하지 않을 경우 자 피쳐에 오류가 발생된다. 따라서 모델을 수정할 때 피쳐를 삭제하는 행위는 최소화 해야 한다.

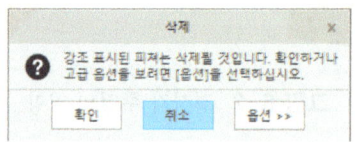

그림 6-4 삭제 재확인 창

6.2 스케치 수정

스케치 수정의 접근 방식으로 다음과 같은 것들이 있다.

① 스케치의 치수 또는 기하 구속 수정
② 스케치 커브 재생성
③ 스케치 면 변경

첫 번째 방식을 우선 취하고 두 번째 방식은 불가피한 경우에만 사용한다. 세 번째 접근 방식은 스케치 면을 다른 면으로 변경할 때 사용한다.

6.2.1 스케치 치수 또는 기하 구속 수정

스케치의 치수를 변경할 때는 모델 트리에서 스케치를 클릭하여 나타나는 단축 아이콘에서 '치수 편집'을 선택한다. 스케치의 구속을 수정하려면 스케치를 클릭 또는 우클릭하여 '정의 편집'을 선택한다. 스케치 환경으로 나타난다.

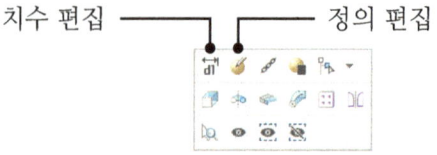

그림 6-5 스케치 단축 아이콘

6.2.2 스케치 커브 재생성

하위 피쳐가 있을 경우 커브를 삭제 후 재생성하면 심각한 영향을 초래할 수 있기 때문에 피해야 한다. 그러나, 자 피쳐가 많을 경우 모두 삭제한 후 다시 작업하는 것보다는 커브를 부분적으로 수정하고 그로 인한 오류를 수정하는 편이 유리할 수 있다.

6.2.3 스케치 면 변경

스케치 환경에서 스케치 설정 아이콘을 누르면 스케치 대화상자가 나타나고 스케치 면이나 참조, 보기 방향을 변경할 수 있다.

스케치 면을 변경할 경우 그 스케치를 정의하는데 사용한 다른 개체는 그대로 유지된다는 점에 주의하여야 한다. 어떤 모서리와 스케치 커브와의 치수 또는 구속을 부여했다면 필요에 따라 수정해야 한다. 스케치 면의 수평 방향이나 수직 방향을 변경해야 할 수도 있다.

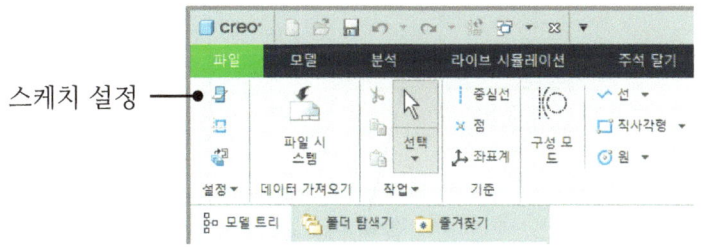

그림 6-6 스케치 설정 변경 아이콘

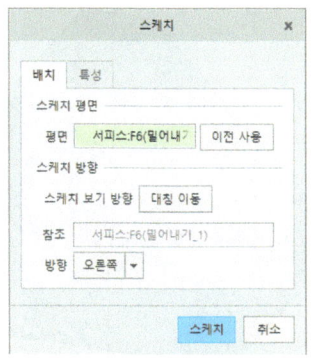

그림 6-7 스케치 대화상자

6.3 모델링 순서

6.3.1 롤백

모델을 생성하기 위해 적용된 피쳐는 모델 트리에 순차적으로 기록되는데 그것 만으로 모델링 방법을 이해하기는 쉽지 않다. 기록된 피쳐의 각 시점에서의 모델링 결과를 보면 그 모델을 생성한 방법을 정확히 파악할 수 있다. 모델 트리의 특정 시점 전까지 기록된 피쳐의 결과를 보려면 "롤백" 기능을 이용한다. 모델링 이력을 과거로 되돌린다고 생각하면 된다. 롤백 바를 드래그 하여 롤백할 수 있다. 또는 특정 피쳐에 우클릭 > '여기에 삽입'을 선택할 수도 있다.

롤백 바

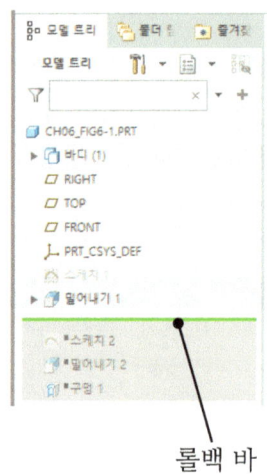
롤백 바

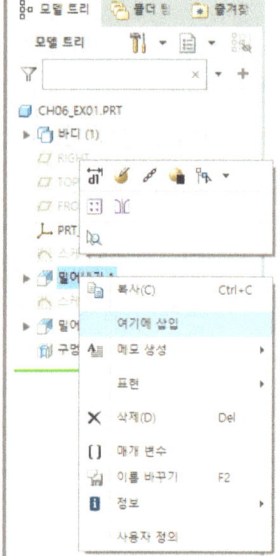

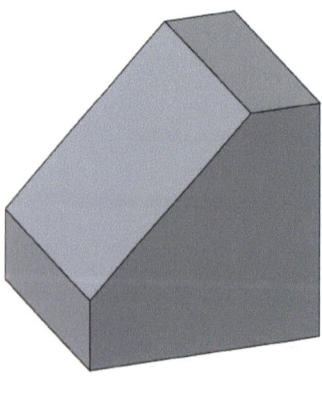

그림 6-8 롤백

6.3.2 모델링 순서 변경

모델링 순서는 효과적인 형상 생성에 영향을 준다. 순서를 고려하지 않을 경우 불필요한 작업을 하게 될 수 있고 경우에 따라서는 원하는 형상을 생성하지 못할 수도 있다.

그림 6-9의 모델은 순서가 잘못되어 안쪽 모서리에 필렛을 추가로 작업해야 한다. 이 경우 쉘1 피쳐를 라운드 2 이후로 이동시키면 안쪽 모서리에 대한 추가 작업을 할 필요가 없게 된다. 이미 생성한 모델의 순서는 모델 트리에서 피쳐를 드래그-드롭 하여 변경할 수 있다.

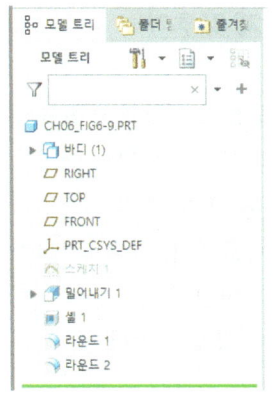 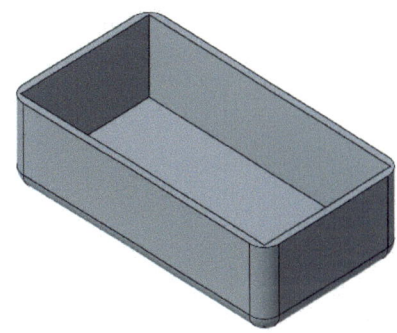

그림 6-9 순서가 잘못된 모델링

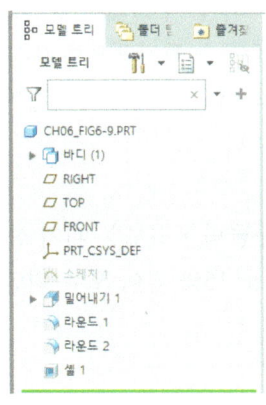 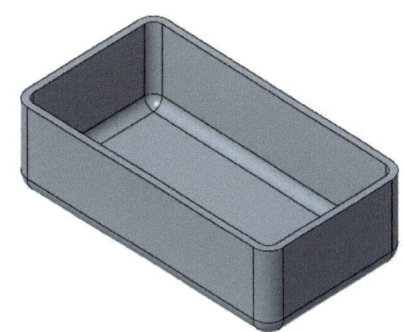

그림 6-10 순서 변경

6.3.3 피쳐 삽입

드래그-드롭에 의한 모델링 순서 변경은 종속 관계가 없는 피쳐 사이에만 가능하기 때문에 피쳐 생성 후 순서 변경이 불가능한 경우가 많다. 이 경우 해당 피쳐를 삭제하고, 원하는 위치로 롤백한 후 피쳐를 생성해야 한다.

Exercise 01 스케치 커브 수정

ch06_ex01

주어진 파일을 이용하여 다음과 같은 모델링 수정을 실습해 보자.

1. 스케치 커브 삭제 후 다시 생성
2. 모델링 이력의 중간에 기준면 생성
3. 스케치 면을 기준 평면으로 변경

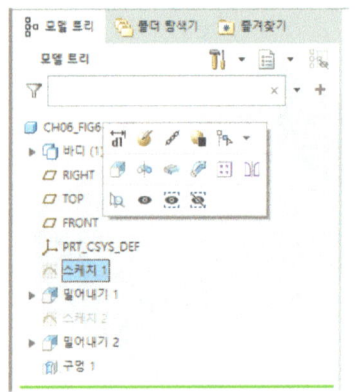

그림 6-11 변경할 스케치

스케치 선 삭제 및 추가

1. 스케치 1을 클릭 〉 정의 편집을 선택한다.
2. 45도 기울어진 직선을 삭제하고 그림 6-12와 같이 R100의 호를 추가한다.
3. 스케치를 종료한다. 그림 6-13과 같은 오류 메시지가 나타난다.
4. 오류 메시지 창을 닫는다.

모델 트리에서 오류가 발생한 피쳐를 확인한다. 그림 6-14와 같이 스케치 2에 오류가 표시되며 자 피쳐들도 빨간색으로 표시된다. 이는 스케치 2의 스케치 면이 사라졌기 때문에 발생한 오류이다.

스케치 2에 우클릭 〉 정보 〉 '피쳐 정보'를 선택하면 그림 6-15와 같이 오류 원인을 설명해 준다.

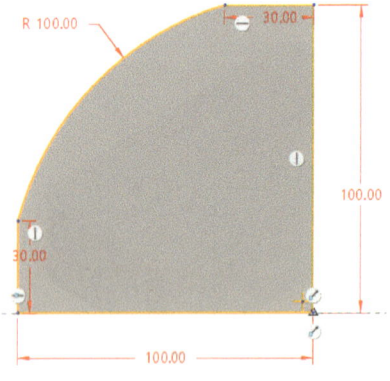

그림 6-12 변경된 스케치

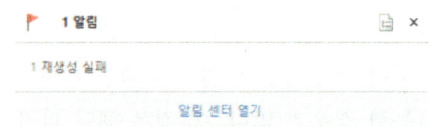

그림 6-13 오류 메시지

그림 6-14 모델 트리

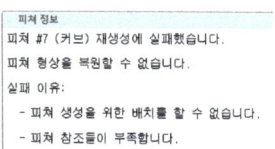

그림 6-15 피쳐 정보

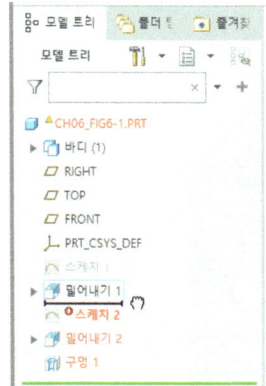

그림 6-16 롤백

기준면 추가

원래 위치에 스케치 면을 정하려면 기준면이 필요하다. 스케치 2 앞에 기준면을 생성해야 한다.

1. 롤백 바를 드래그 하여 스케치 2 앞에 드롭한다.
2. 모델 〉 기준 〉 '평면' 아이콘을 선택한 후 그림 6-17과 같이 모서리와 점을 선택하여 기준 평면을 생성한다.
3. 롤백 바를 마지막까지 드래그 한다.

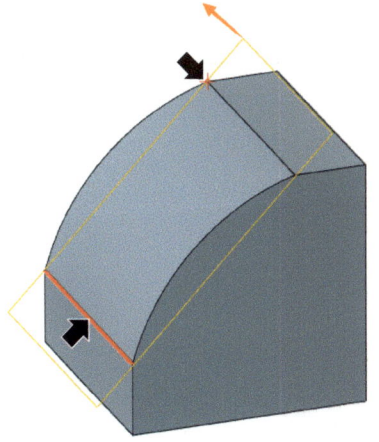

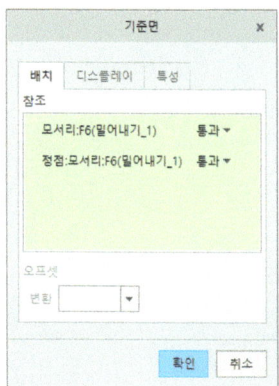

그림 6-17 기준 평면 생성

6 장: 모델 수정

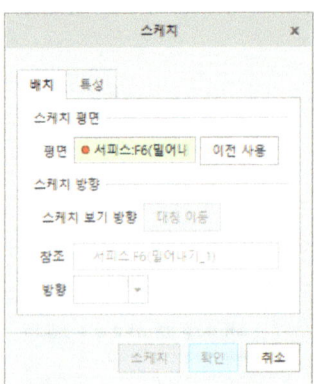

그림 6-18 스케치 대화상자

스케치 면 변경

1. 모델 트리에서 스케치 2 를 선택한 후 '정의 편집'을 선택한다. 그림 6-18과 같은 스케치 대화상자가 나타나고 스케치 평면 선택 옵션이 활성화 되어 있으며 상태 표시줄에는 평면이나 서피스를 선택하라는 메시지가 나타난다.

2. 앞에서 생성한 기준 평면을 선택하고 스케치 대화상자에서 확인 버튼을 누른다. 스케치 오류가 사라지고 이후 피쳐들도 정상적으로 생성된다.

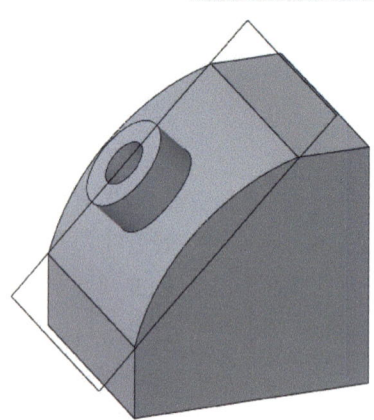

그림 6-19 변경된 모델

END of Exercise

ch06_ex02 **순서를 고려한 모델링** **Exercise 02**

다음과 같이 주어진 모델을 수정한다.

1. 모델링 순서 변경
2. 원하는 위치에 피쳐 추가

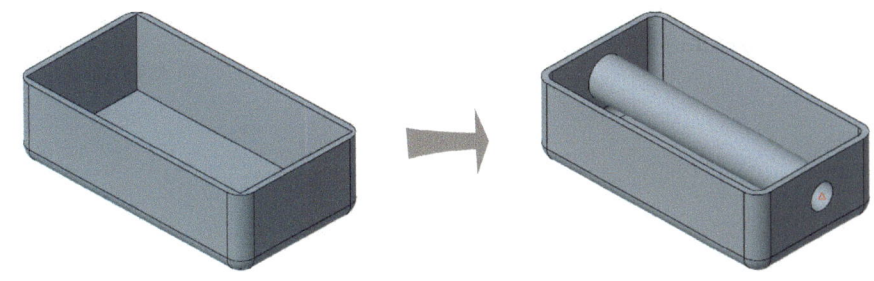

그림 6-20 생성할 모델

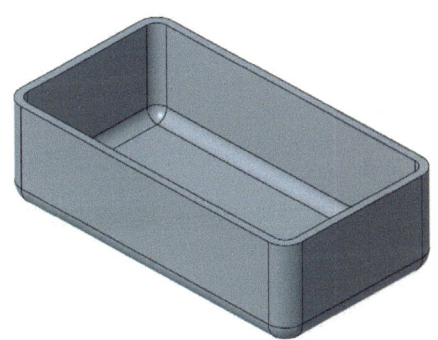

그림 6-21 피쳐 순서 변경

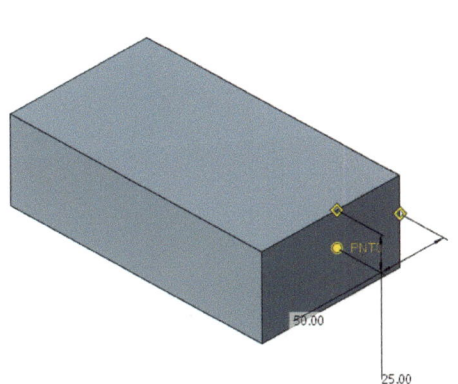

그림 6-22 점 생성

모델링 순서 변경

1. 파일을 열어 두께가 고르지 못함을 확인한다.
2. 쉘 1을 드래그하여 라운드 2 하위에 드롭한다.
3. 두께가 고르게 수정된 것을 확인한다.

롤백 및 구멍 생성

그림 6-20의 형상을 생성하려면 쉘 전에 구멍을 생성해야 한다.

1. 롤백 바를 드래그 하여 라운드 1 앞에 드롭한다.
2. 그림 6-22와 같이 평면에 점을 생성한다. 그림과 같이 기준 점을 이용해도 되고 스케치에서 생성해도 된다.

6 장: 모델 수정

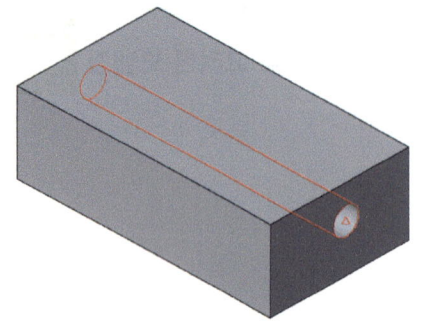

그림 6-23 구멍 생성

3. 점 위치에 지름 20 mm의 관통 구멍을 생성한다.

업데이트

1. 롤백 바를 마지막 피쳐까지 드래그하여 모델을 업데이트 한다.

그림 6-24와 같이 최종 모델이 완성된다.

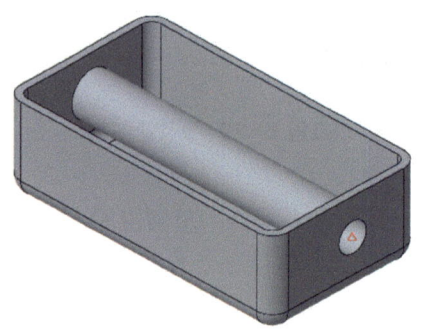

그림 6-24 최종 모델

END of Exercise

6.4 피쳐 수정

피쳐 편집 기능을 이용하면 피쳐를 정의할 때 입력한 여러 가지 옵션을 변경할 수 있다. 숫자를 변경하는 간단한 수정도 있고, 기능을 적용할 대상 개체를 제거 또는 추가할 수도 있다.

---

ch06_ex03 　　　　　　　　　　　　　　　**필렛 모서리 재선택**　　**Exercise 03**

필렛의 모서리가 변경된 경우 나타나는 현상을 이해하고 다른 모서리를 선택하여 오류를 해결하는 방법을 알아보자.

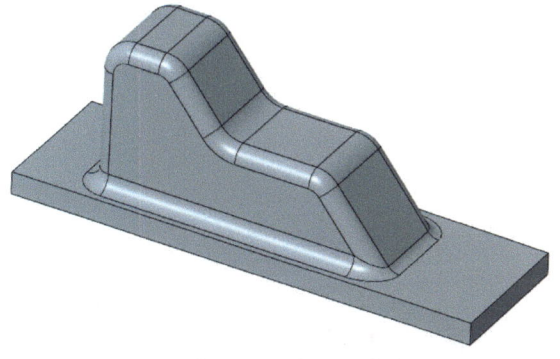

그림 6-25 실습용 파일

모델링 이력 확인

1. 주어진 파일을 연다.
2. 도구 탭 > 조사 > '모델 재생기' 아이콘을 눌러 모델링 이력을 확인한다.

그림 6-26 모델 재생기

스케치 수정

1. 모델 트리에서 스케치 2 클릭 > '정의 편집'을 선택한다.
2. 스케치 보기 아이콘을 누르고 그림 6-27의 **A** 커브를 삭제하고 그림 6-28의 **B** 커브를 추가한다. **C**의 두 점은 일치시켜 단면을 닫는다. 다른 구속은 생략한다.
3. 확인 버튼을 눌러 스케치를 종료한다.
4. 알림 창을 확인하고 '닫기' 버튼을 누른다. 라운드 2와 자 피쳐에 오류가 발생한 것을 확인한다.
5. 모델 트리에서 라운드 2에 우클릭 > 정보 > '피쳐 정보'를 선택한다. 그림 6-29와 같이 오류 원인을 파악할 수 있다.

여기까지의 모델 상태는 그림 6-30과 같다.

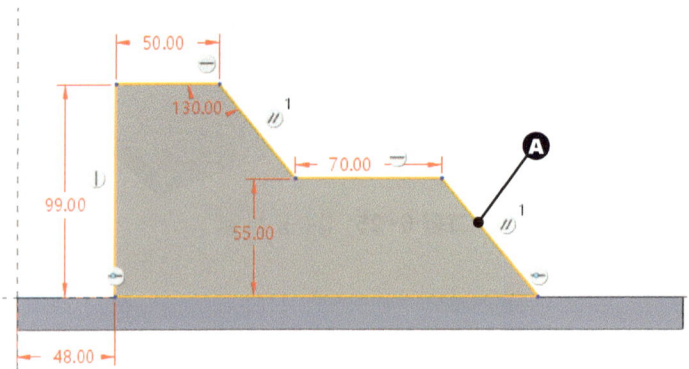

그림 6-27 수정 전 스케치

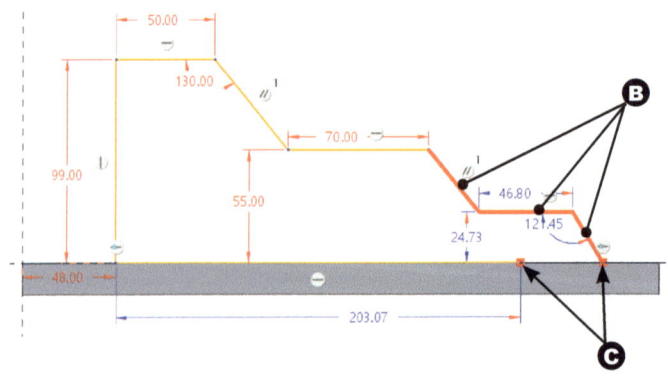

그림 6-28 추가할 선

그림 6-29 오류 피쳐 정보

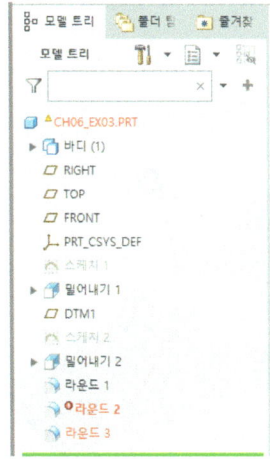 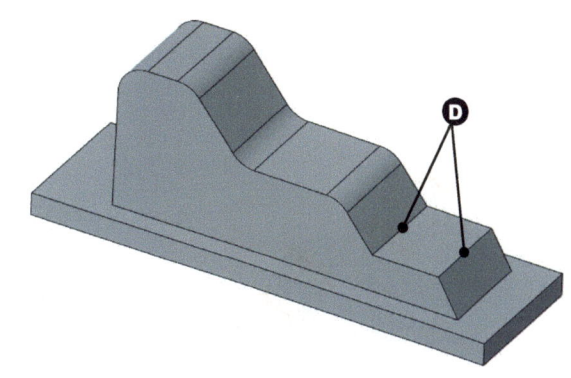

그림 6-30 업데이트 된 모델

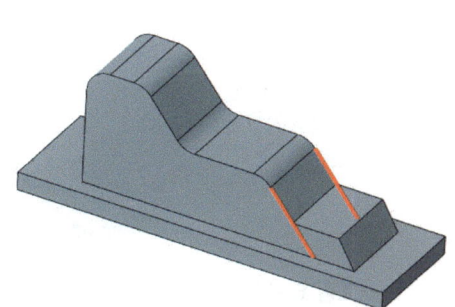

그림 6-31 사라진 모서리

필렛 수정

1. 모델 트리에서 라운드 2 클릭 > '정의 편집'을 선택한다. 그림 6-31과 같이 라운드 2를 생성할 때 선택했던 수정 전의 모서리를 표시해 준다.

이 모서리는 현재 사라졌다. 다시 선택해 주면 될 수 있으나 그림 6-30의 **D** 모서리를 라운드 1에 추가해 주는 것이 우선이다.

2. 라운드 > '확인' 버튼을 누르고 라운드 1을 클릭 > '정의 편집'을 선택한다.

3. Ctrl 키를 누르고 그림 6-32와 같이 모서리를 선택한다.
4. 라운드 > 확인 버튼을 누른다. 라운드 2에는 여전히 오류가 발생한다.
5. 라운드 2 > '정의 편집'을 선택한다.
6. 라운드 2 생성할 때 선택했던 모서리가 사라졌기 때문에 발생하는 오류이므로 다른 모서리를 선택한다. (그림 6-33의 Ⓐ)
7. 라운드 > 확인 버튼을 누른다. 라운드 3에 오류가 남아 있다.
8. 같은 방법으로 라운드 3 문제를 해결한다.

그림 6-35는 최종 수정된 모델을 보여준다.

그림 6-32 필렛 모서리 추가

그림 6-33 라운드 2 모서리 재선택

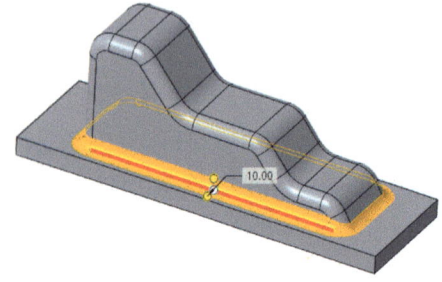

그림 6-34 라운드 3 모서리 재선택

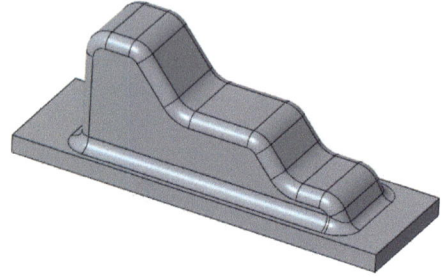

그림 6-35 완성된 모델

END of Exercise

ch06_ex04   개체 다시 선택 및 스케치 대체   **Exercise 04**

절차에 따라 형상을 수정하면서 스케치 대체의 의미를 이해하자.

스케치 수정

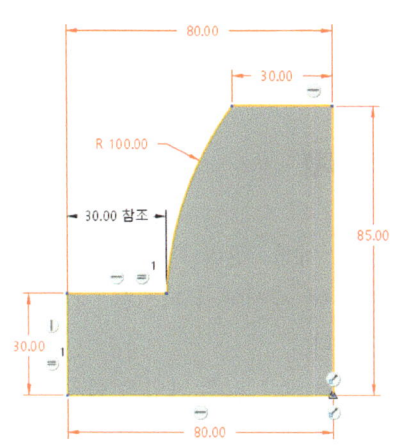

그림 6-36 스케치 수정

1. 주어진 파일을 연다.
2. 스케치 1을 선택 〉 '정의 편집'을 선택한다.
3. 스케치 보기 아이콘을 누른 후 그림 6-36과 같이 스케치를 수정한다. 직선을 삭제하고 반지름 100의 호(Ⓐ)를 생성한 것이다.
4. '확인' 버튼을 눌러 스케치를 종료한다.

오류 메시지가 나타나며 모델 트리의 밀어내기 2에 오류가 표시된다. 이는 밀어내기 2 피쳐에서 깊이 옵션으로 '지정 지점까지'를 선택하고 평면을 선택했는데 평면이 곡면으로 바뀌었기 때문에 나타나는 오류이다. 소프트웨어는 새로운 곡면을 자동으로 인식하지 못하기 때문에 사용자가 오류를 수정해야 한다.

밀어내기 피쳐 수정

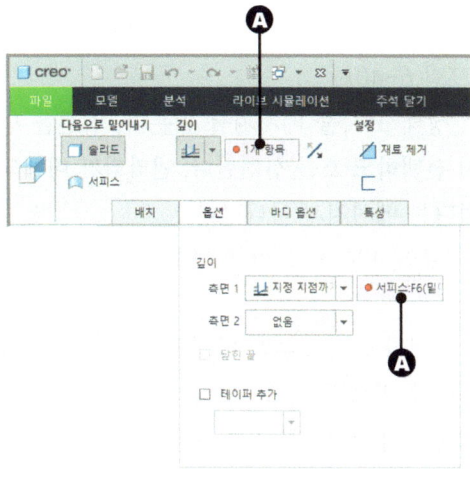

그림 6-37 선택 옵션

1. 밀어내기 2 〉 '정의 편집'을 선택한다.
2. 개체 선택 영역(그림 6-37의 Ⓐ)을 클릭한 후 새로운 서피스를 선택하고 확인 버튼을 누른다.

그림 6-38과 같이 모델이 완성된다.

6장: 모델 수정

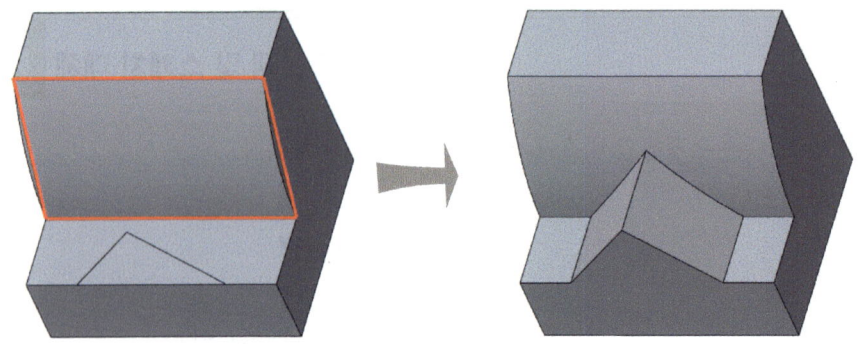

그림 6-38 완성된 모델

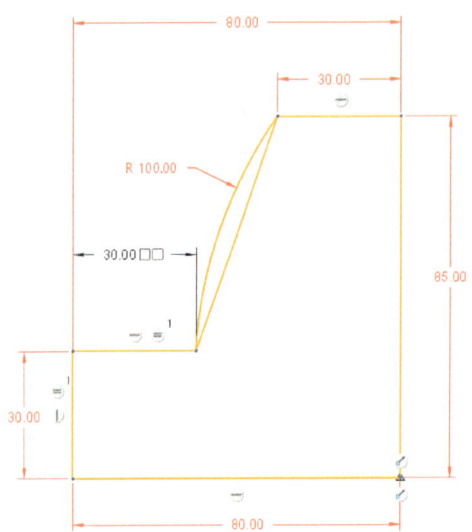

그림 6-39 스케치 수정

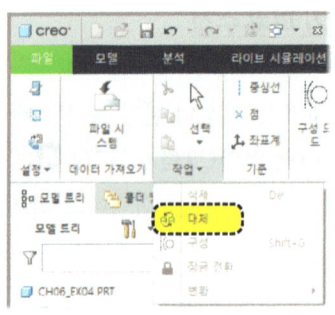

그림 6-40 대체 메뉴

스케치 대체

1. 파일 > 세션 관리 > '현재 항목 지우기'를 선택하여 세션에서 파일을 지운다. 저장하지 않는다.
2. 저장되지 않은 같은 파일을 다시 연다.
3. 스케치 1 선택 > '정의 편집'을 선택한다.
4. 스케치 보기 아이콘을 누른다.
5. 직선을 지우지 않고 반지름 100짜리 호를 추가한다. (그림 6-39)
6. '작업' 아이콘 그룹 > '대체'를 선택한다. (그림 6-40)
7. 상태 표시줄 메시지를 읽는다. 직선을 먼저 선택하고 호를 선택한다. 엔티티가 대체되었다는 메시지가 나타난다.
8. '확인' 버튼을 눌러 스케치를 종료한다.

앞에서와 달리 오류가 발생하지 않는다. 경사면이 곡면으로 대체되었음을 정의했기 때문에 밀어내기 2에서 깊이 옵션의 선택 대상이 자동으로 변경된다.

END of Exercise

모델링 순서 변경 Exercise 05

모델링 순서를 고려하여 밀어내기 단면을 수정하고 구멍 피쳐를 추가하여 잘못된 형상을 바로 잡아 보자. 도면은 126 페이지을 참고한다.

조건
구멍 가공 프로세스를 고려하여 덩어리 상태를 만든 후 제거하는 부분을 모델링 하는 형태로 수정한다.

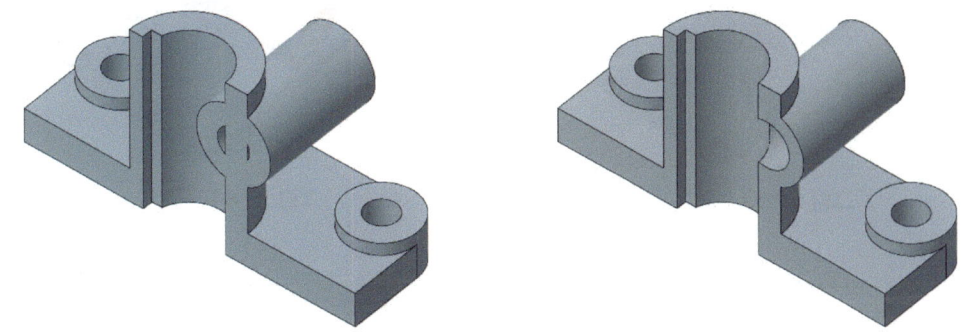

그림 6-41 수정 전과 후의 단면

1단계

그림 6-42를 참고하여 제거할 부분이 포함되지 않도록 밀어내기 2와 밀어내기 3의 단면을 수정한다.

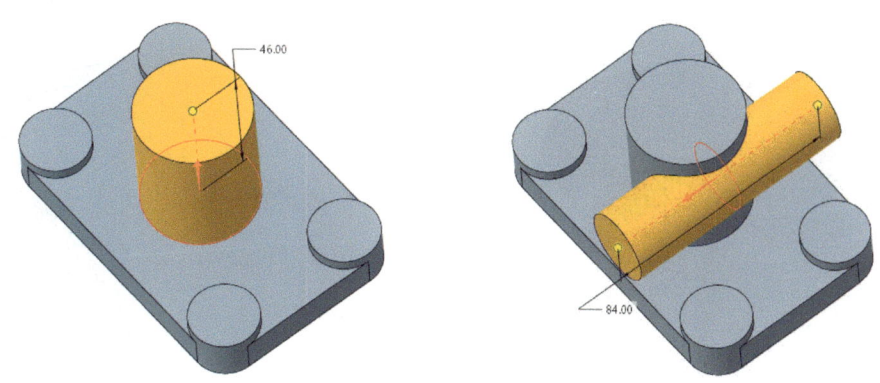

그림 6-42 밀어내기 3와 밀어내기 4 수정

2단계

그림 6-43과 같이 내부 형성을 생성하고, 그림 6-44와 같이 관통 구멍을 생성하여 모델을 완성한다.

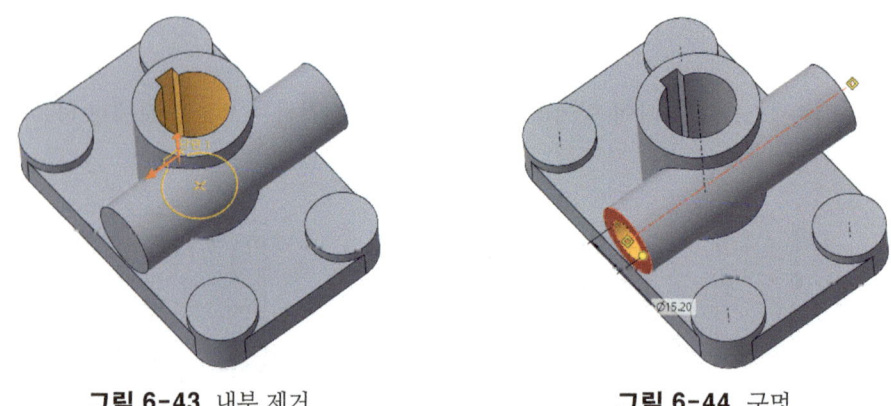

그림 6-43 내부 제거   그림 6-44 구멍

END of Exercise

Exercise 06   피쳐 추가 및 오류 수정   ch06_ex06

주어진 파일을 이용하여 적절한 위치에 밀어내기(재료 제거) 피쳐를 추가하고 이후의 피쳐를 수정하여 최종 형상을 완성해 보자.

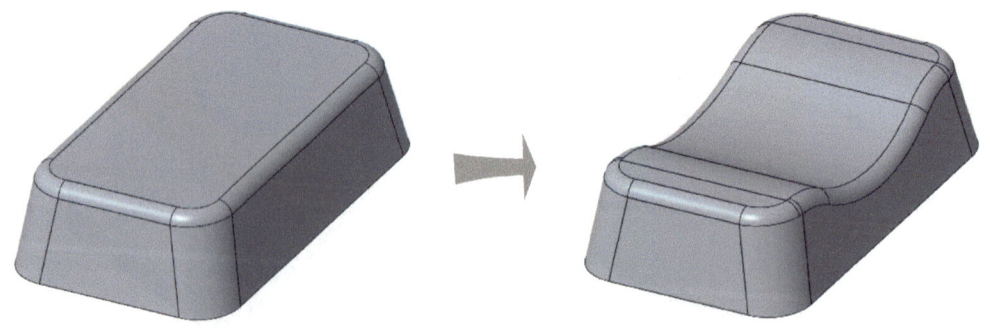

그림 6-45 수정 전과 후의 모델

1단계

밀어내기 1 뒤로 롤백한 후 그림 6-46과 같이 스케치를 그려 형상을 제거한다.

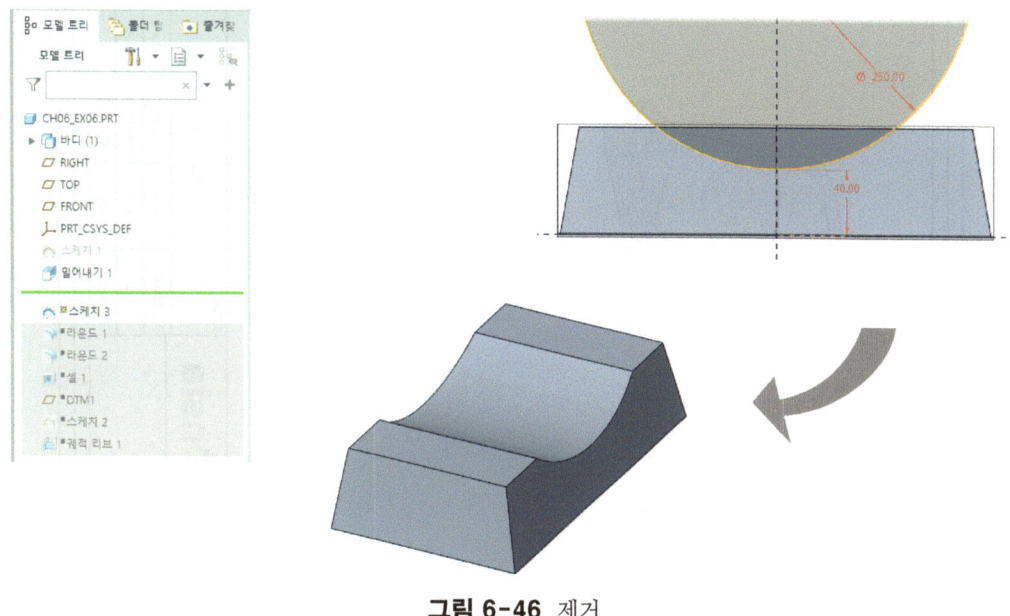

그림 6-46 제거

2단계

1. 마지막 피쳐까지 업데이트 한 후 형상을 확인한다. 필렛이 비정상임을 알 수 있다.
2. 라운드 1 뒤로 롤백한 후 그림 6-48과 같이 R80의 필렛을 추가한다.
3. 마지막 피쳐까지 업데이트 한 후 형상을 확인한다.

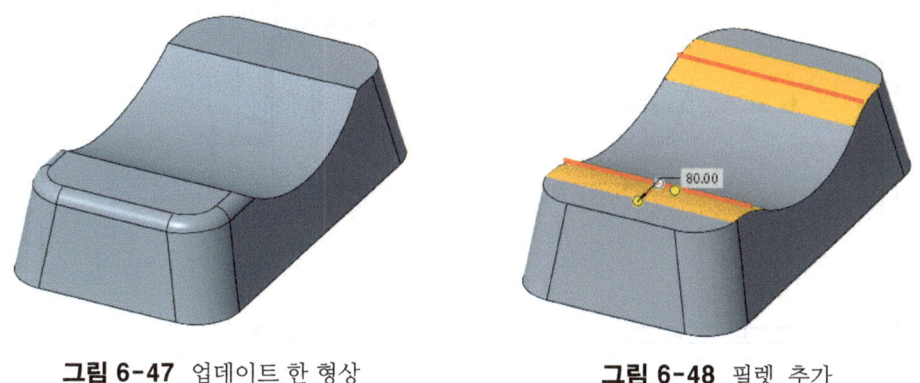

그림 6-47 업데이트 한 형상   **그림 6-48** 필렛 추가

END of Exercise

6 장: 모델 수정

Exercise 07   Joint 파트

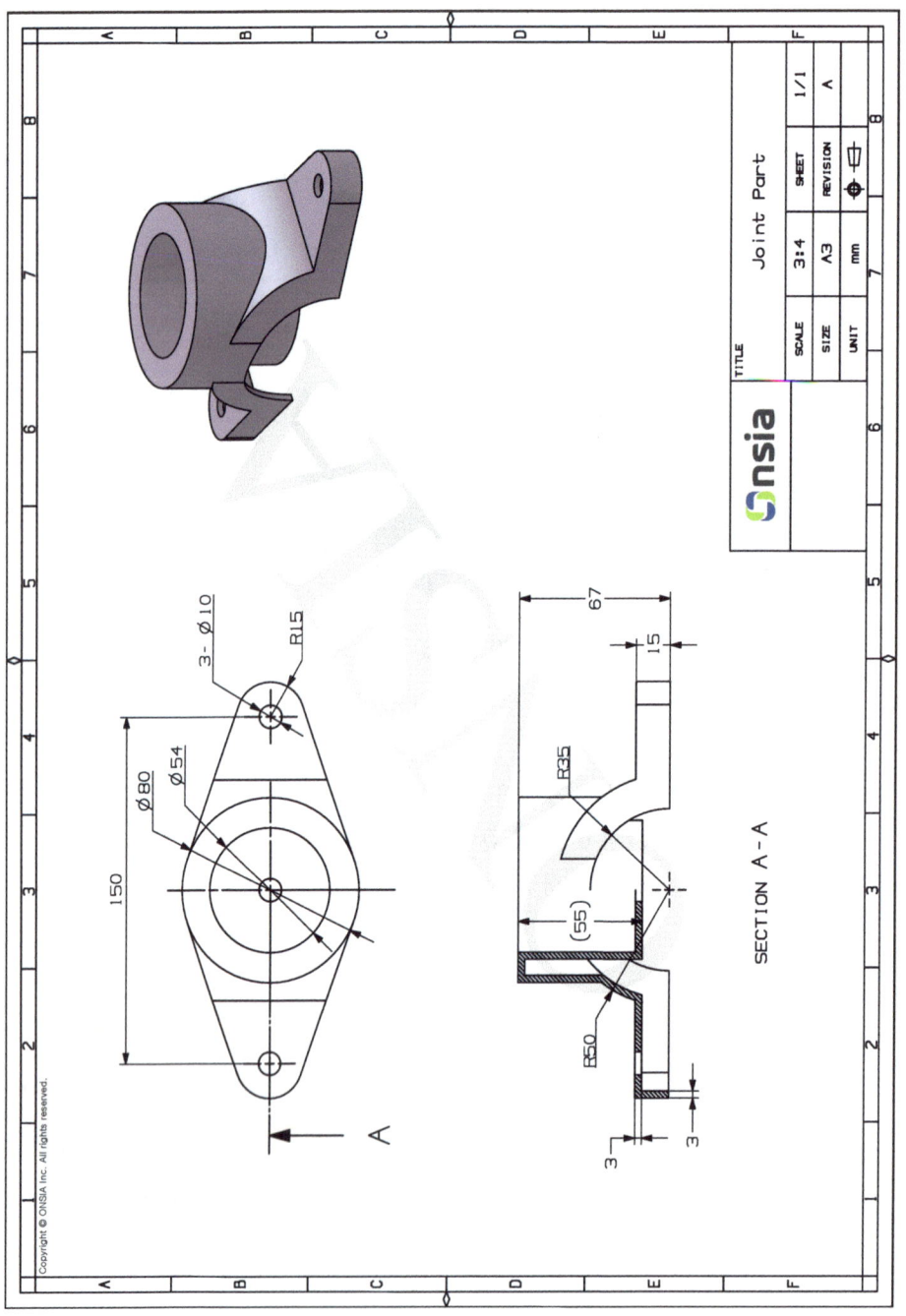

그림 6-49 Exercise 07연습 도면

Chapter 7
복사 기능

■ 학습목표

- 복사 기능의 필요성을 이해한다.
- 복사/붙여넣기 기능을 사용할 수 있다.
- 패턴과 대칭복사 기능을 사용할 수 있다.

7.1 개요

같은 형상을 만들기 위해 반복 작업을 하는 일은 귀찮은 일이다. 피쳐나 면, 바디를 하나 만든 후 이를 복사하는 모델링 방법을 이용하면, 귀찮은 반복 작업을 피할 수 있고, 복사 방법을 수정하여 쉽게 원하는 결과를 얻을 수 있다. 그림 7-1의 모델의 구멍을 개별적으로 모델링 하지 않고, 하나 만든 후 복사하여 생성하였다면 인스턴스(Instance; 사본)의 개수를 변경하여 쉽게 그림 7-2의 모델로 변경할 수 있다. 또한 원본의 형상이 변경되면 인스턴스의 형상도 자동으로 업데이트 된다.

   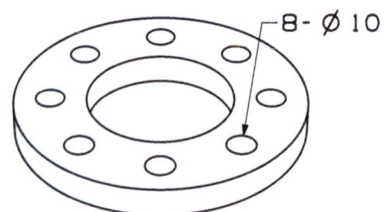

그림 7-1 네 개의 구멍   **그림 7-2** 여덟 개의 구멍

7.2 복사의 대상과 방법

복사 기능을 사용하려면 복사의 대상과 방법을 구분할 수 있어야 한다.

① 무엇을 복사할 것인가: 복사의 대상
② 어떻게 복사할 것인가: 복사의 방법

복사의 대상을 미리 선택하면 복사 아이콘이 활성화 된다. 선택한 개체가 복사할 수 없는 개체라면 복사 아이콘은 활성화 되지 않는다.

Creo에서 제공하는 복사 방법은 대칭 복사와 패턴이다. 그림 7-3은 피쳐를 선택했을 때 활성화 되는 복사 기능을 보여준다. 대칭복사, 패턴, 형상 패턴 아이콘이 모두 활성화 된다.

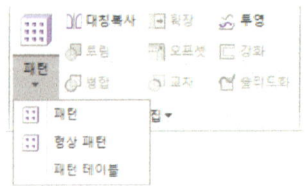

그림 7-3 복사 아이콘

모델 트리에서 바디를 선택하면 대칭 복사와 형상 패턴 아이콘이 활성화 되고, 패턴 기능은 활성화 되지 않는다. 이로부터 패턴은 피쳐에만 적용할 수 있음을 알 수 있다.

복사할 대상에 따라 적용 가능한 패턴의 종류도 달라진다. 그림 7-4는 피쳐를 선택했을 때 적용 가능한 패턴 유형을 보여준다. 바디를 선택하면 형상 패턴이 활성화 되는데 패턴 유형으로 치수와 참조는 적용할 수 없다.

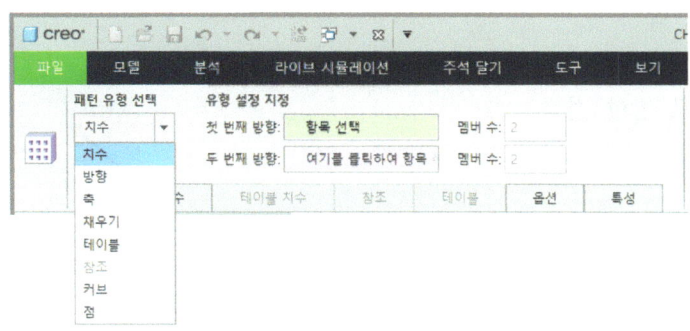

그림 7-4 패턴 유형

7.3 패턴

원본 피쳐의 형상이 규칙에 따라 반복적으로 나타나도록 복사하는 방식이다.

▶치수: 원본 피쳐의 치수를 이용하여 패턴 형태를 정의한다.
▶방향: 방향을 지정하여 복사한다. 한 방향 또는 두 방향을 지정할 수 있다.
▶축: 축을 중심으로 회전 복사한다. 원형 패턴이라고도 한다. 여러 개의 동심원 상에 배치할 수도 있다.
▶채우기: 스케치로 영역을 정의하여 그 안에 복사할 피쳐를 채워 패턴을 생성할 수 있다.
▶테이블: 표를 이용하여 패턴을 정의한다.
▶참조: 기존 패턴에 추가된 피쳐를 복사할 때 기존 패턴과 같은 패턴을 바로 적용할 수 있다.
▶커브: 커브를 따라 패턴을 생성한다.
▶점: 점 위치에 패턴을 생성한다.

7 장: 복사 기능

Exercise 01 방향을 이용한 패턴과 참조 패턴   ch07_ex01

방향을 지정하여 패턴을 생성해 보자. 그리고 참조 패턴에 대해 알아보자.

1 단계

1. 밀어내기 2 선택
2. 패턴 아이콘 클릭
3. 패턴 유형으로 '방향' 선택

2 단계

1. 첫 번째 방향 선택 및 멤버, 간격 입력
2. 두 번째 방향 선택 및 멤버, 간격 입력
3. 제외할 부분 선택(그림 7-6의 Ⓐ)
4. 확인 아이콘 클릭

그림 7-5 패턴 대상

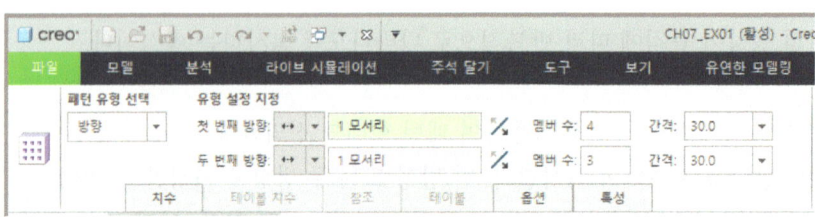

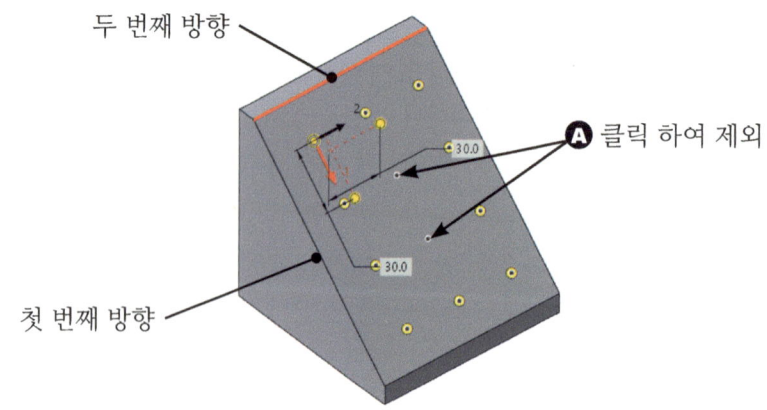

그림 7-6 방향 지정

154

그림 7-7 완성된 패턴

3 단계: 참조 패턴

1. 반지름 2 mm의 라운드 생성
2. 라운드 선택 후 패턴 아이콘 클릭
3. 패턴 유형이 '참조' 인 것을 확인
4. 확인 아이콘 클릭

그림 7-8 라운드 생성

그림 7-9 참조 패턴 완성

END of Exercise

Exercise 02   치수 패턴

ch07_ex02

치수를 이용하여 패턴을 생성하고 방향 패턴과 다른 점에 대해 생각해 보자.

대상 선택 및 기능 실행

1. 밀어내기 2를 선택한다.
2. 패턴 아이콘을 누른다.
3. 패턴 유형 '치수'를 선택한다.

유형 설정

1. 첫 번째 방향 치수(그림 7-10의 ❹)를 선택한다.
2. 30을 입력하고 Enter 키를 누른다.
3. 멤버 수를 4로 한다.
4. 두 번째 방향 선택 영역(그림 7-10의 ❺)을 클릭한다.
5. 두 번째 방향 치수(그림 7-10의 ❻)를 선택하고 30을 입력한다.
6. Enter 키를 누르고, 멤버 수 3을 입력한다.
7. 확인 버튼을 눌러 패턴을 생성한다.

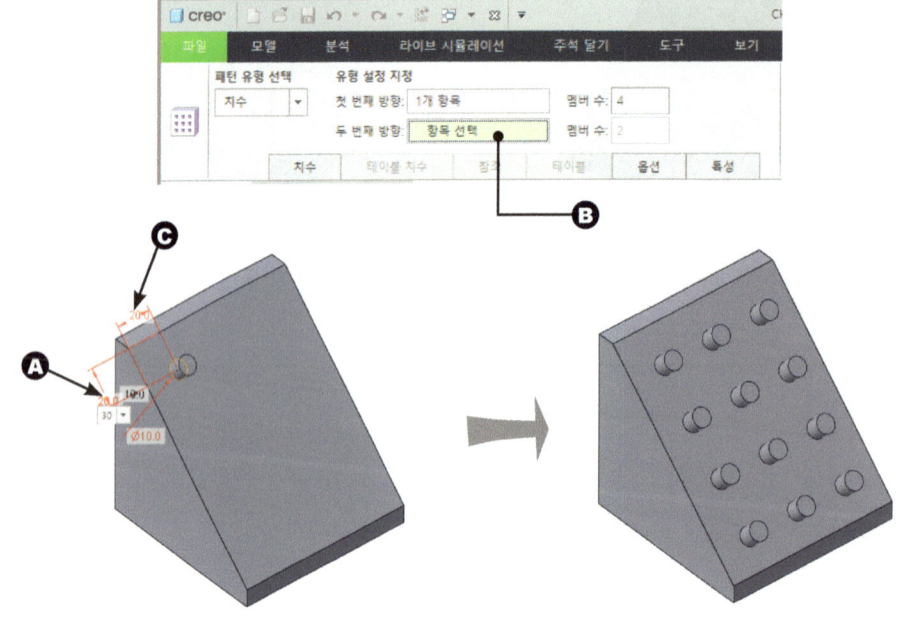

그림 7-10   치수 패턴

축 패턴 (원형 패턴) — Exercise 03

원형 패턴을 생성해 보자.

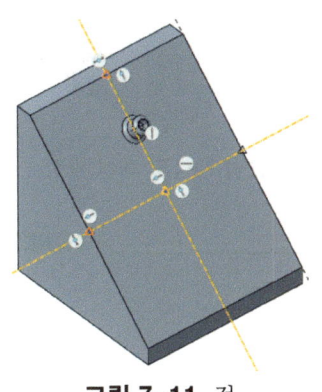

그림 7-11 점

축 생성

1. 밀어내기 2 앞으로 롤백 한다.
2. 경사면의 가운데에 점을 생성한다.
3. 점을 지나고 경사면에 수직인 기준 축을 생성한다.

대상 선택 및 기능 실행

1. Ctrl 키를 누르고 모델 트리에서 밀어내기 2, 라운드 1, 구멍 1 피쳐를 선택한다.
2. 형상 패턴 아이콘을 누른다.
3. 패턴 유형으로 '축'을 선택한다.

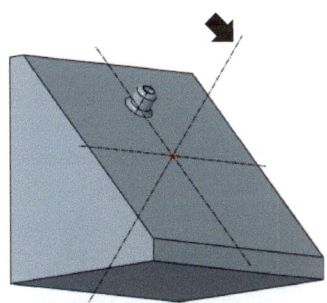

그림 7-12 기준 축

유형 설정

1. 첫 번째 방향으로 축을 선택한다.
2. 360도를 입력하고 멤버 수 8을 입력한다.
3. 두 번째 방향 멤버 수 2를 입력한다.
4. 레이디얼 거리 20을 입력한다.
5. 패턴 제외할 부분(그림 7-14)을 선택하고 완성한다.

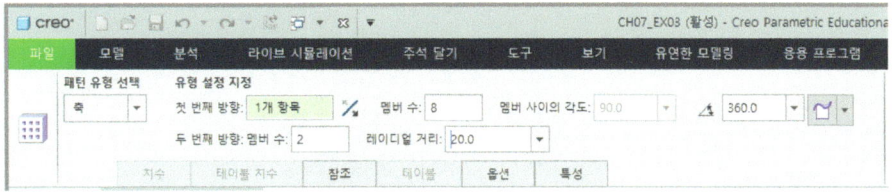

그림 7-13 축 패턴 설정

7 장: 복사 기능

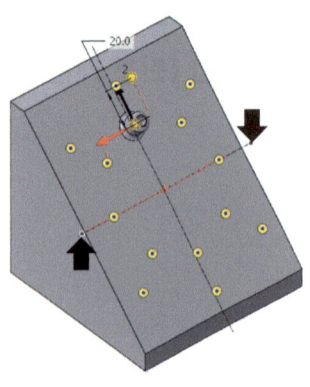

그림 7-14 패턴 제외

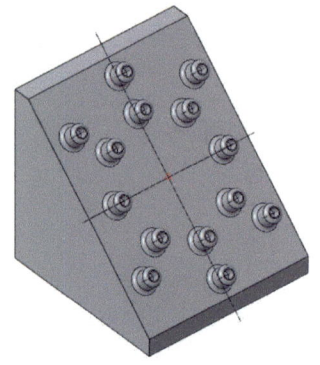

그림 7-15 패턴 완성

END of Exercise

점, 커브, 채우기 패턴

복사할 대상 피쳐 앞에 점, 커브, 스케치 영역을 만들어 각각의 패턴을 생성할 수 있다. 원본 피쳐를 클릭하여 생성에서 제외할 수도 있다.

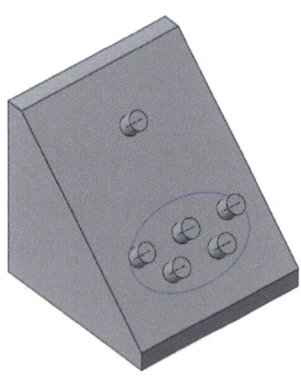

그림 7-16 채우기 패턴

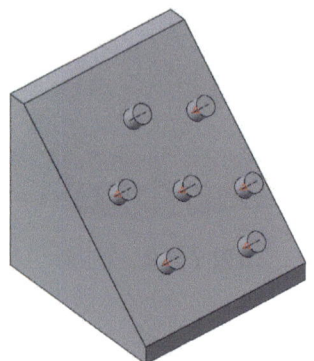

그림 7-17 점 패턴

7.4 대칭 복사

피쳐나 바디, 커브, 기준 평면 등을 대칭복사 할 수 있다. 대칭 복사 평면으로 형상의 평면이나 기준 평면을 선택할 수 있다. 기준 평면을 사용할 때는 미리 만들어야 한다.

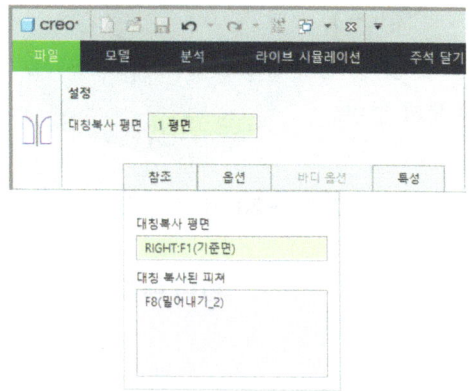

그림 7-18 대칭 복사 옵션

---

ch07_ex04 　　　　　　　　　　　　　　**대칭 복사 및 모델링 순서**　**Exercise 04**

절차에 따라 대칭 복사 기능을 학습하면서 모델링 순서에 대해 생각해 보자.

기준 평면 생성

그림 7-19와 같이 두 면의 중앙에 기준 평면을 생성한다.

피쳐 대칭 복사

1. 밀어내기 2 피쳐를 선택한다.
2. 대칭 복사 아이콘을 누른다.
3. 대칭 복사 평면을 선택하고 확인 버튼을 누른다.

그림 7-20과 같이 밀어내기 2 피쳐가 대칭 복사 된다.

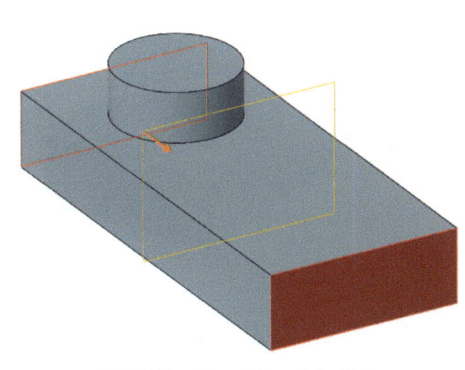

그림 7-19 기준 평면 생성

7 장: 복사 기능

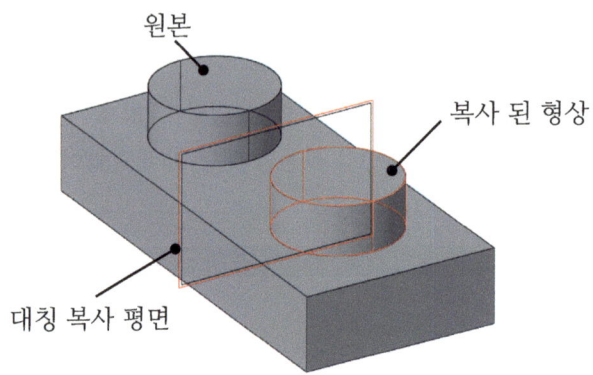

그림 7-20 대칭 복사

그림 7-21 바디 선택

바디 대칭 복사

1. 모델 트리에서 바디1을 선택한다.
2. 대칭 복사 아이콘을 누른다.
3. 대칭복사 평면을 선택한다.
4. 확인 버튼을 눌러 바디를 생성한다.

모델 트리에서 바디 2 개를 확인한다.

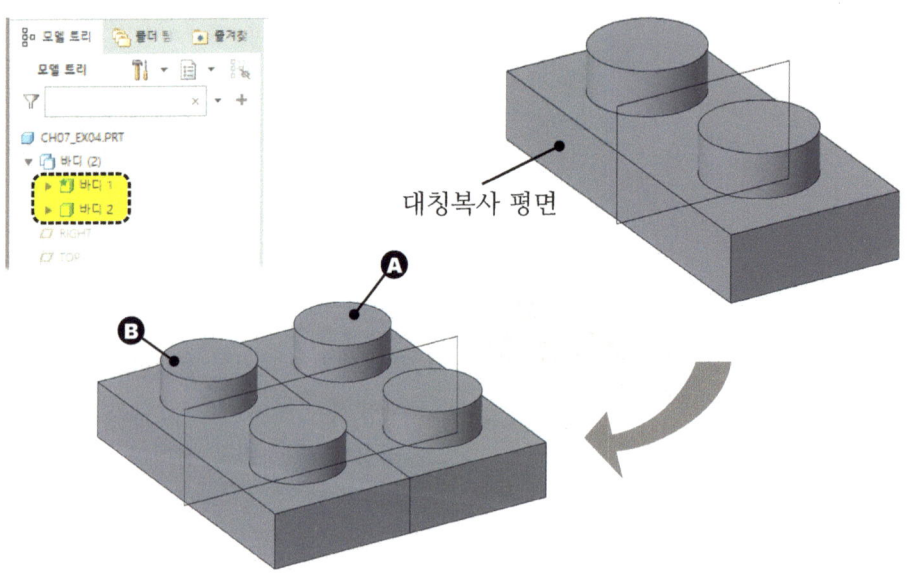

그림 7-22 바디 대칭 복사

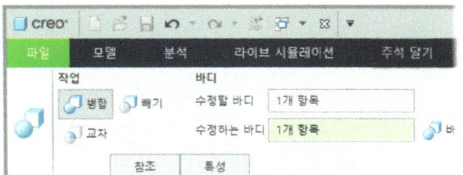

부울 연산

1. 부울 연산 아이콘을 누른다.
2. 작업 옵션으로 '병합'을 선택하고 수정할 바디로 그림 7-22의 ⓐ 바디를 선택한다. 모델 트리의 바디 1에 해당되며 기준 바디가 된다.
3. 수정하는 바디로 ⓑ 바디를 선택한다. 바디 2에 해당된다.
4. 확인 버튼을 누른다. 바디 2가 바디 1 하위에 배치되며 두 바디가 하나로 합쳐진다.

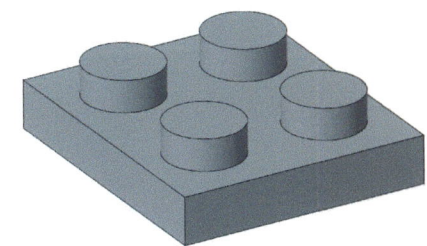

그림 7-23 부울 연산

필렛 추가 및 모델링 순서 변경

1. 원본 피쳐에 그림 7-24와 같이 반지름 5 mm의 라운드를 추가한다. 복사된 형상에는 적용되지 않음을 이해할 수 있는가?
2. 라운드 1 피쳐를 드래그 하여 대칭복사 1 앞으로 이동한다.
3. 대칭 복사 1을 클릭하고 단축 메뉴에서 '정의 편집'을 선택한다.
4. '대칭 복사 다시 적용' 옵션을 선택한다.
5. 참조 탭을 누르고 '대칭 복사된 피쳐' 영역을 클릭한 후 Ctrl + 라운드 1을 선택한다. (그림 7-26 참고)
6. 확인 버튼을 누른다.

그림 7-27과 같이 모델이 완성된다.

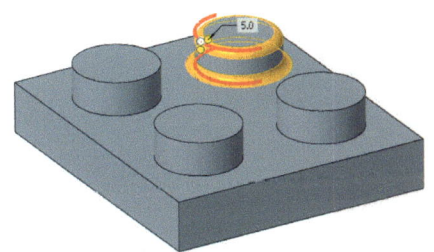

그림 7-24 라운드 추가

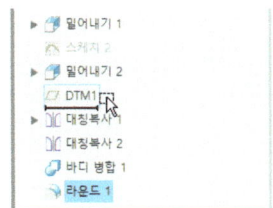

그림 7-25 순서 변경

7 장: 복사 기능

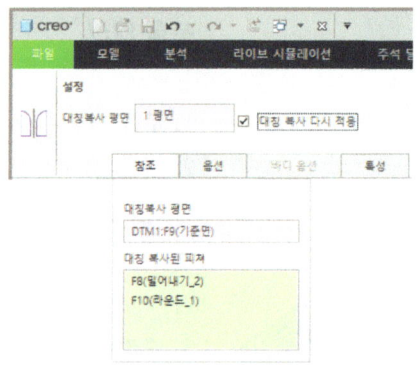

그림 7-26 대칭 복사 다시 적용

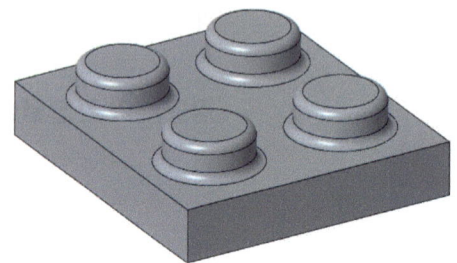

그림 7-27 완성된 모델

END of Exercise

Exercise 05

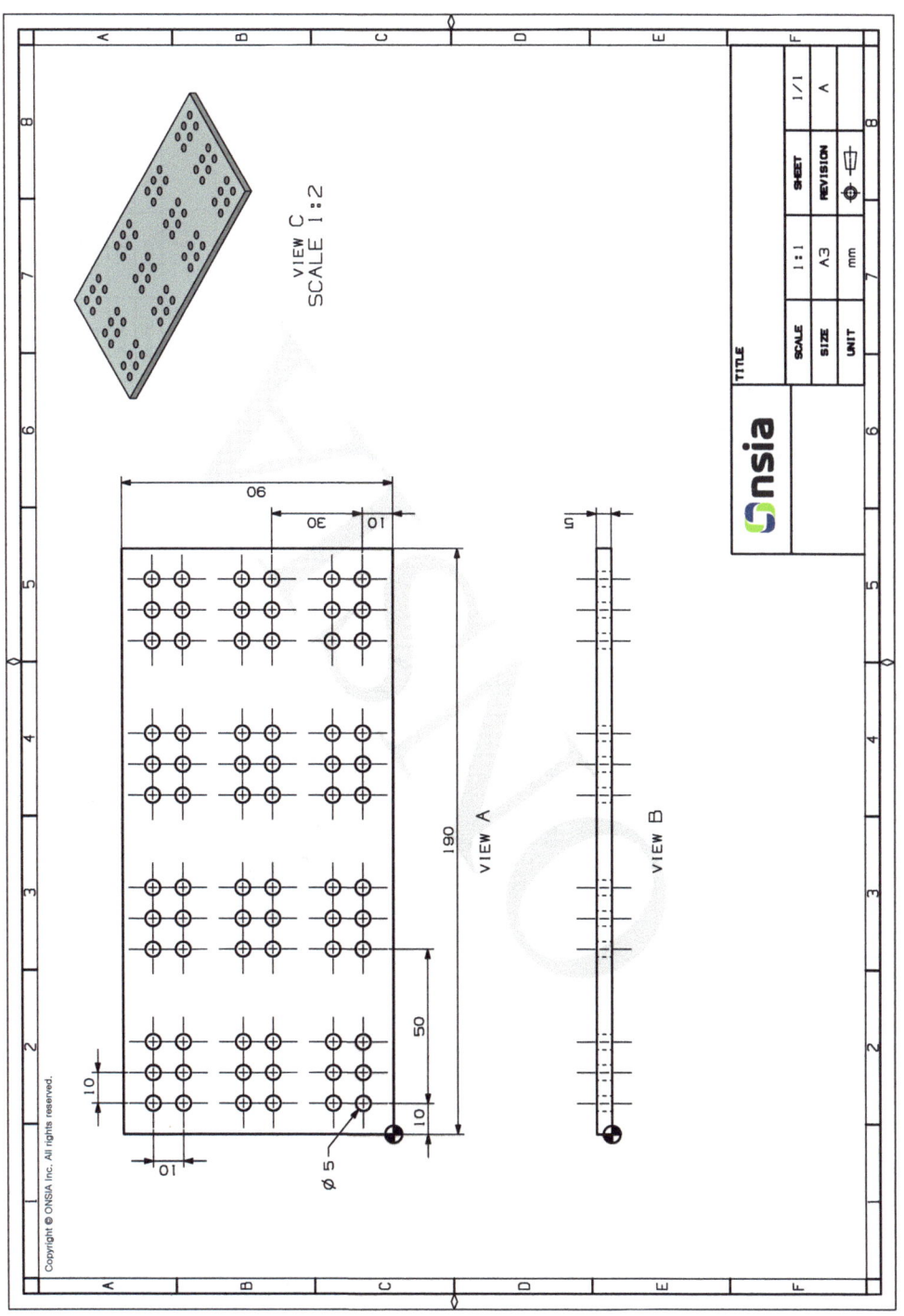

그림 7-28 Exercise 05의 도면

Exercise 06

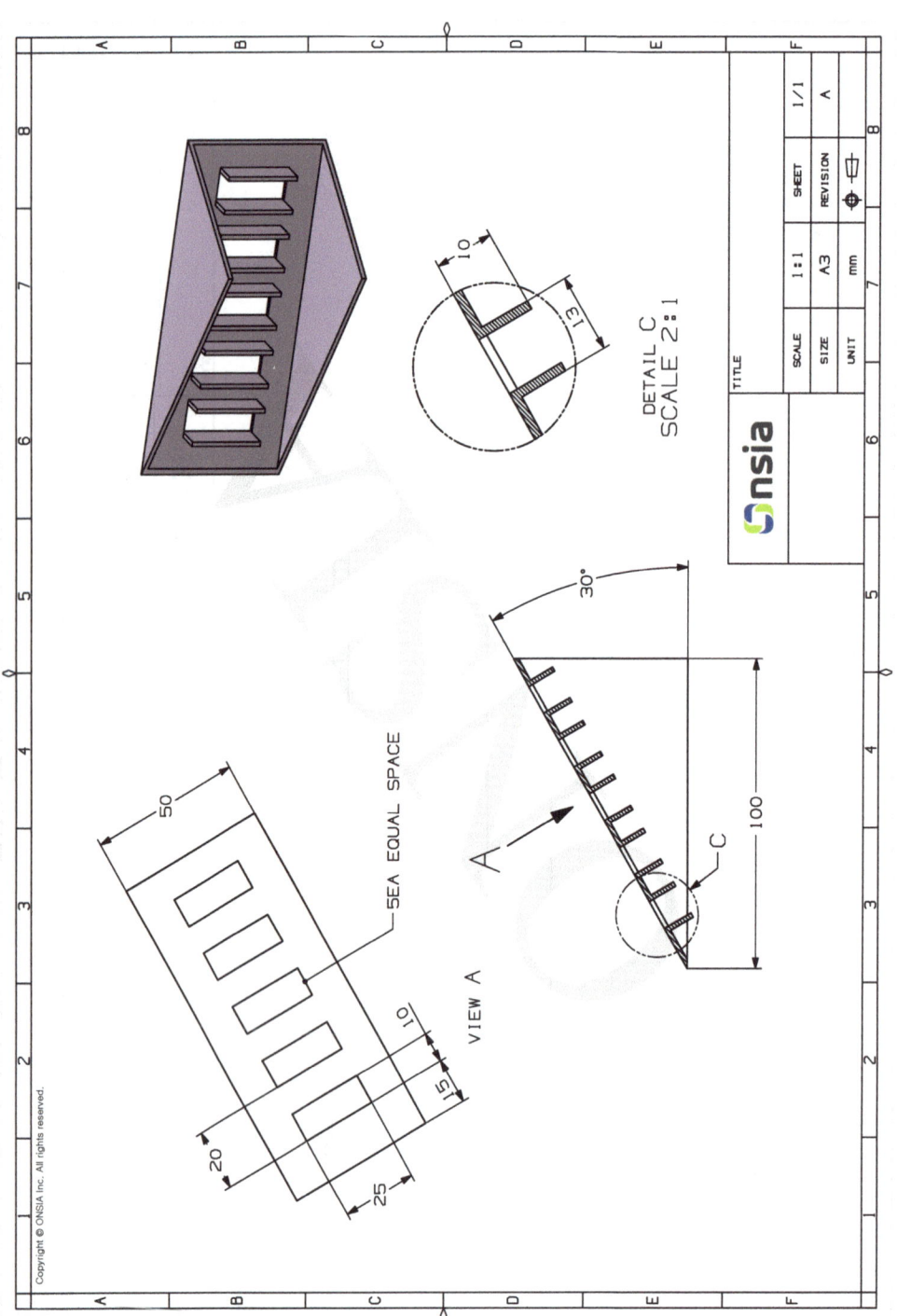

그림 **7-29** Exercise 06의 도면

Toy Box Cover — Exercise 07

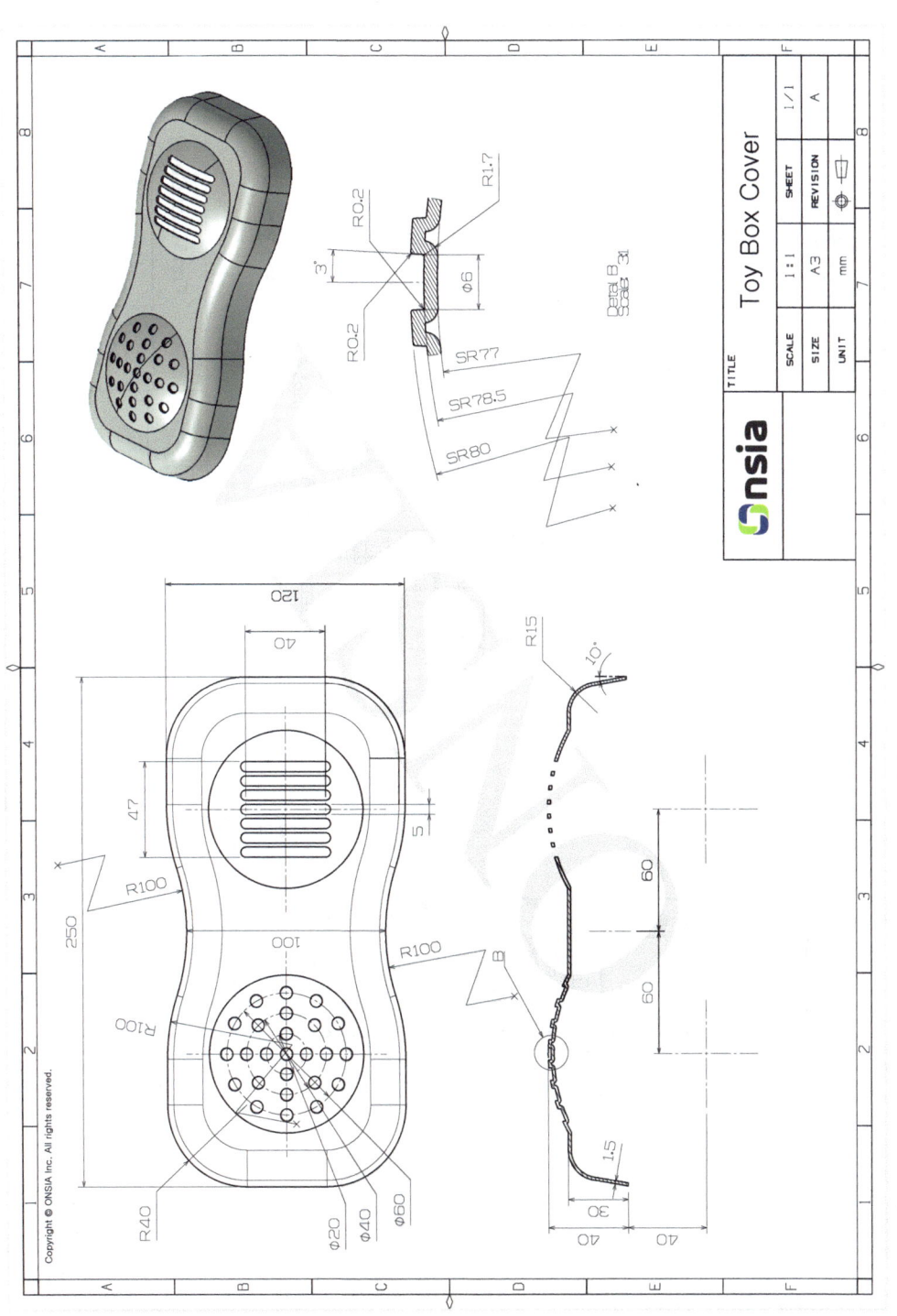

그림 7-30 Toy Box Cover

Exercise 08 Fan Motor Cover

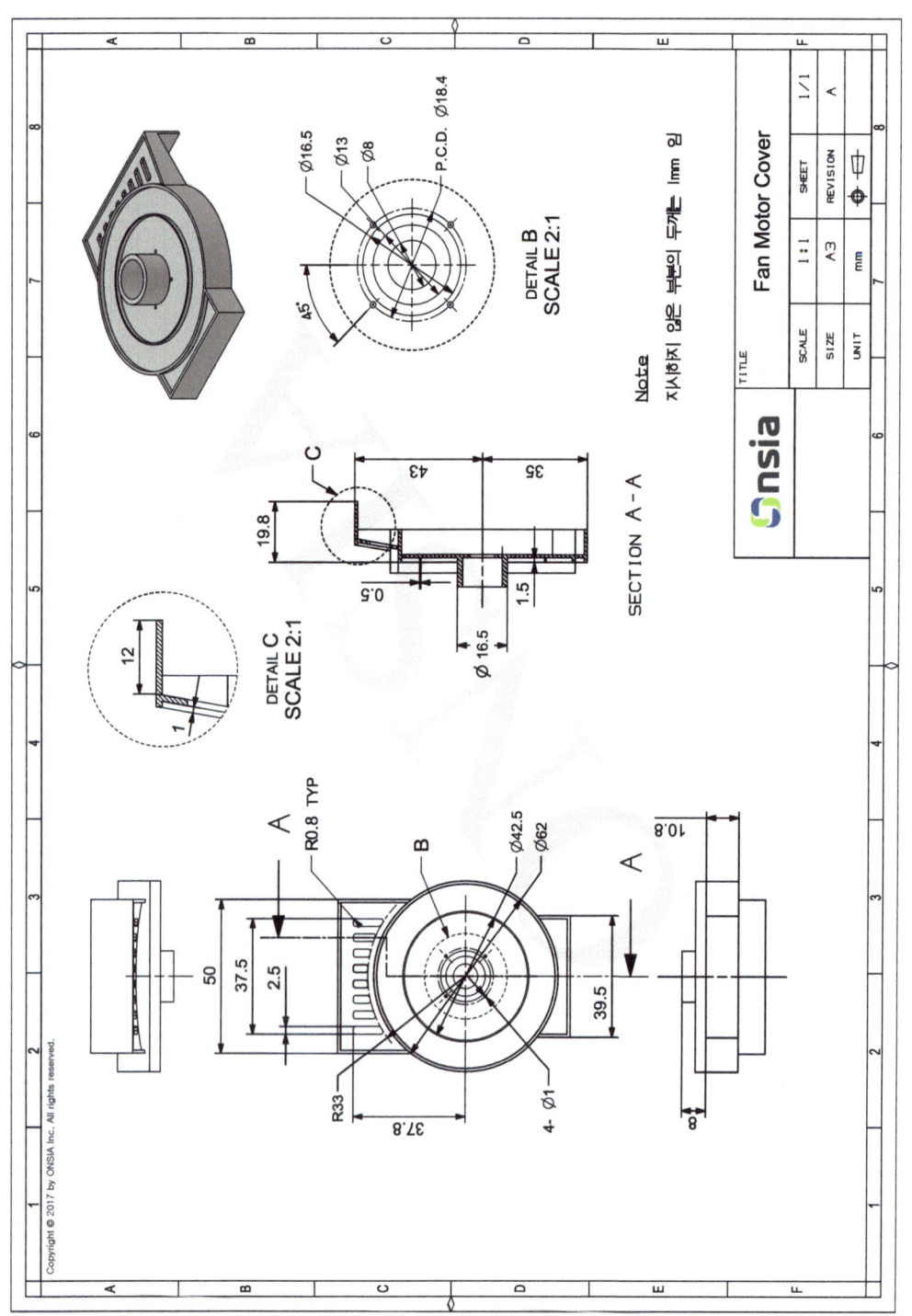

그림 7-31 Fan Motor Cover

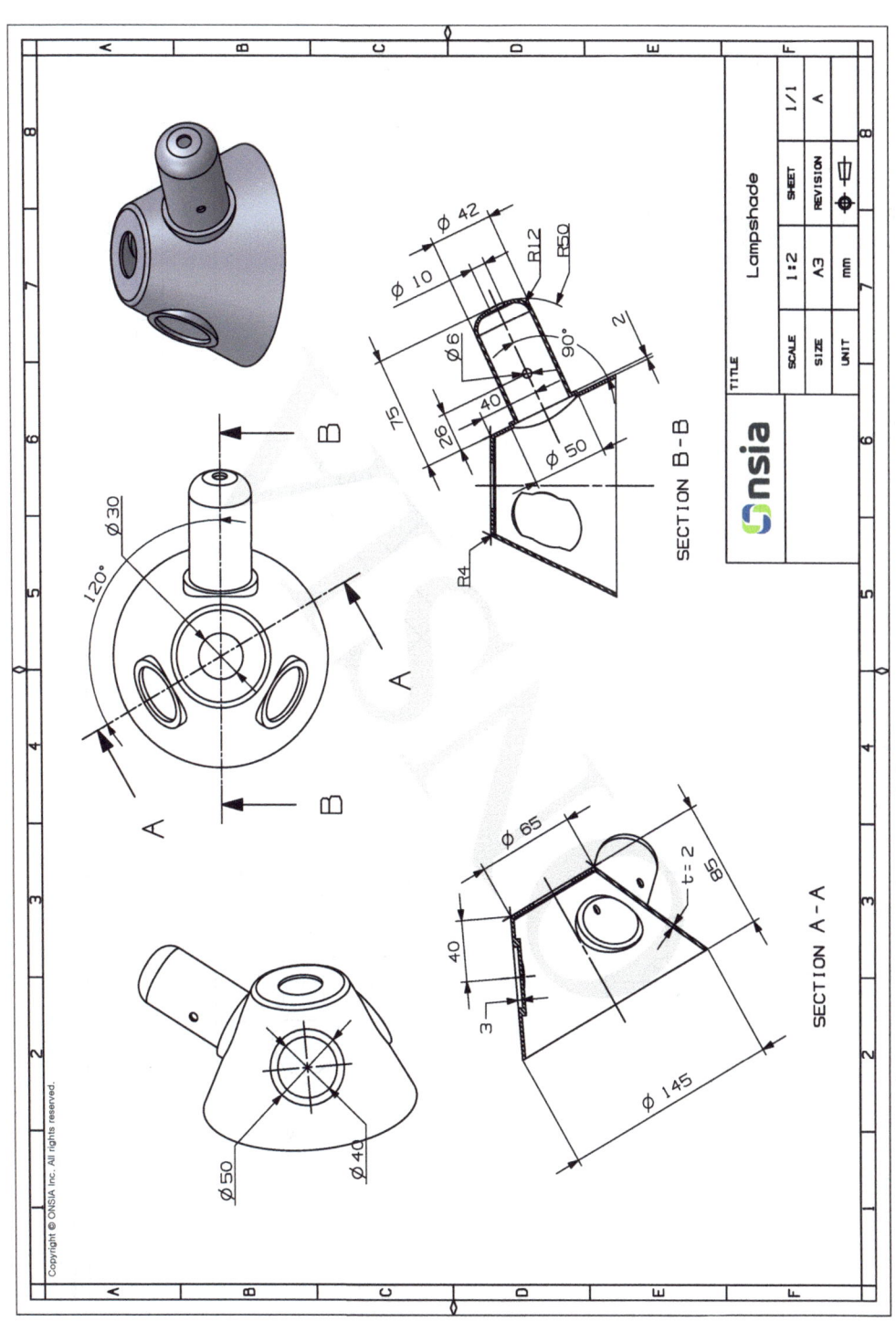

그림 7-32 Lampshade

Exercise 10 대칭 복사

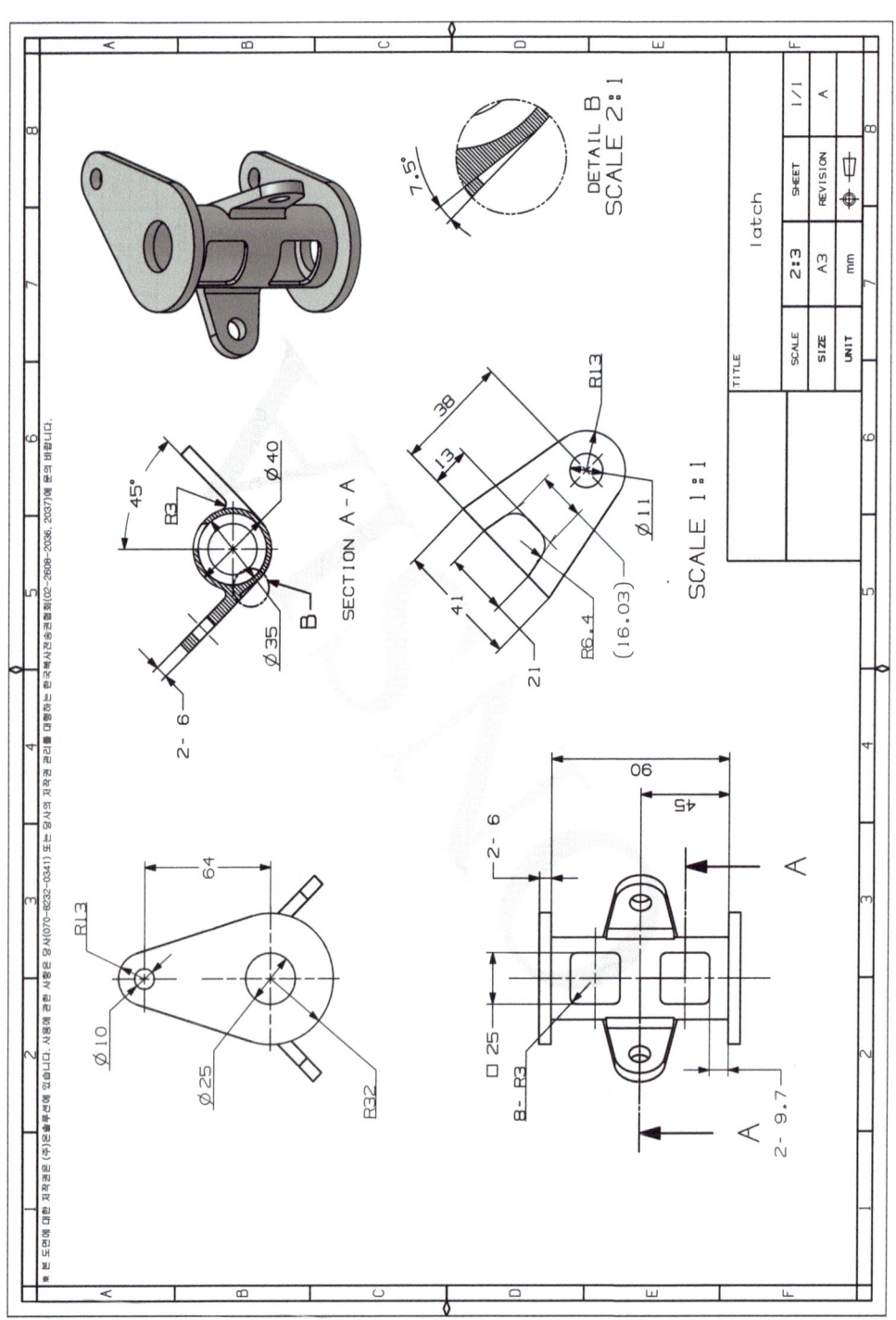

그림 7-33 Exercise 10의 도면

Chapter 8
고급 모델링 기능

■ 학습목표

- 스케치 고급 기능을 이용할 수 있다.
- 수식을 이용하여 변수간의 관계를 설정할 수 있다.
- 서피스 오프셋과 바디 자르기 기능을 이해한다.

8 장: 고급 모델링 기능

8.1 스케치 면 설정

스케치 면의 방향 기준을 필요에 따라 변경할 수 있다. 스케치 보기 아이콘을 눌렀을 때 정렬되는 기준이 된다.

그림 8-1과 같이 스케치 평면과 참조를 선택하고 '스케치' 버튼을 누르면 그림 8-2와 같은 참조 옵션이 나타난다. 참조 옵션은 스케치 면과 수직인 면, 직선, 점을 선택하여 추가로 지정할 수 있다. 참조는 스케치 치수나 구속의 기준이 된다. 기본 설정되는 참조 개체가 1개 또는 0개

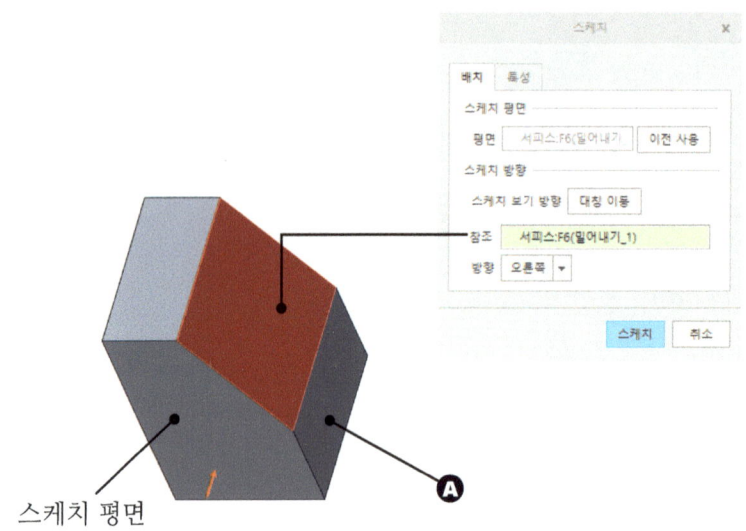

그림 8-1 스케치 면 설정 옵션

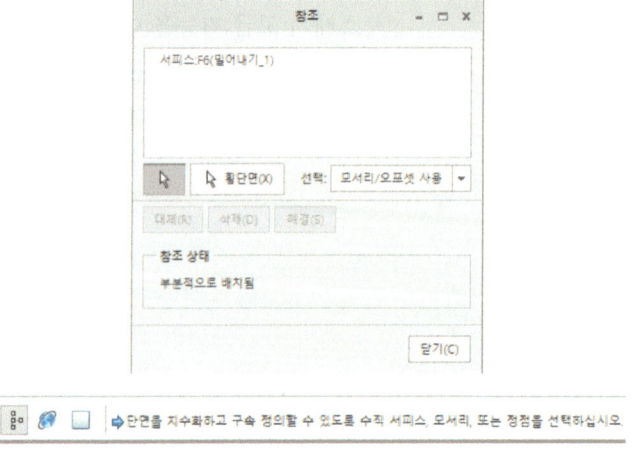

그림 8-2 참조 옵션

일 경우 스케치를 완전히 정의할 수 없기 때문에 '참조' 대화상자가 나타나서 추가로 지정할 것을 요구하게 된다. 그림 8-1의 ⓐ 면을 참조로 선택하면 스케치 면이 정의된다. 스케치 보기 아이콘을 누르면 그림 8-3과 같이 배치된다.

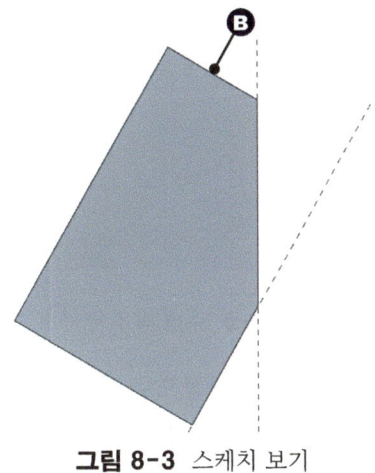

그림 8-3 스케치 보기

스케치 환경에서 그림 8-4의 메뉴를 이용하여 스케치 면 설정 옵션을 변경(ⓒ)하거나 참조를 추가 또는 제거(ⓓ)할 수 있다. 설정 드롭다운을 누르면 더 많은 옵션을 변경할 수 있다.

스케치 환경에서 마우스 오른쪽 버튼을 길게 누르면 그림 8-5와 같은 팝업 메뉴가 나타나서 옵션을 적용할 수 있다. 팝업 메뉴에서 단면 방향 〉 수평 참조 설정을 선택한 후 그림 8-3의 ⓑ 모서리를 선택하면 그 모서리에 수평 방향이 맞춰지고 참조가 추가된다. 그림 8-6은 수평 참조를 추가한 후의 스케치 면을 보여준다.

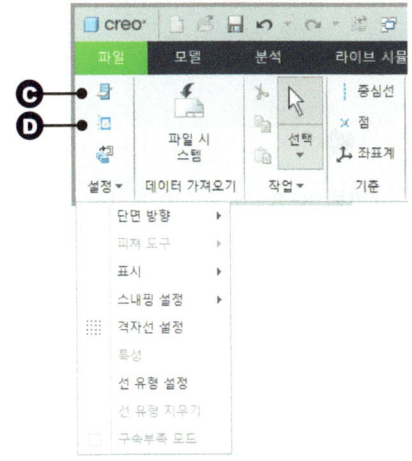

그림 8-4 스케치 설정

그림 8-5 스케치 도구

8 장: 고급 모델링 기능

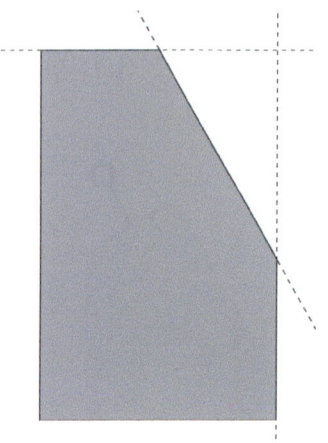

그림 8-6 수평 참조 추가

스케치 면에 원을 그리면 그림 8-7과 같이 자동으로 치수가 기입되는데 이 때 참조 선이 기준이 된다. 그림 8-8과 같이 참조가 아닌 다른 모서리와 치수를 기입하면 해당 모서리가 참조로 추가된다. 구속을 적용할 때도 같은 원리가 적용된다. 참조 대화상자에서 참조 개체를 삭제하면 그와 관련된 치수나 구속도 삭제된다.

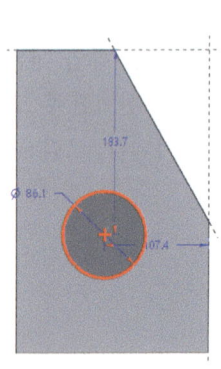 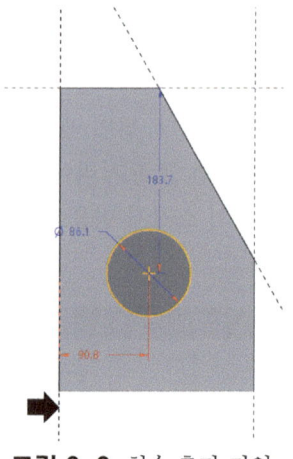

그림 8-7 자동 치수　　　　　　**그림 8-8** 치수 추가 기입

8.2 투영과 교차선

▶투영: 스케치 면에 있지 않은 선이나 모서리를 스케치 면에 투영하여 스케치 커브를 생성한다. 스케치 환경에서 사용할 수 있는 기능이다.
▶교차선: 두 개의 면을 선택하여 교차 선을 생성할 수 있다. 모델 〉 편집 〉 '교차' 기능을 이용한다.

---

ch08_ex01　　　　　　　　　　　　　　　　　　**투영(Project)**　　**Exercise 01**

모서리를 스케치 면에 투영한 커브를 생성한 후 모델링에 이용해 보자.

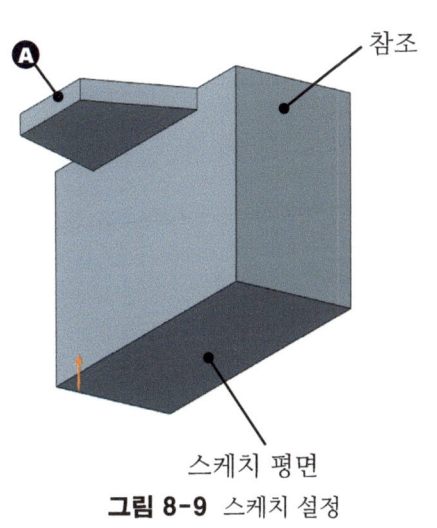

그림 8-9 스케치 설정

스케치 생성

1. 스케치 아이콘을 누른다.
2. 그림 8-9와 같이 스케치 평면과 참조를 선택한다.
3. '스케치' 버튼을 누른다.
4. 그림 8-9의 ⓐ 면을 추가 참조로 선택한다.

투영 및 밀어내기

1. '스케치' 아이콘 그룹에서 '투영' 아이콘을 누른다.
2. 유형 옵션에서 '루프'를 선택하고 그림 8-10의 ⓑ 면을 선택한다. 면의 모서리가 모두 투영된다.
3. 스케치를 종료한다.
4. 스케치를 15 mm 밀어내기 하여 모델을 완성한다.

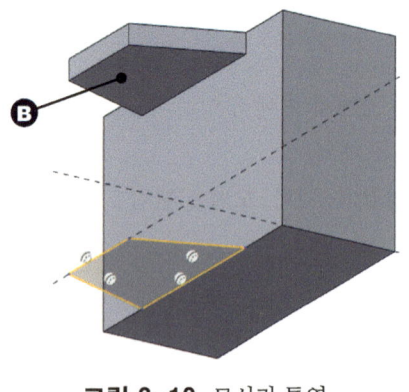
그림 8-10 모서리 투영

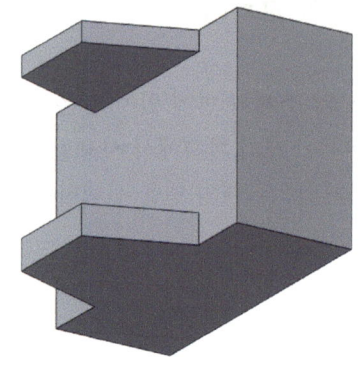
그림 8-11 모델 완성

Exercise 02 교차선

ch08_ex02

교차선을 생성하여 모델링에 이용해 보자.

교차선 생성

1. Right 면에서 50 mm 떨어진 곳에 기준 평면 Ⓐ를 생성한다.
2. 기준 평면과 형상의 면 Ⓑ를 선택한다.
3. 편집 > '교차' 아이콘을 누른다.
4. 기준 평면과 형상의 면 Ⓒ와의 교차선을 생성한다.

그림 8-13과 같이 두 개의 선이 생성된다.

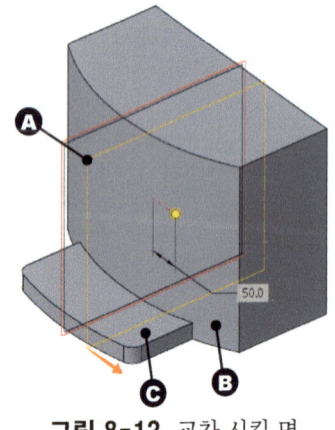
그림 8-12 교차 시킬 면

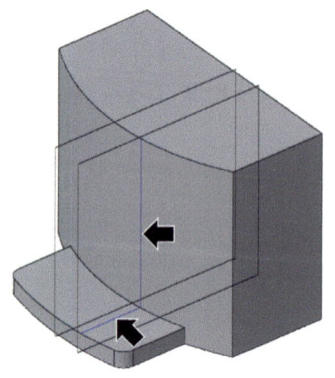
그림 8-13 스케치 면 설정

스케치 및 리브 생성

1. 기준 평면 Ⓐ에 그림 8-14와 같이 스케치를 생성한다.
2. 프로파일 리브 기능을 이용하여 두께 10 mm의 리브를 생성한다.
3. 대칭 복사 하여 완성한다.

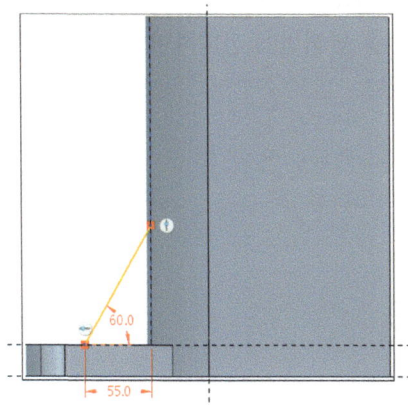

그림 8-14 스케치

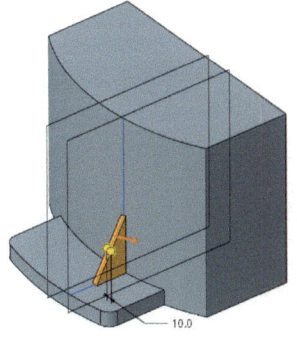

그림 8-15 리브 생성

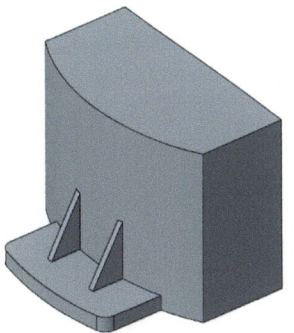

그림 8-16 대칭 복사

END of Exercise

8.3 오프셋

스케치 커브를 일정한 간격으로 이동하여 복사한다.

▶단일: 선을 하나씩 오프셋 한다.
▶체인: 선을 두 개 선택하여 하나의 선에서 다음 선까지 연속하여 오프셋 한다. '메뉴 관리자'에서 연속선의 방향을 고를 수 있다.
▶루프: 연결되어 있는 선을 한꺼번에 선택하여 오프셋 한다. 서피스를 선택할 경우 모서리 전체를 오프셋 할 수 있다.

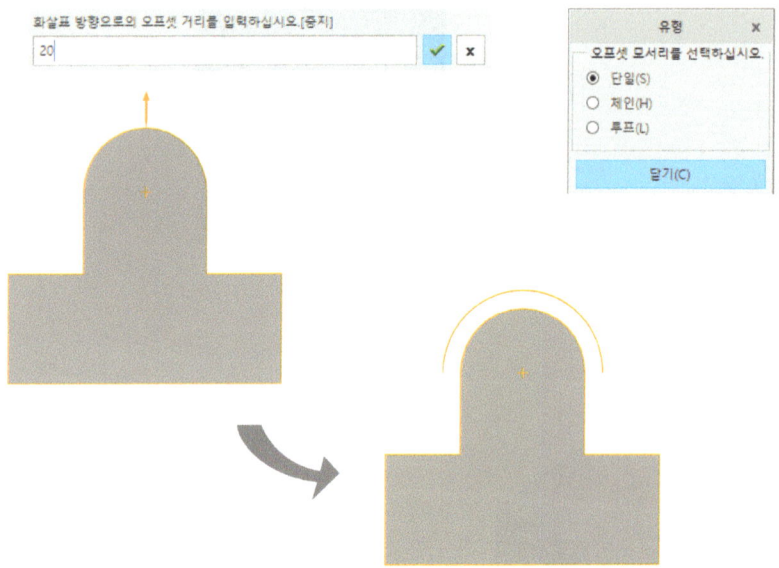

그림 8-17 단일 오프셋

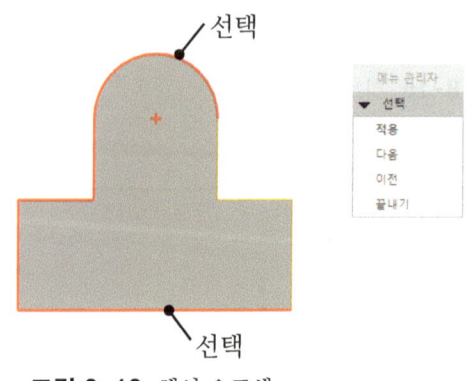

그림 8-18 체인 오프셋

8.4 관계식

Creo에서 입력하는 모든 숫자에는 변수명이 할당되어 있다. 관계식 기능을 이용하면 변수명 사이의 관계를 설정할 수 있다.

도구 > 모델 의도 > '관계식' 아이콘을 누르면 변수간의 관계식을 입력할 수 있는 대화상자가 나타나고 스케치에는 치수 대신 변수명이 표시된다. 변수명을 클릭하면 관계식 입력창에 기입된다. 타이핑하여 입력해도 된다.

관계식으로 연계된 치수는 더블클릭하여 수정할 수 없다.

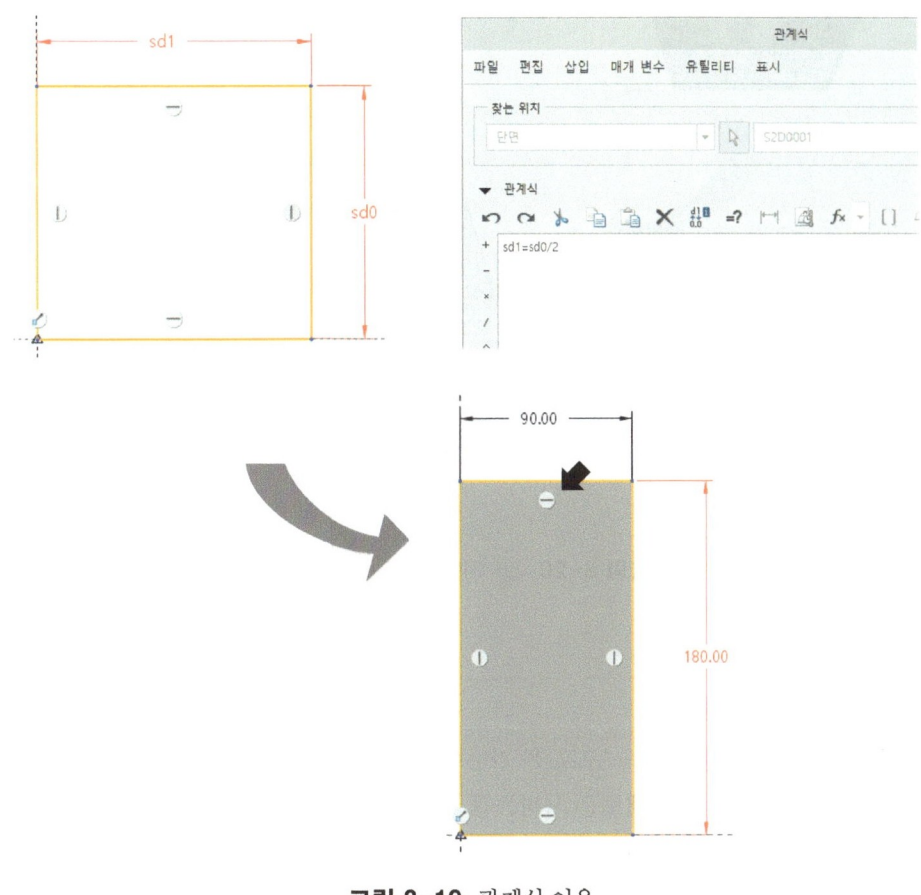

그림 8-19 관계식 이용

수치를 이용하여 밀어내기 깊이를 지정한 경우 '관계식' 아이콘을 누르고 밀어내기 피쳐를 선택하면 변수명이 표시된다. 관계식으로 연계된 치수를 모델에 반영시키려면 재생성 아이콘을 눌러야 한다.

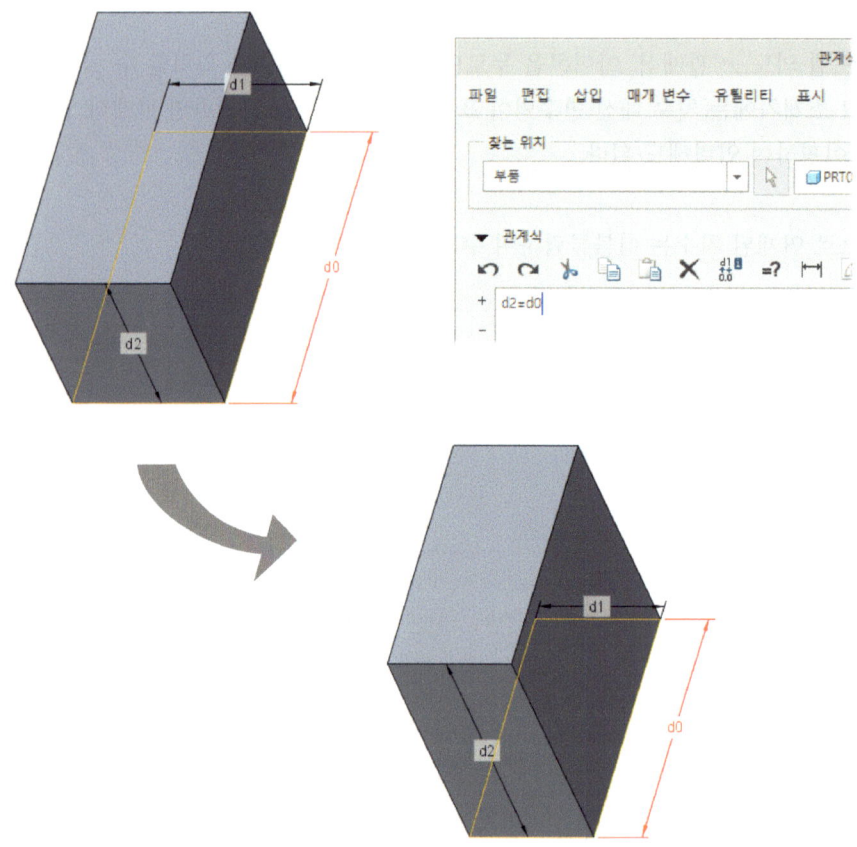

그림 8-20 밀어내기 피쳐에서 이용

8.5 서피스 오프셋

서피스를 선택하면 모델 > 편집 > '오프셋' 기능이 활성화 된다. 이 기능을 이용하면 선택한 서피스를 일정 거리 오프셋하여 새로운 서피스를 생성할 수 있다. 이렇게 생성된 서피스는 이후 모델링에서 이용하기 위한 것이다.

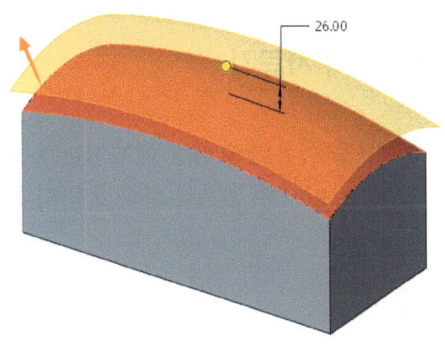

그림 8-21 서피스 오프셋

8.6 바디 자르기

서피스나 기준 평면을 이용하여 솔리드 바디를 자른다. 솔리드 바디를 이루는 서피스로는 자르를 할 수 없다. 대개 두께가 없는 시트 바디를 이용하여 솔리드 바디의 한 서피스를 형성하기 위해 이 기능을 사용한다.

서피스를 선택하면 모델 > 편집 > '솔리드화' 아이콘이 활성화 된다. 설정에서 '재료 제거'를 선택하고 방향을 지정한다.

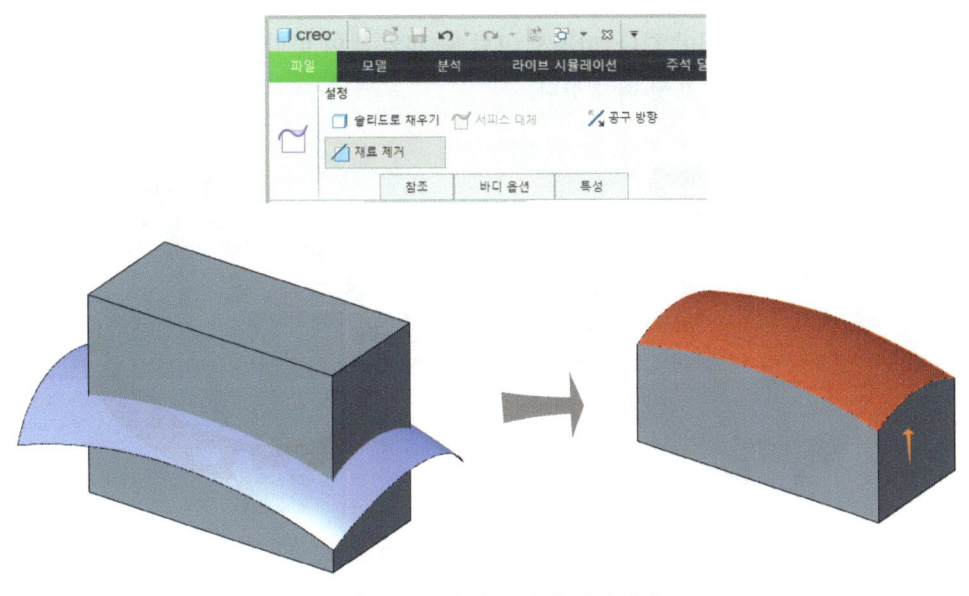

그림 8-22 솔리드 바디 잘라내기

Exercise 03 서피스 오프셋과 바디 자르기

ch08_ex03

서피스 오프셋과 바디 자르기 기능을 이용한 모델링 예제이다. 바디 ④의 외곽 서피스를 이용하여 바디 ⑤의 외부를 자른 후 부울 연산을 통하여 하나의 바디로 만든다.

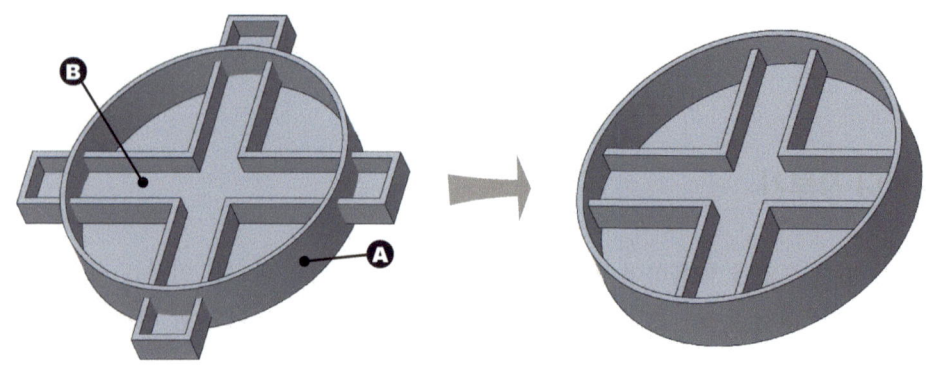

그림 8-23 Exercise 03 모델

서피스 오프셋

외곽 서피스로 바디 ⑤를 잘라야 하는데 솔리드 바디의 서피스로는 자를 할 수 없으므로 오프셋하여 시트 바디를 만들어야 한다. 따라서 그림 8-24와 같이 바디 ④의 외곽 서피스 두 개를 0 mm 오프셋한다. 각각 오프셋 해야 한다.

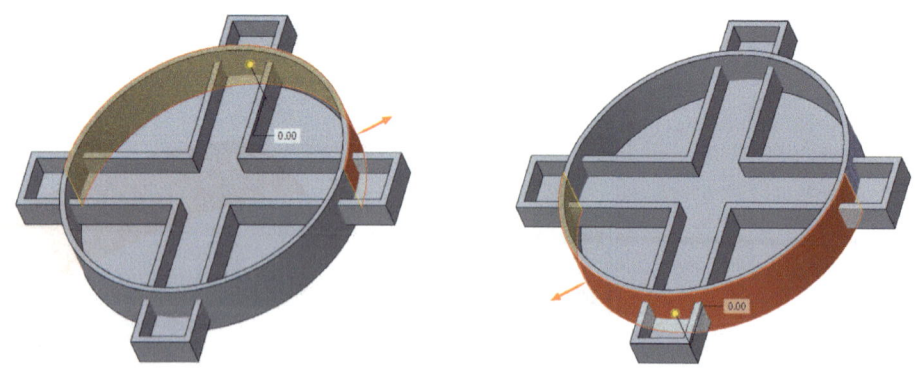

그림 8-24 서피스 오프셋

서피스 병합

오프셋 한 서피스로 바디 ❽를 잘라야 하는데 하나씩 자를 수 없으므로 두 서피스를 하나로 만들어야 한다. 두 개의 오프셋 서피스를 선택한 후 편집 > '병합' 아이콘을 눌러 서피스를 하나로 병합한다.

그림 8-25 서피스 병합

바디 자르기 및 부울 연산

1. 병합한 서피스를 선택하고 편집 > '솔리드화' 아이콘을 누른다.
2. '재료 제거'를 선택하고 방향을 설정하여 자른다.
3. 모델 > 바디 > '부울 연산' 아이콘을 눌러 두 바디를 하나로 병합한다.

그림 8-26 바디 자르기　　　　　　그림 8-27 부울 연산

8 장: 고급 모델링 기능

Exercise 04 Holder

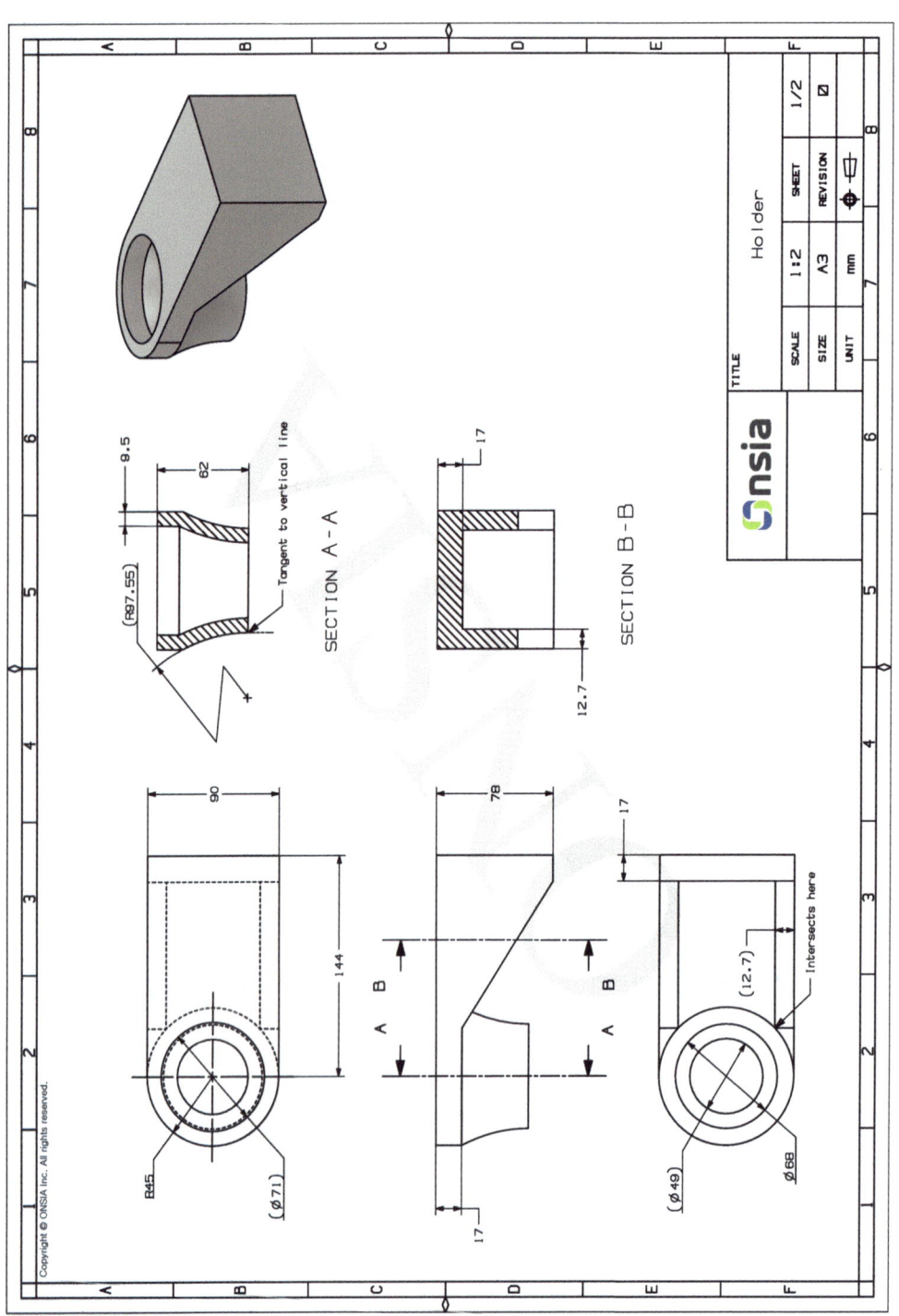

그림 8-28 Exercise 04의 도면

Stand Foot — Exercise 05

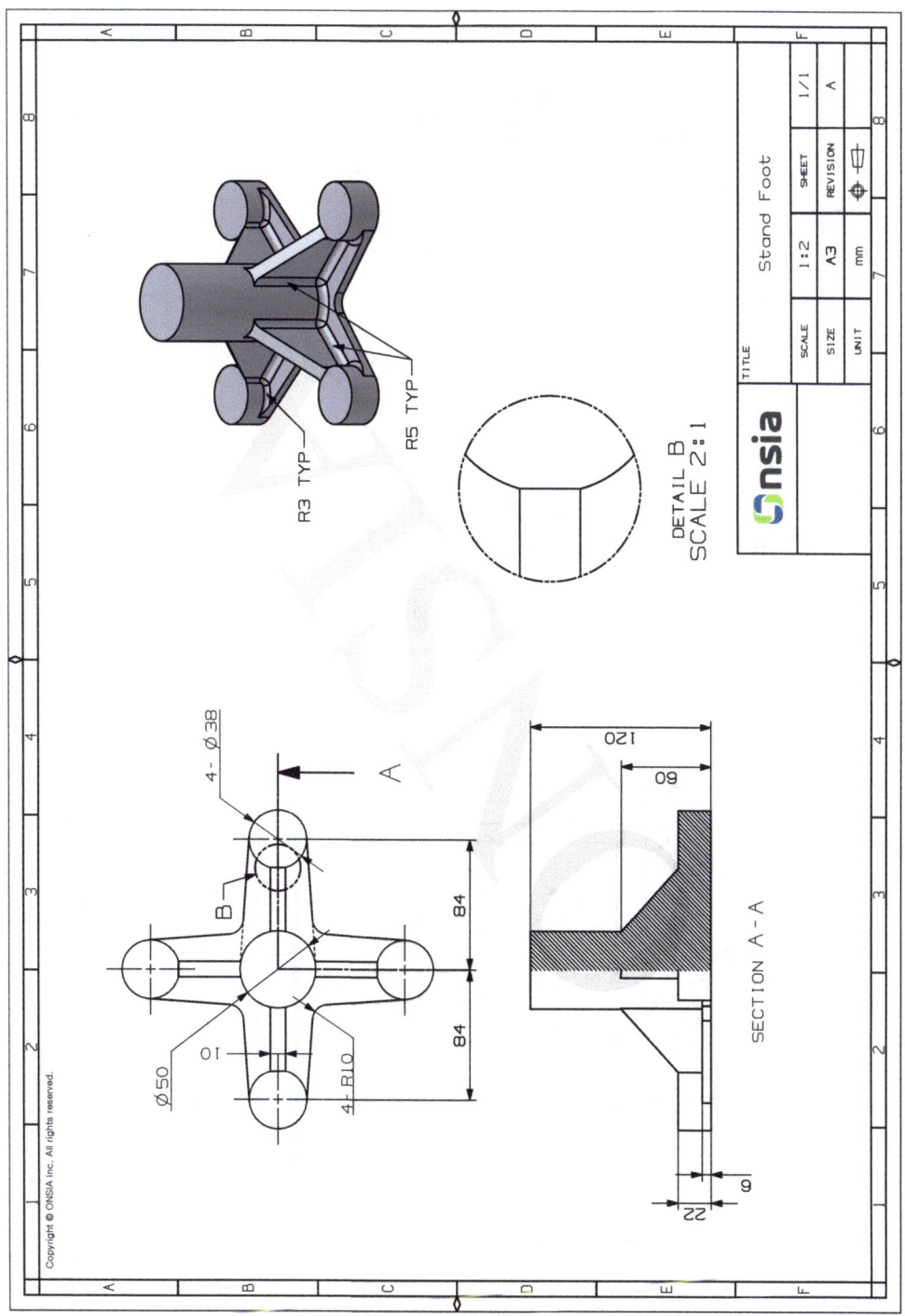

그림 8-29 Exercise 05의 도면

Exercise 06 — Mixer Lid

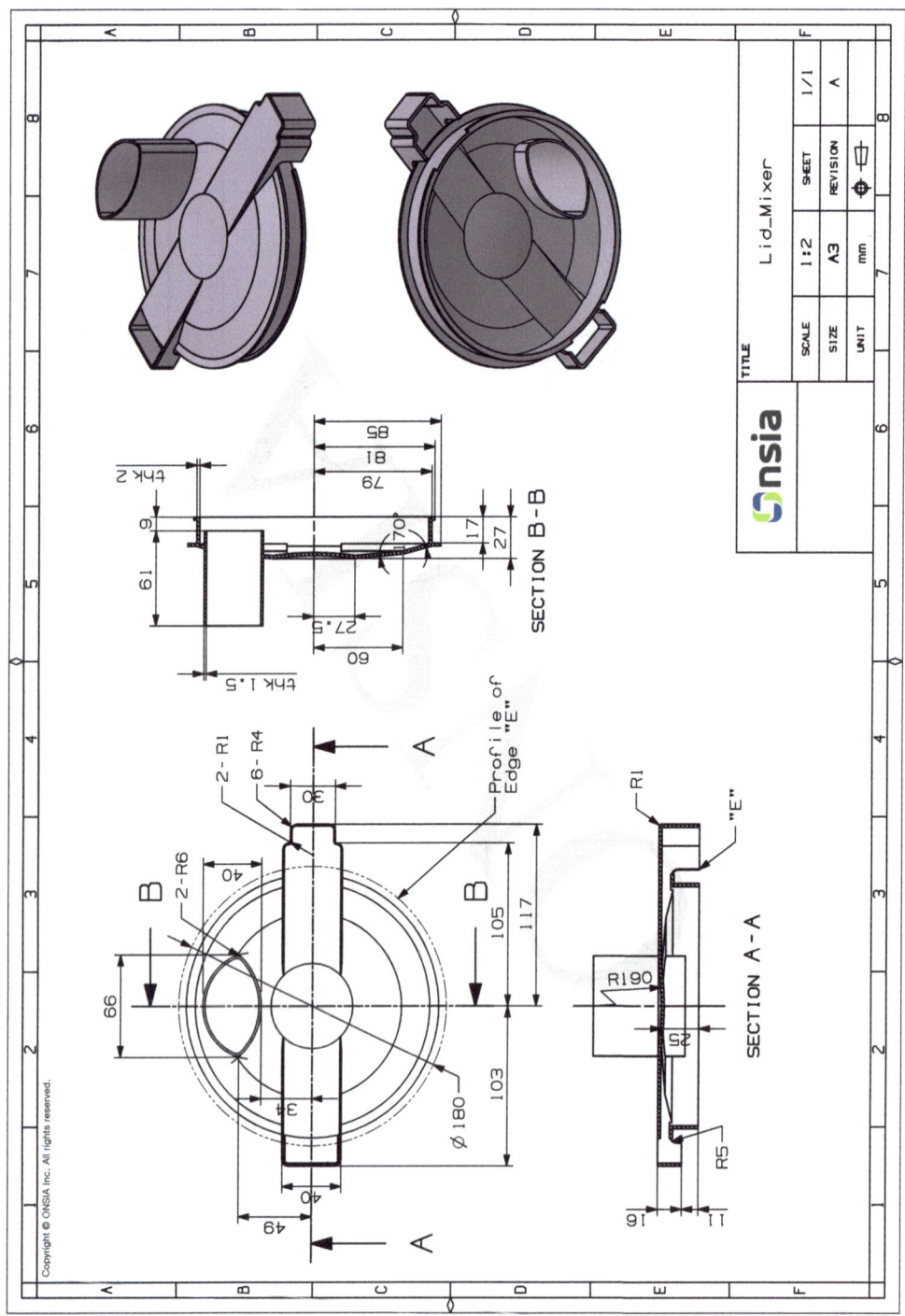

그림 8-30 Exercise 06의 도면

Chapter 9
서피스 모델링 개요

■ 학습목표

- 서피스 모델링과 솔리드 모델링을 구별할 수 있다.
- 서피스 생성 기능을 이해한다.
- 솔리드화 방법을 이해한다.

9장: 서피스 모델링 개요

9.1 서피스 모델링이란?

지금까지 모델링은 솔리드 바디를 만들거나 만들어진 솔리드 바디에 추가적인 변경을 가하는 방식이었다. 솔리드 기초 바디를 만들기 위해 밀어내기와 회전 기능을 이용하였다. 이렇게 만들어진 모델은 그 방식에 맞는 서피스를 갖게 된다. 즉, 평면이나 원통면 또는 곡선을 밀어내기 한 서피스, 라운드 기능을 이용하여 생성되는 서피스 등이 이에 포함된다. 이런 형상을 모델링 하는 방식을 솔리드 모델링이라 한다. 솔리드(Solid) 서피스만을 만든다는 의미이다.

서피스 모델링이란 Solid 한 서피스 외에 자유 곡면까지 모델링 범주를 넓힌 개념이다. 사용할 곡면을 시트 바디로 생성하고 솔리드화 하는 과정을 거쳐 자유 곡면을 포함하는 솔리드 바디를 생성하게 된다. 단면이 폐곡선이라면 솔리드화 과정 없이 자유 곡면을 포함하는 솔리드 바디를 바로 생성할 수도 있다.

이 단원에서는 서피스 모델링의 주요 기능을 통해 개념을 이해하기로 하자.

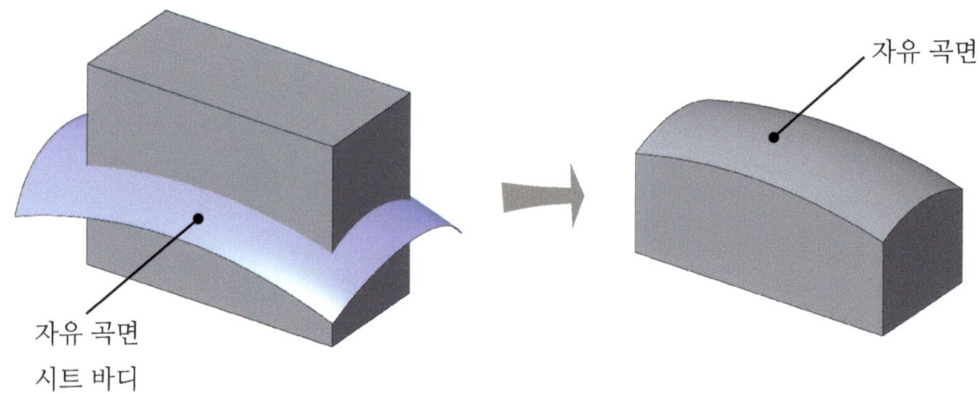

그림 9-1 자유 곡면을 포함한 모델

9.2 스윕

궤적을 따라 프로파일을 진행시켜 형상을 만드는 기능이다. 폐곡선 단면일 경우 솔리드 바디 또는 시트 바디를 생성할 수 있다. 개곡선 단면일 경우 두께를 입력하여 솔리드 바디를 생성하거나 두께 없는 시트 바디를 생성할 수 있다.

생성 절차

1. 궤적으로 사용할 커브를 생성한다.
2. 모델 〉 형태 〉 '스윕' 아이콘을 누르고 궤적 커브를 선택한다.
3. 스케치 아이콘을 누른다. 궤적의 시작 위치에 스케치 면이 설정된다.
4. 단면 스케치를 생성하고 스케치를 종료한다.
5. 스윕 탭에서 확인 버튼을 누른다.

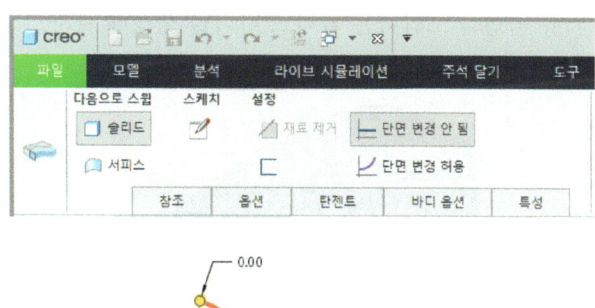

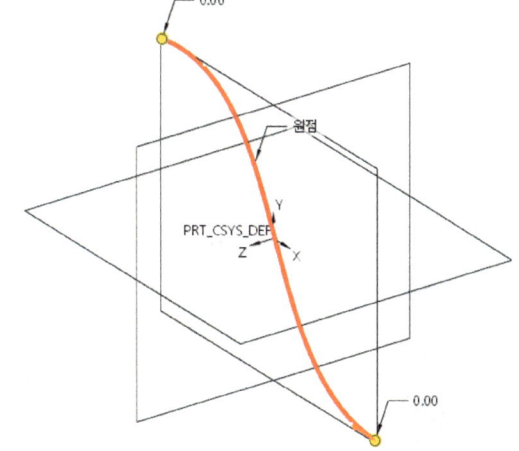

그림 9-2 스윕 궤적

9 장: 서피스 모델링 개요

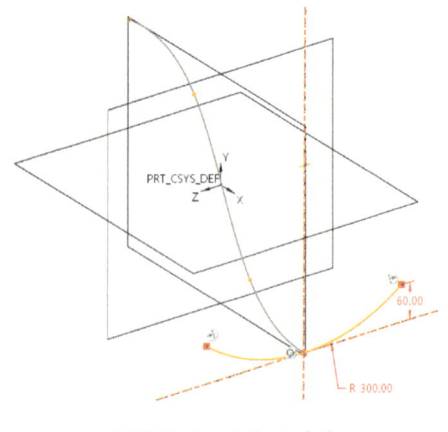

그림 9-3 단면 스케치

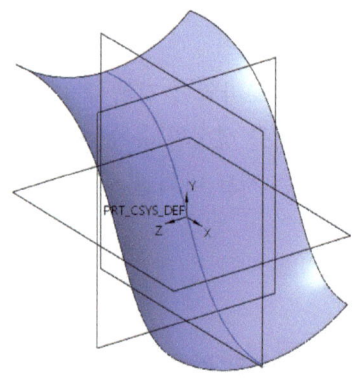

그림 9-4 스윕 서피스

Exercise 01 스윕 서피스 모델링

제시된 절차에 따라 자유 곡면을 포함하는 솔리드 바디를 생성해 보자.

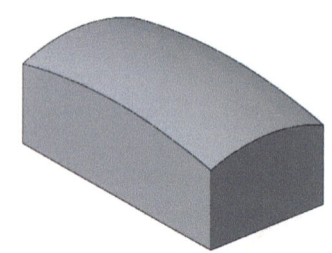

그림 9-5 생성할 모델

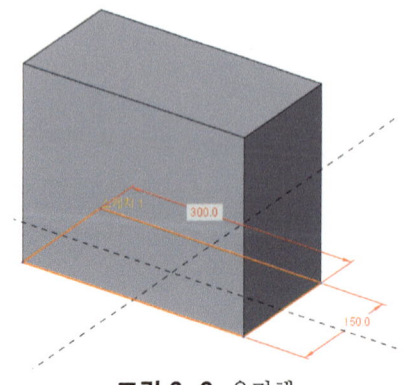

그림 9-6 육면체

Step 1

Top 면에 300x150의 사각형 스케치를 생성한다. 원점이 중심에 있도록 한다. 250 mm 밀어내기 하여 그림 9-6과 같이 육면체를 생성한다.

188

Step 2

길이 방향의 중앙 평면에 그림 9-7과 같이 스윕의 궤적으로 사용할 R700의 호를 생성한다. 호의 중심은 형상의 수직 중심선 상에 있으며 호의 양 끝 점은 형상을 충분히 벗어나야 한다.

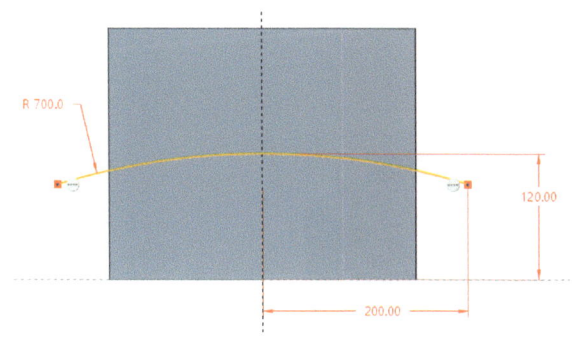

그림 9-7 궤적 스케치

Step 3

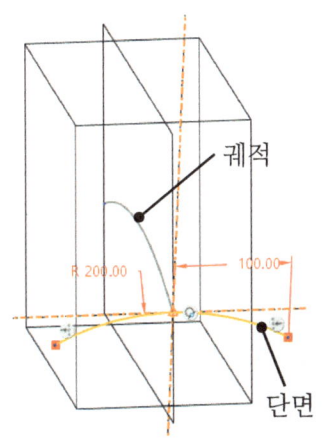

그림 9-8 단면 스케치

1. 모델 〉 형태 〉 '스윕' 아이콘을 누른다.
2. 궤적 스케치를 선택한다.
3. 스윕 탭에서 스케치 아이콘을 누른다. 화살표의 시작 위치와 방향을 확인한다. 그 위치에 스케치 면이 정의된다.
4. 그림 9-8과 같이 단면 스케치를 생성한다. 이 그림은 궤적과의 관계를 보여주기 위해 비스듬하게 놓았다. 스케치 할 때는 스케치 면을 똑바로 놓고 하면 된다.

호의 중심은 형상의 수직 중심선 상에 있으며 호의 양 끝 점은 형상을 충분히 벗어나야 한다.

5. 확인을 눌러 스케치를 종료한다.

Step 4

1. 스윕 탭의 '다음으로 스윕' 옵션에서 '서피스'를 선택한다.
2. 확인을 눌러 서피스를 생성한다.

서피스가 시트 바디로 생성된다.

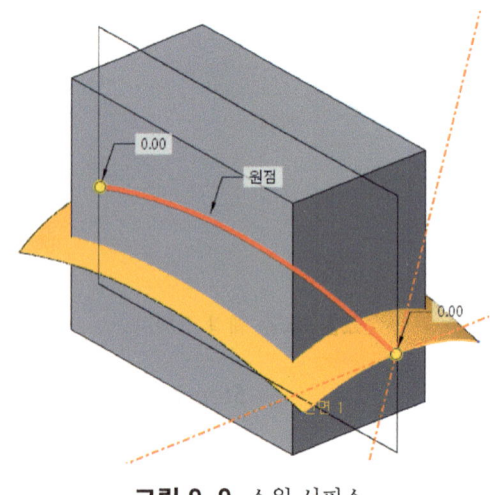

그림 9-9 스윕 서피스

Step 5

솔리드화 기능을 이용하여 육면체를 잘라 모델을 완성한다.

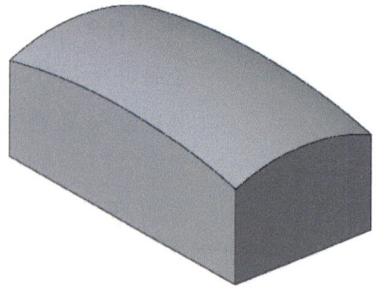

그림 9-10 자르기

END of Exercise

> **스윕 서피스로 자르기**

스윕 서피스를 생성할 때 자르기를 함께 수행할 수 있다. '다음으로 스윕' 옵션에서 '솔리드'를 선택한 후 '재료 제거' 버튼을 누르면 된다.

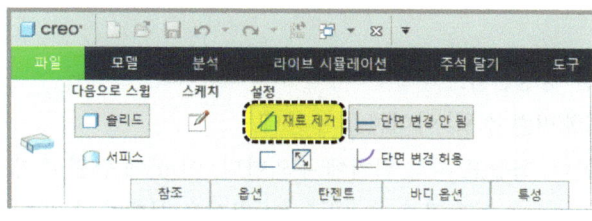

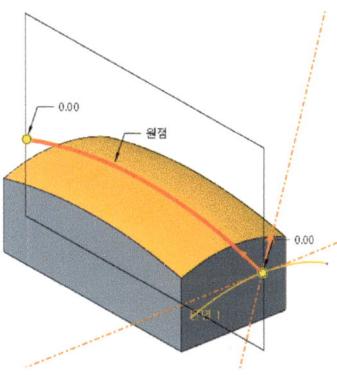

그림 9-11 스윕 서피스로 자르기

9.3 헬리컬 스윕

단면을 헬릭스 형태로 스윕 한다. 궤적은 필요 없고, 프로파일이 필요하다.

생성 절차

1. 프로파일 스케치를 생성한다.
2. 스윕 드롭다운 > '헬리컬 스윕' 아이콘을 누른다.
3. 프로파일을 선택한다. 화살표 시작 위치에 주의한다. 이 곳에 단면 스케치를 생성하게 된다.
4. 헬릭스 축을 선택한다. 축으로 좌표 축, 기준 축, 직선을 선택할 수 있다. 프로파일 스케치에 중심선을 생성하면 자동으로 헬릭스 축으로 지정된다.
5. 헬리컬 스윕 탭에서 스케치 아이콘을 누른다.
6. 단면 스케치를 생성한 후 확인 버튼을 누른다.
7. 헬리컬 스윕 탭에서 피치를 입력한 후 확인 버튼을 누른다.

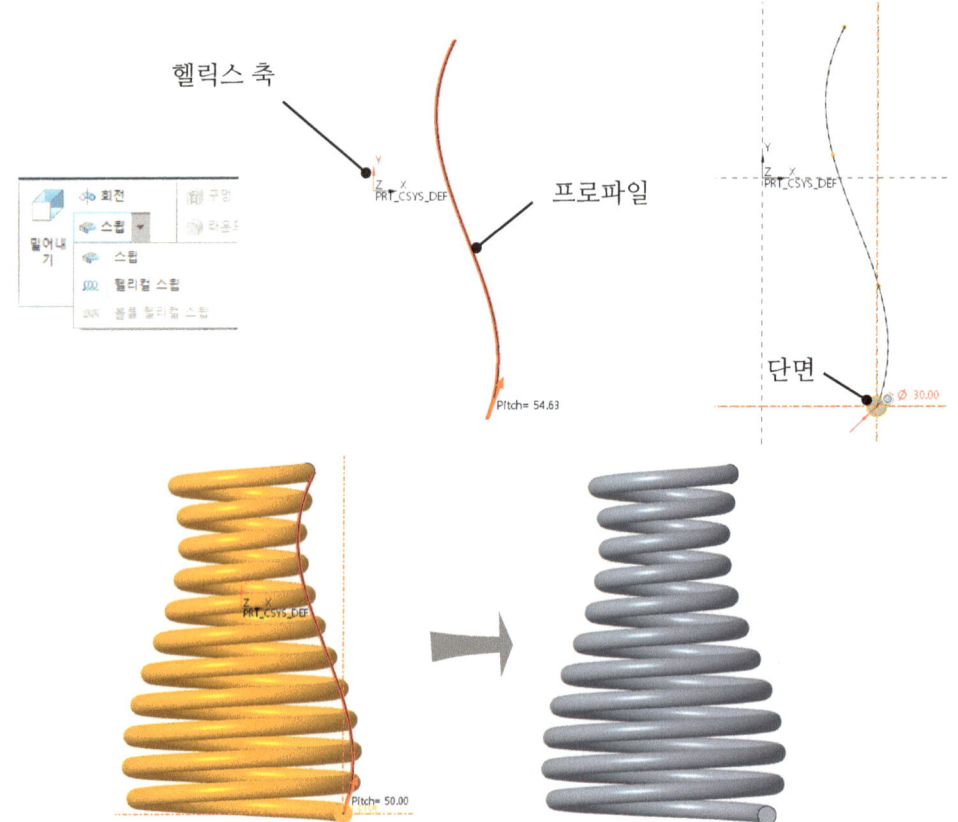

그림 9-12 헬리컬 스윕 절차

9.4 블렌드

여러 개의 단면을 연결하여 형상을 생성한다. 각 단면의 정점의 개수가 같아야 한다.

생성 절차

1. 모델 〉 형태 드롭다운 〉 '블렌드' 아이콘을 누른다.
2. '선택된 단면' 옵션을 선택하고 '단면' 탭을 눌러 확장한다.
3. 단면 1 커브를 선택한다. 정점의 개수를 확인한다.
4. 단면 탭에서 삽입 버튼을 누르고 단면을 계속 선택하여 완성한다.

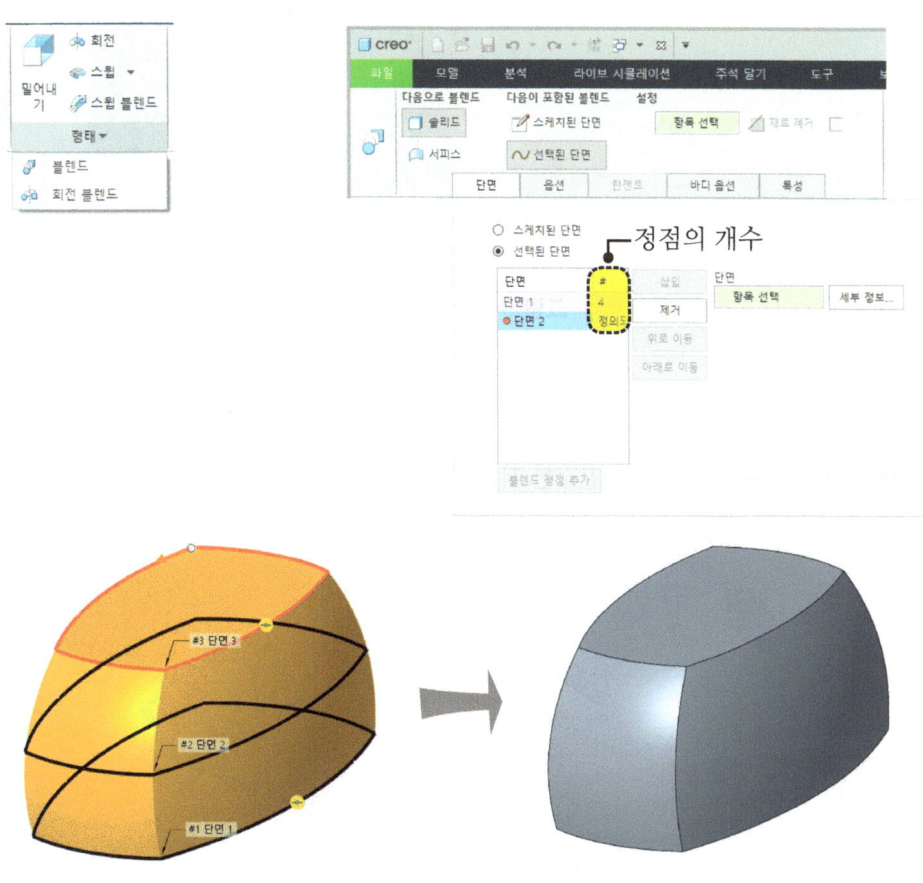

그림 9-13 블렌드

9.4.1 옵션-직선

블렌드 옵션에 직선을 적용하면 단면을 직선으로 연결한다.

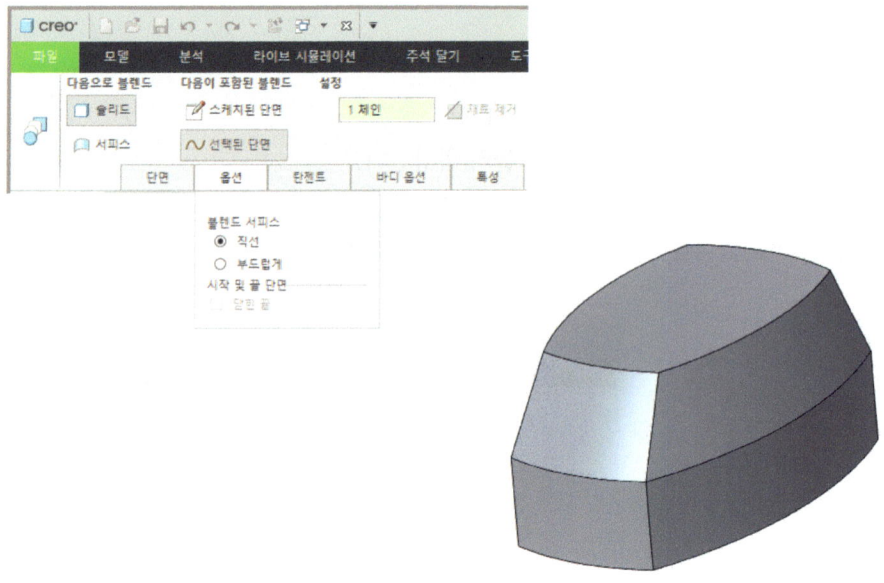

그림 9-14 직선 옵션

9.4.2 탄젠트

첫 번째 단면과 마지막 단면에서 인접한 서피스와 탄젠트 조건을 적용할 수 있다.

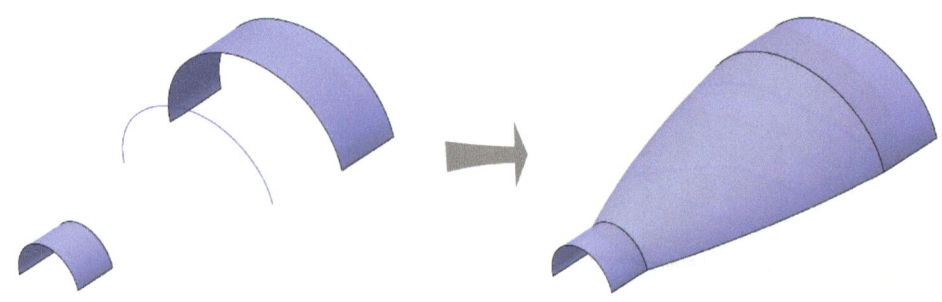

그림 9-15 탄젠트 조건이 없는 경우

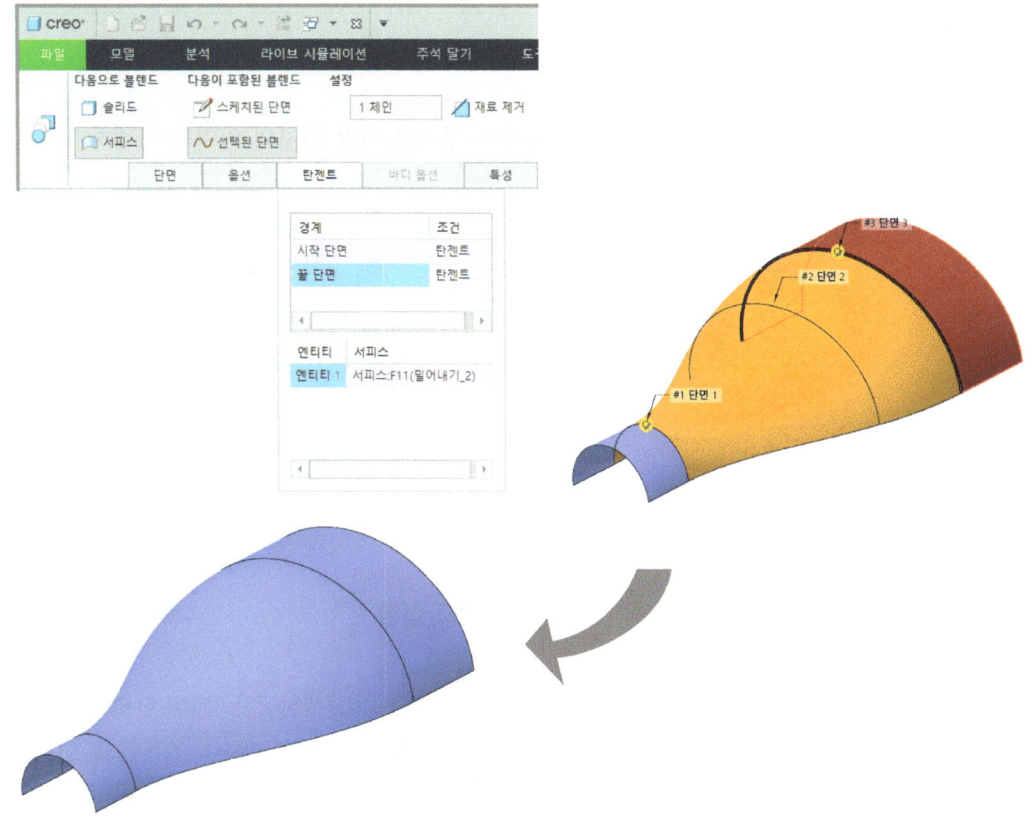

그림 9-16 탄젠트 조건이 있는 경우

분석 〉 형상 검사 드롭다운 〉 '반사' 기능을 이용하여 반사 문양을 표시할 수 있다. 탄젠트하지 않은 곡면에서의 반사 선은 경계를 통과하면서 연결되지 않는다. 탄젠트하게 연결된 서피스는 경계에서 반사 선이 연결되어 있으나 꺾여 있다.

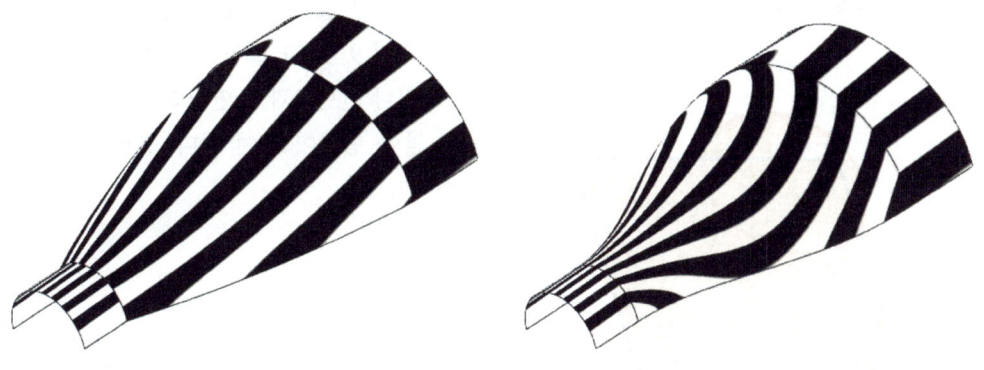

그림 9-17 접하지 않은 서피스의 반사 선   그림 9-18 접하는 서피스의 반사 선

9 장: 서피스 모델링 개요

Exercise 02 블렌드 정점과 시작 위치   ch09_ex02

주어진 파일을 이용하여 블렌드 피쳐를 생성하면서 정점과 시작 위치의 의미를 이해하자.

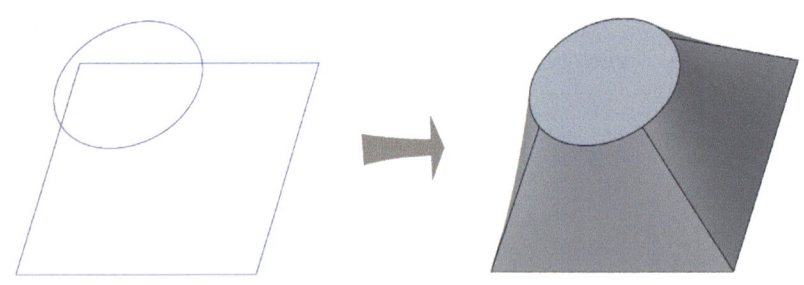

그림 9-19 실습 파일

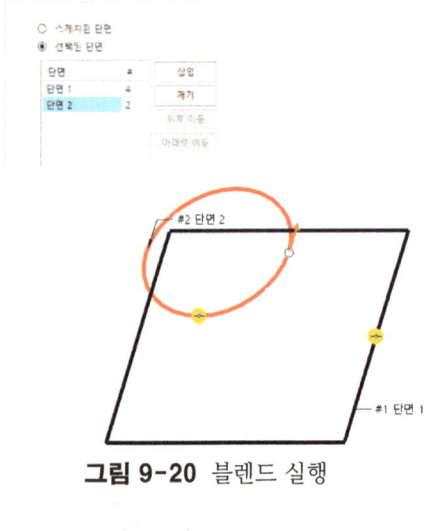

그림 9-20 블렌드 실행

블렌드 실행

블렌드 기능을 실행하고 두 개의 단면을 선택한다. 단면 1의 정점의 개수는 4개이고, 단면 2의 정점 개수가 2개이기 때문에 미리 보기가 나타나지 않는다.

정점 추가

단면 탭에서 단면 2를 선택하고 '블렌드 정점 추가' 버튼을 두 번 눌러 정점을 4개로 만든다. 그림 9-21과 같이 미리 보기가 나타난다. 그러나 단면 1과 단면 2의 정점의 위치가 맞지 않아 형상이 꼬여 있다. 블렌드 기능을 취소한다.

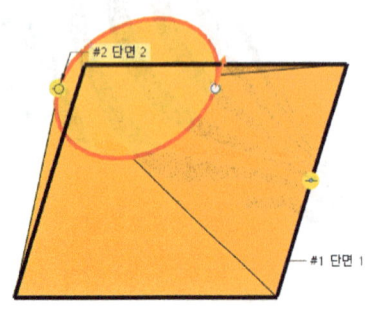

그림 9-21 정점 추가 후 미리보기

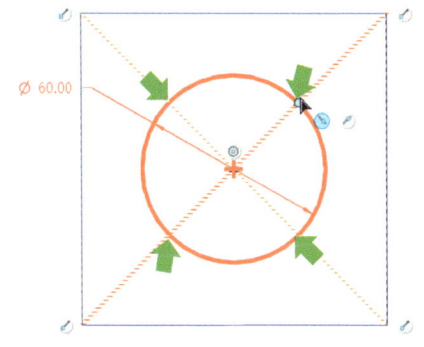

그림 9-22 단면 수정

스케치 수정

원의 스케치를 편집한다. 구성 모드로 대각선을 그린 후 편집 > 나누기 기능을 이용하여 네 곳을 자른다.

블렌드 실행

블렌드 기능을 실행하고 두 개의 단면을 선택한다. 정점의 개수는 맞지만 꼬여서 생성된다. 각 단면의 화살표 시작 위치를 확인하고 드래그 하여 맞춘다. 그림 9-24와 같이 완성된다.

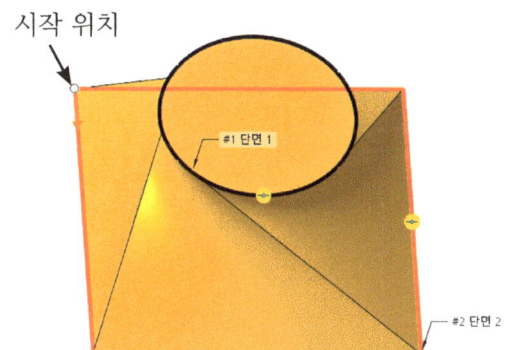 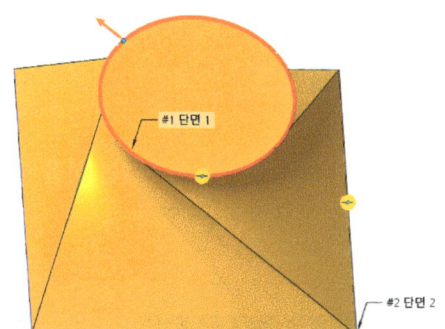

그림 9-23 시작 위치

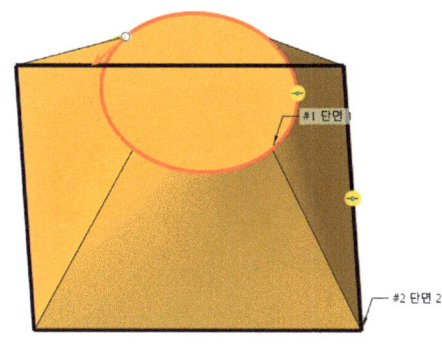 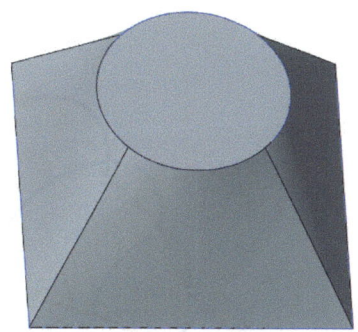

그림 9-24 완성된 모델

END of Exercise

9.5 스윕 블렌드

스윕과 블렌드를 혼합한 기능이다. 여러 개의 단면을 궤적을 따라 스윕 한다. 단면의 시작 위치와 정점의 개수가 맞아야 한다.

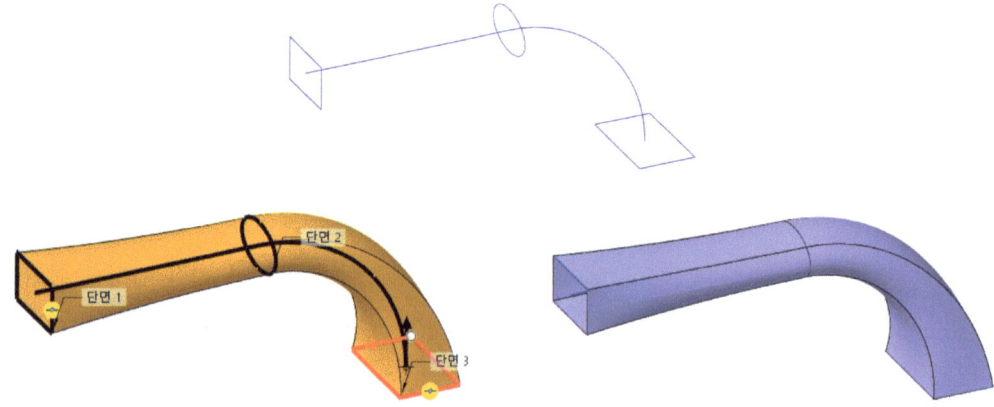

그림 9-25 스윕 블렌드

9.6 경계 블렌드

생성할 서피스의 경계에 해당되는 선을 이용하여 서피스를 생성한다. 서피스 내부의 형상을 제어할 커브를 이용할 수도 있다.

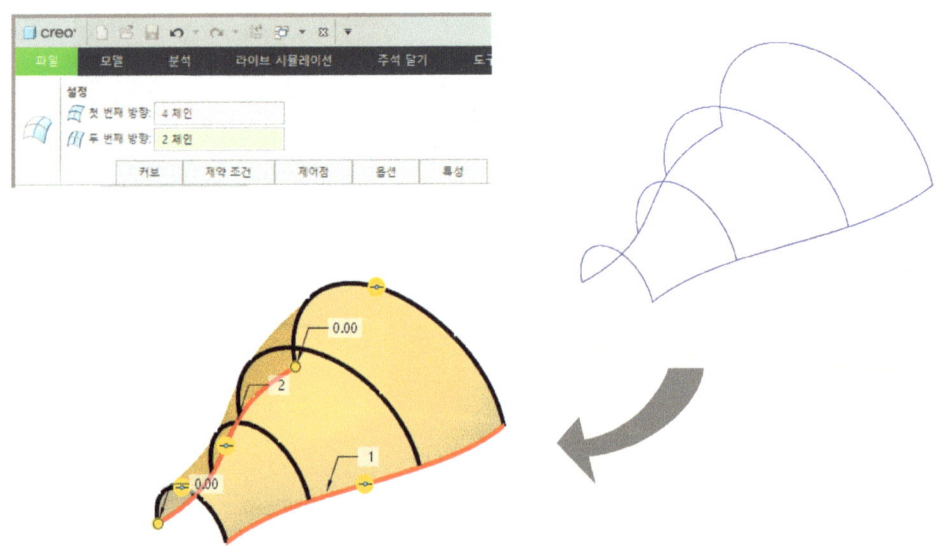

그림 9-26 경계 블렌드

경계 블렌드와 솔리드로 채우기 **Exercise 03**

경계 블렌드 서피스를 생성하기 위한 커브를 만들어 보고, 솔리드화 하자.

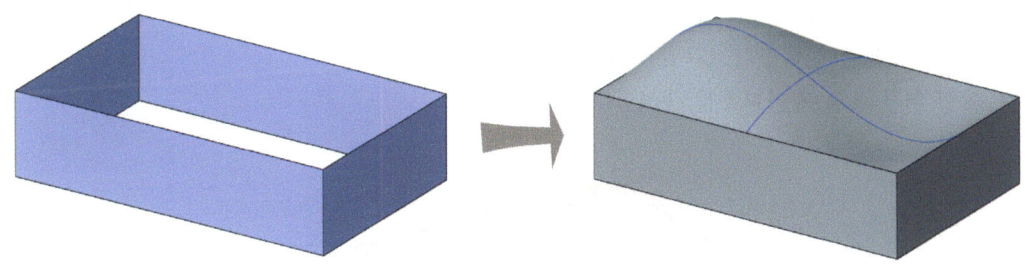

그림 9-27 생성할 모델

점 생성 후 첫 번째 스케치 생성

1. 두 개의 기준점을 생성한다. 가운데 평면과 모서리를 선택하면 교차점이 생성된다.
2. 가운데 평면 (Front)에 스케치를 생성한다. 스플라인 기능을 이용하여 비슷한 모양의 커브를 생성하도록 한다. 양 끝 점은 반드시 통과점으로 선택하여야 한다.

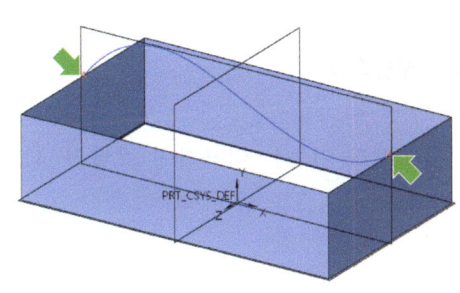

그림 9-28 첫 번째 스케치

점 생성 후 두 번째 스케치 생성

같은 방법으로 그림 9-29와 같이 세 개의 교차점을 생성한 후 세 점을 통과하는 호를 생성한다.

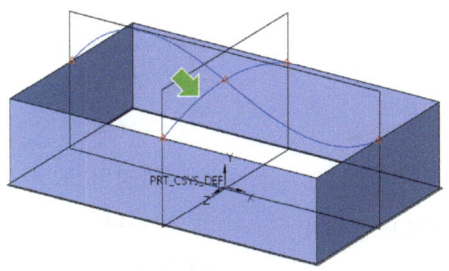

그림 9-29 두 번째 스케치

경계 블렌드 1

1. 경계 블렌드 아이콘을 누르고 첫 번째 방향 커브를 선택한다. Ctrl 키를 누르고 한 방향으로 3 개 커브를 선택한다. (그림 9-30의 빨간색)
2. 경계 블렌드 설정에서 두 번째 방향 선택 영역을 클릭하고 Ctrl 키를 누른 상태로 다른 방향의 3개 커브를 선택한다. (그림 9-30의 검은색)
3. 확인 버튼을 눌러 서피스를 생성한다.

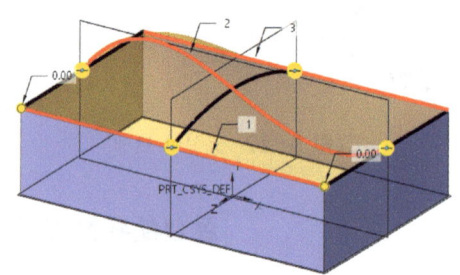

그림 9-30 경계 블렌드

경계 블렌드 2

경계 블렌드 기능을 이용하여 그림 9-31과 같이 바닥 서피스를 생성한다.

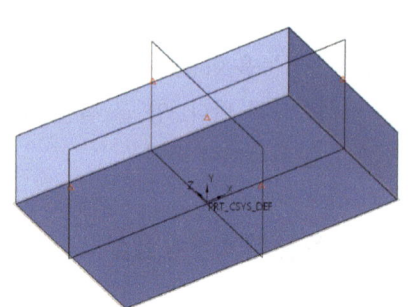

그림 9-31 바닥 서피스

병합

1. Ctrl 키를 누르고 생성된 서피스를 모두 선택한다. 모델 트리에 선택한다. 서피스 들이 순차적으로 연결되도록 순서를 정해 선택해야 한다.
2. 모델 > 편집 > '병합' 아이콘을 눌러 병합한다. 오류가 발생한다면 서피스 선택 순서를 다시 생각한다.

여기까지의 모델 상태는 안이 비어 있는 시트 바디다. 그림 9-32와 같이 단면을 확인해 보자.

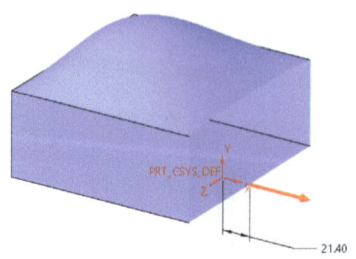

그림 9-32 시트 바디의 단면 표시

솔리드화

1. 모델 트리에서 병합 피쳐를 선택한다.
2. 모델 > 편집 > '솔리드화' 아이콘을 누른다.
3. 설정에 '솔리드로 채우기'가 선택되어 있다. 현재 솔리드 바디가 없기 때문에 '재료 제거'는 활성화 되지 않는다.
4. 확인 버튼을 누른다.

그림 9-33과 같이 솔리드 바디가 생성된다. 단면을 표시해 보자.

그림 9-33 솔리드로 채우기

9 장: 서피스 모델링 개요

Exercise 04

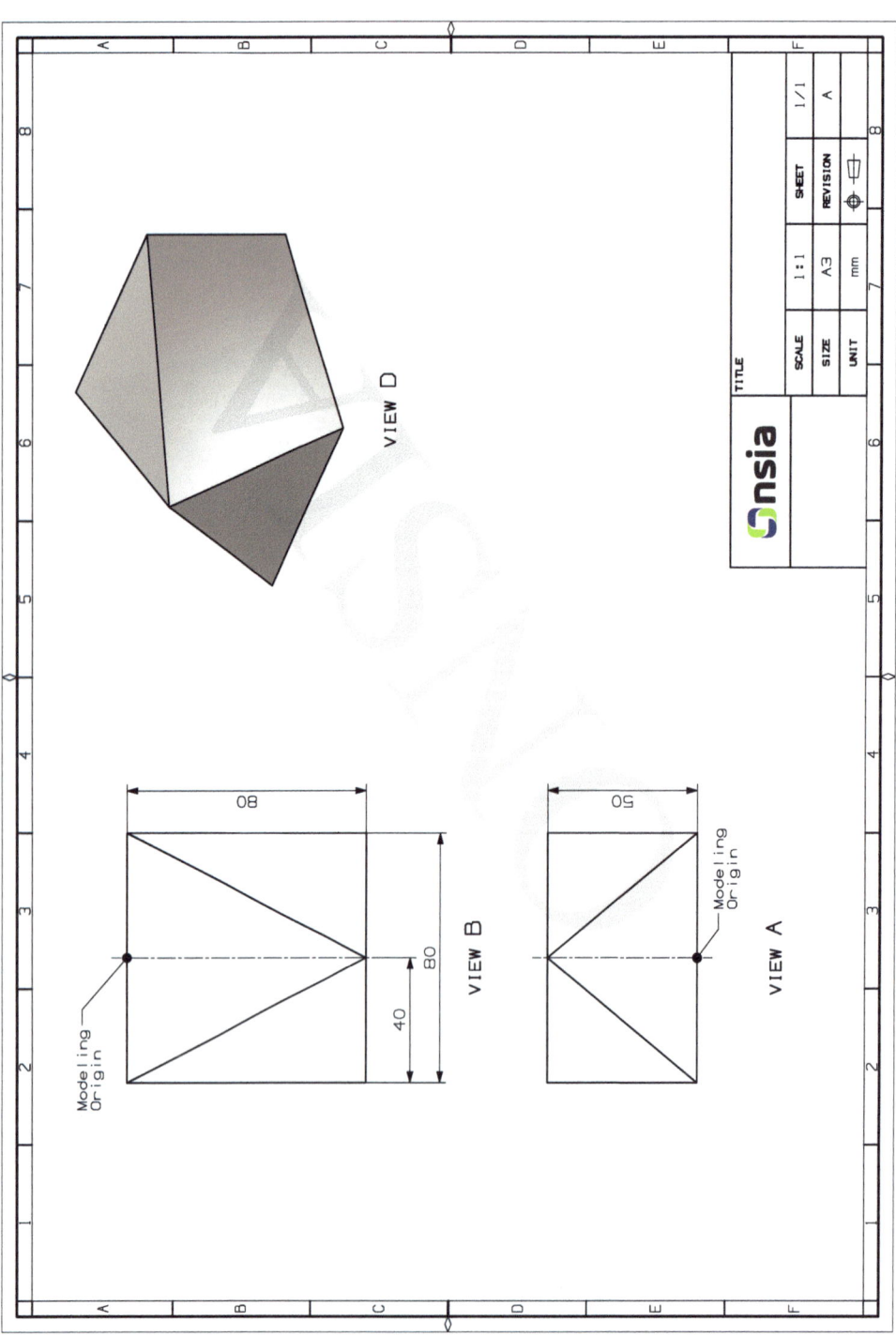

그림 9-34 Exercise 04의 도면

Exercise 05

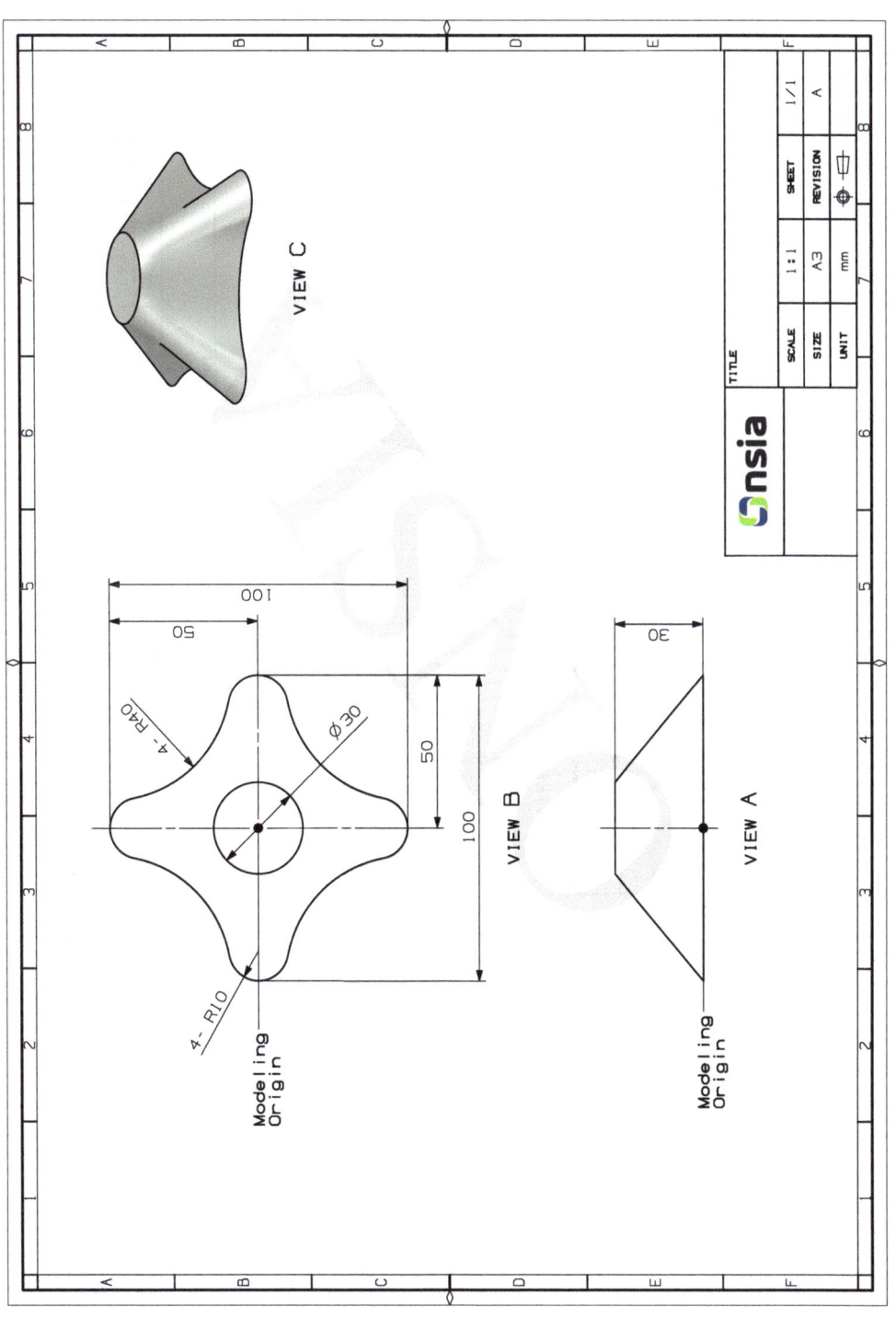

그림 9-35 Exercise 05의 도면

9장: 서피스 모델링 개요

Exercise 06

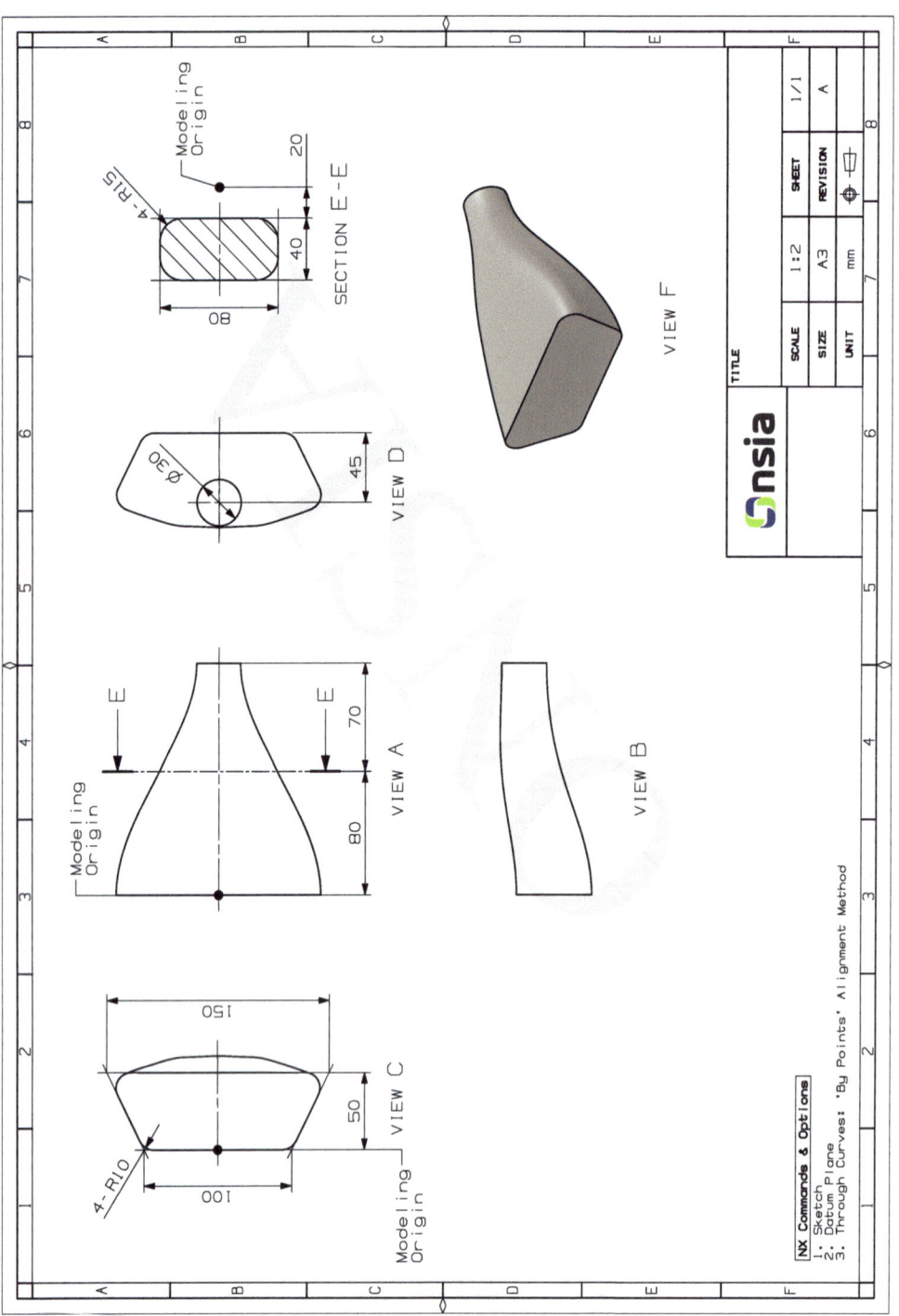

그림 **9-36** Exercise 06의 도면

Exercise 07

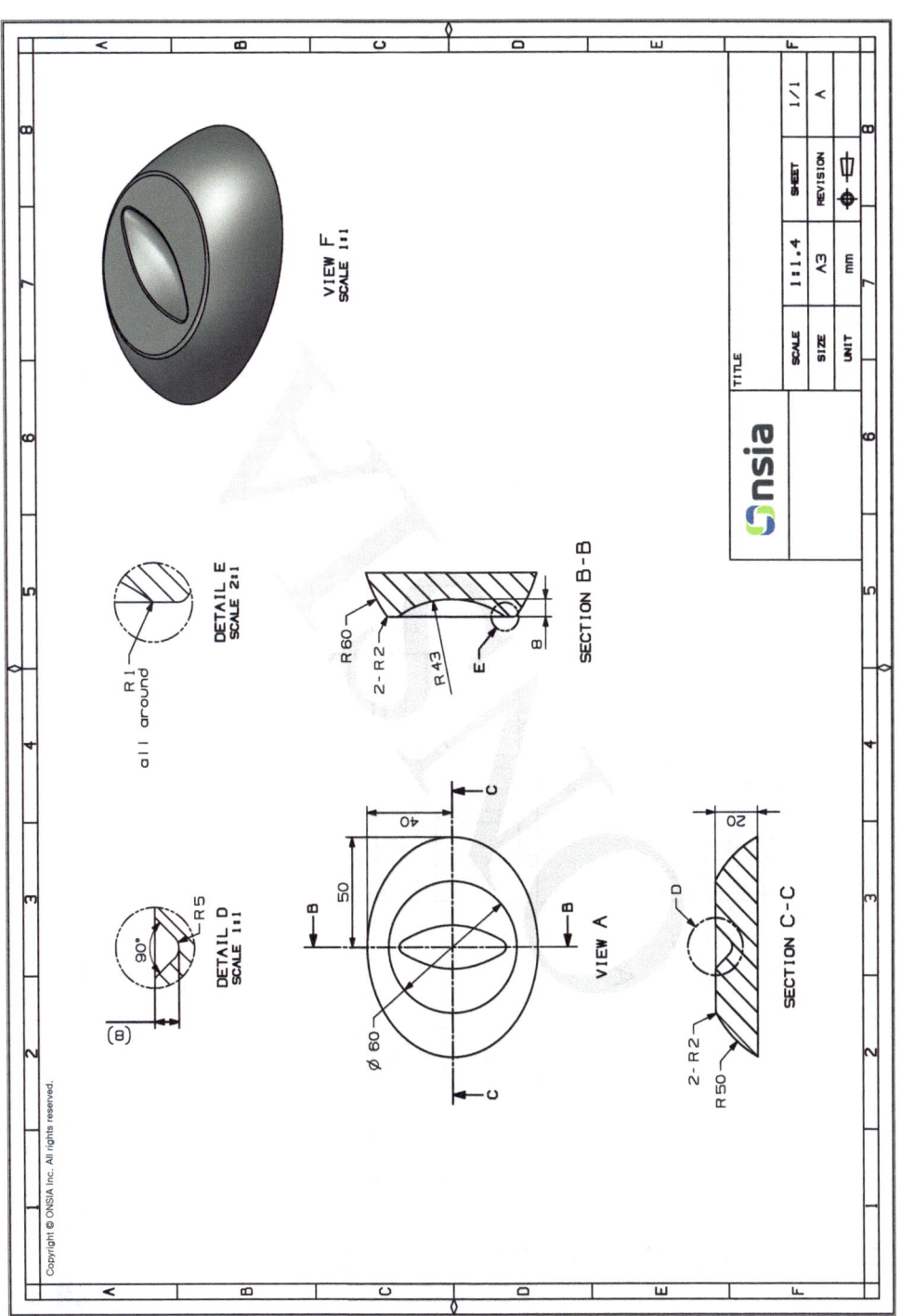

그림 9-37 Exercise 07의 도면

Exercise 08

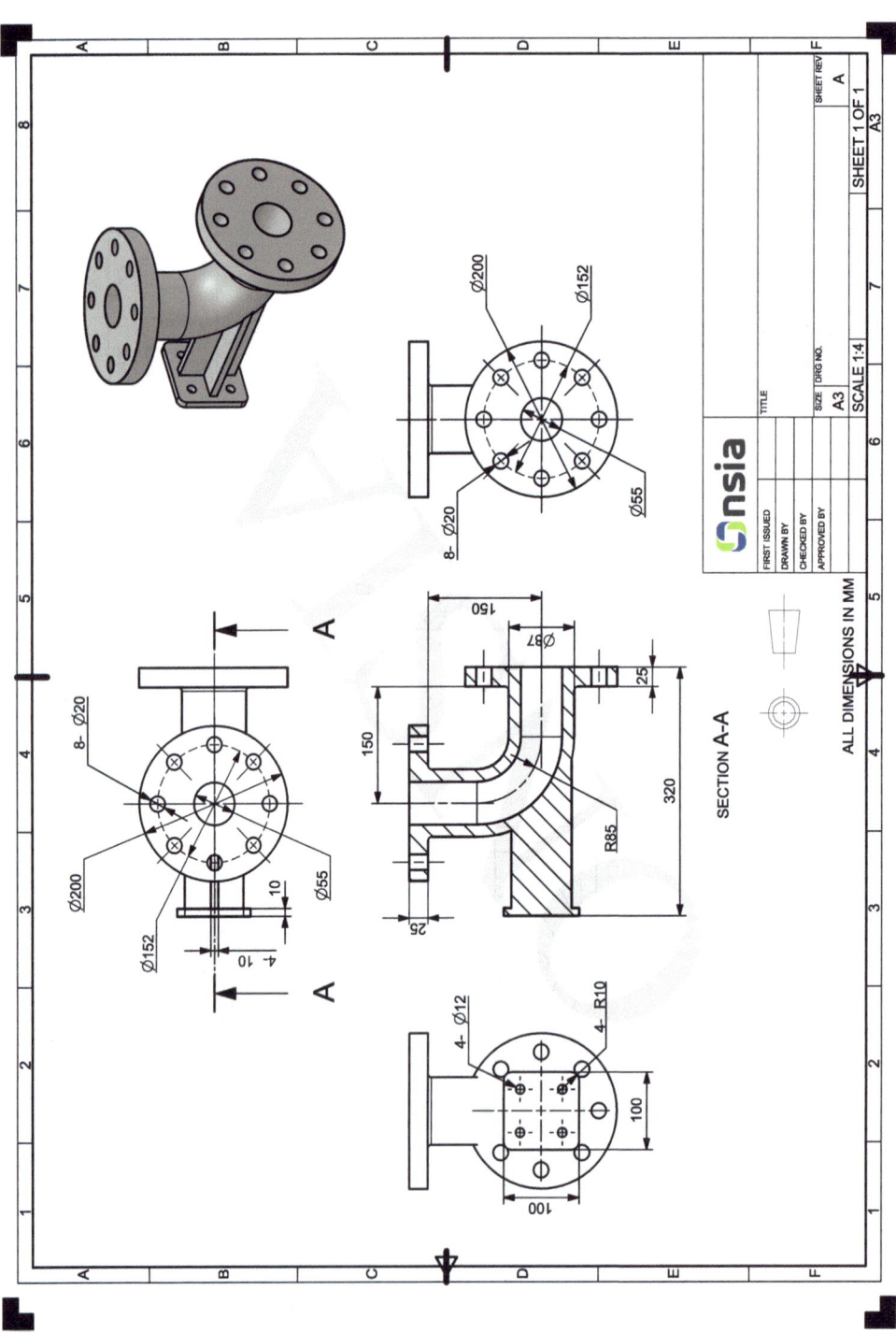

그림 **9-38** Exercise 08의 도면

Exercise 09

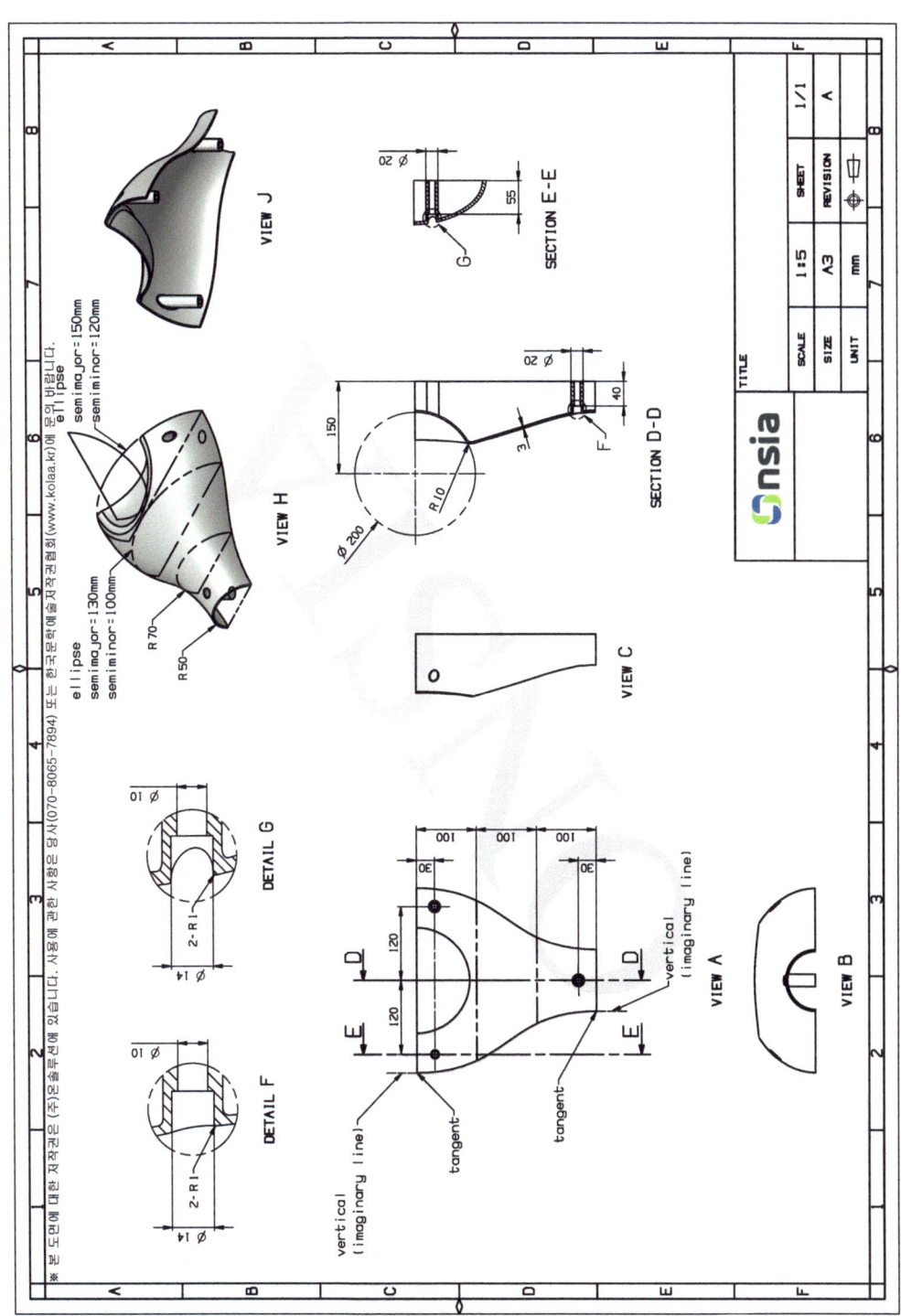

그림 9-39 Exercise 08의 도면

9 장: 서피스 모델링 개요

(빈 페이지)

Chapter 10
어셈블리 I
(상향식 어셈블리)

■ 학습목표

- 어셈블리의 필요성에 대하여 이해한다.
- 어셈블리를 구성할 수 있다.
- 부품을 이동시키고, 제약 조건을 이용하여 부품의 위치나 방향을 정하는 방법을 배운다.
- 부품의 표시 방법을 배운다.

10.1 어셈블리의 이해

일상적으로 사용하는 제품은 여러 가지 부품으로 이루어져 있다. 부품의 모델링이 끝나면 각 부품을 제작할 것이고, 조립하여 성능을 테스트하고 최종 제품으로서의 손색이 없는 것으로 판단되면 소비자들에게 판매된다.

설계 단계에서 단품을 모델링 한 후 바로 제작을 한다면 조립이나 테스트에서 문제가 생길 경우 단품 설계부터 제작을 다시 해야 하는 어려움이 있다.

컴퓨터를 이용하여 조립을 미리 해 보면서 부품들끼리 간섭 없이 잘 조립되는지, 최종 형상이 계획 한대로 나오는지, 전체 무게가 적절한지, 무게 중심은 어디에 있는지 등을 확인할 수 있다면 설계 오류로 인한 손실을 줄일 수 있을 것이다.

10.2 어셈블리 개념과 용어

10.2.1 Bottom-Up(상향식) 어셈블리 모델링

개별적으로 만들어져 있는 파트들을 이용하여 어셈블리를 구성하는 과정을 Bottom-Up 어셈블리 모델링이라고 한다. 그림 10-1을 볼 때 A, B, C, D, E, F 부품을 모두 생성한 다음 Top 이라는 어셈블리를 만드는 방식이 이에 해당된다.

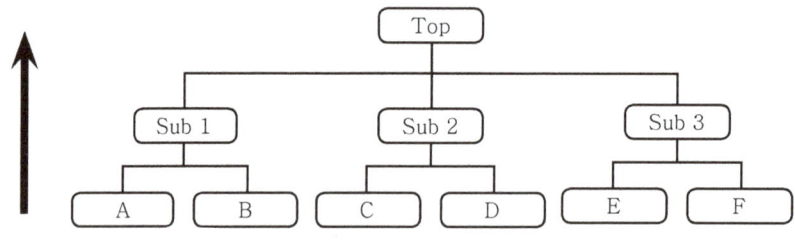

그림 10-1 Bottom-Up 어셈블리 개념도

10.2.2 Top-Down(하향식) 어셈블리 모델링

일부 부품으로 어셈블리를 생성한 후 나머지 부품을 모델링 하는 방식을 Top-Down 어셈블리 모델링이라고 한다. 그림 10-2를 볼 때 A, B, C, E, F 부품을 이용하여 Top 이라는 어셈블리를 구성한 후 다른 부품의 형상을 참조하면서 비어 있는 부분의 부품(D)을 모델링하게 된다. 없는 부품을 만드는 경우도 있고, 이미 존재하는 부품을 다른 부품을 참조하면서 수정하는 경우도 있다.

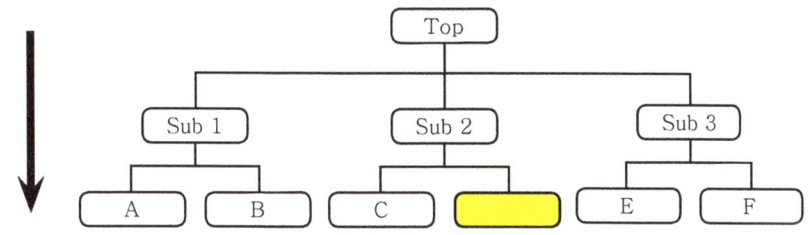

그림 10-2 Top-Down 어셈블리 개념도

10.2.3 파트

단독으로 생성한 3차원 형상을 말한다. 9장까지 다룬 내용은 파트를 생성하는 방법에 대한 부분이다. 모델을 생성한 단계적 방법이 피쳐의 개념으로 파일에 저장된다.

10.2.4 컴포넌트(부품)

어셈블리 안에 넣은 파트를 말한다. 어셈블리에서 보이는 형상은 부품이며 독립적인 위치와 외양을 갖는다. 어셈블리 파일에는 그 어셈블리가 어떤 부품으로 구성되어 있는지와 각 부품의 위치, 외양에 대한 정보가 저장된다. A, B, C, D, E, F가 이에 해당된다.

10.2.5 하위 어셈블리(서브 어셈블리)

어셈블리 안에 들어 있는 어셈블리를 하위 어셈블리라 한다. Sub1, Sub2, Sub3가 이에 해당된다.

10.3 어셈블리 생성

어셈블리 생성이라 하면 Bottom-Up 방식을 이용하여 조립하는 과정을 주로 의미한다. 부품의 이동이나 제약 조건을 이용하여 위치, 방향을 정한다.

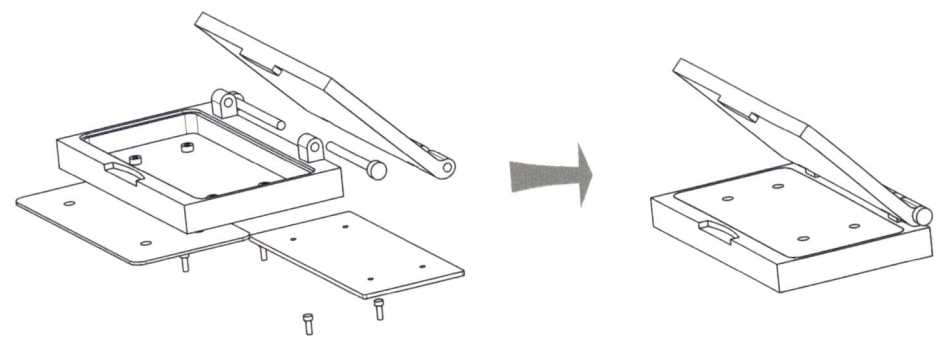

그림 10-3 어셈블리 생성

10.3.1 어셈블리 파일 생성 및 부품 추가

어셈블리 파일 생성

1. 홈 탭에서 새로 만들기 아이콘을 누른다.
2. 유형과 하위 유형을 선택하고 파일 이름을 입력한다.
3. '기본 템플릿 사용' 옵션을 해제하고 '확인'을 누른다.
4. 그림 10-5와 같이 템플릿을 선택하고 '확인'을 누른다.

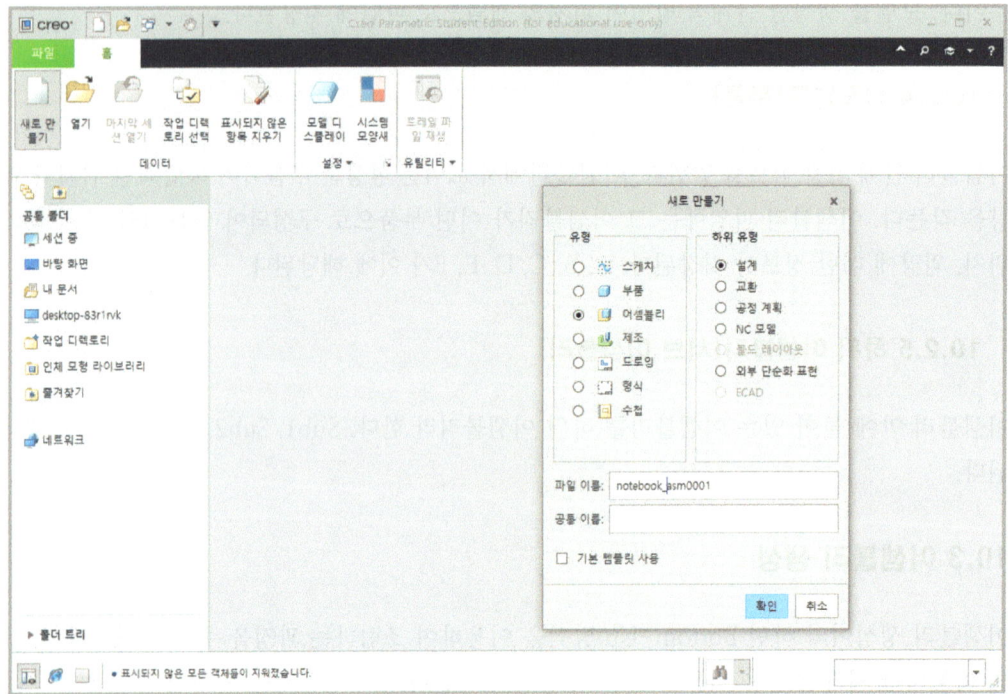

그림 10-4 새 파트 만들기

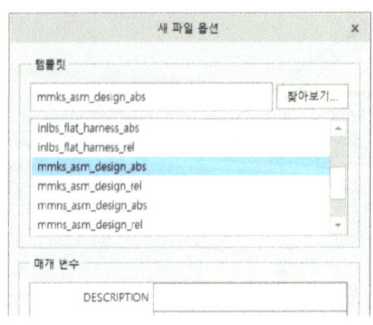

그림 10-5 템플릿 선택

컴포넌트 추가

1. 리본바의 모델 탭 > 컴포넌트 > '어셈블' 아이콘을 누른다.
2. 실습용 파일 폴더 > ch10 > deck.prt를 선택하고 '열기' 버튼을 누른다.

여기까지 수행한 화면은 그림 10-7과 같다. '배치'탭이 선택되어 있고 '제약 조건 활성화' 옵션이 선택되어 있으며 제약 조건 유형으로 '자동'이 선택되어 있다.

3. '컴포넌트 배치' 리본바에서 '확인' 버튼을 누른다.

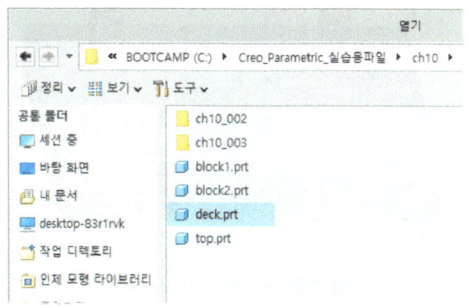

그림 10-6 부품 파트 선택

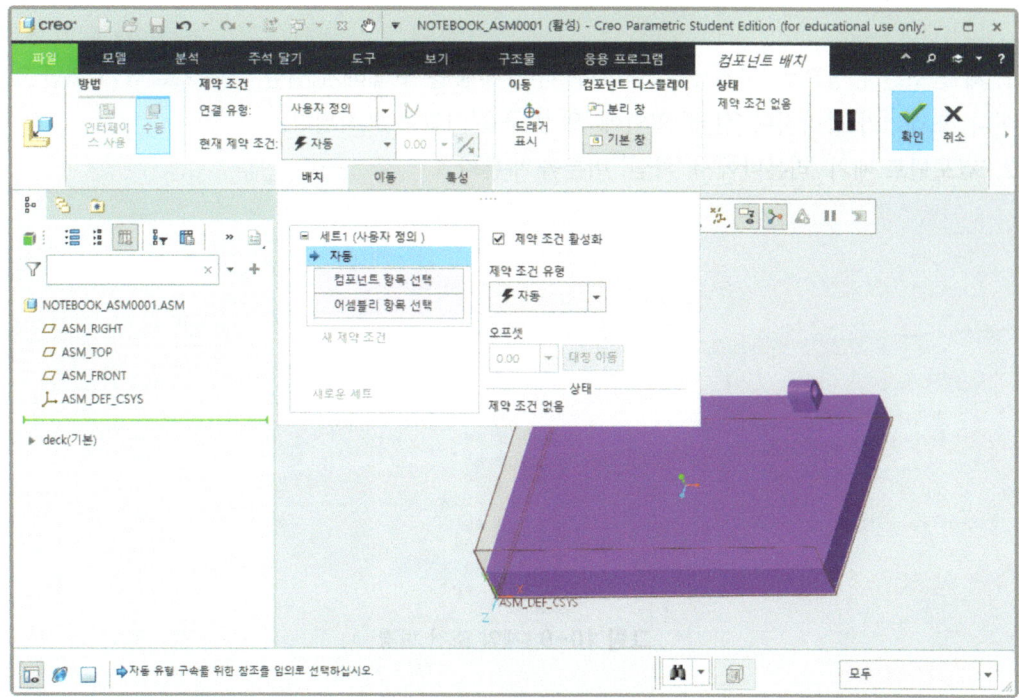

그림 10-7 부품을 추가한 상태

드래거

1. 탐색 트리에서 deck를 선택한 후 팝업 메뉴에서 '정의 편집'을 선택한다.
2. "컴포넌트 배치" 리본바에서 '드래거 표시' 버튼을 누른다. 그림 10-8과 같이 컴포넌트에 드래거가 표시된다. 각 방향의 이동과 회전이 가능함을 알려 준다. 화살표를 드래그 하여 이동시킬 수 있고, 호를 선택하여 회전시킬 수 있다. Ctrl + Alt + 마우스 좌클릭 하여 드래그 하면 회전 및 이동 시킬 수 있고, Ctrl + Alt + 우클릭하여 드래그 하면 이동시킬 수 있다. Ctrl + Alt + 마우스 가운데 버튼을 누르고 드래그 하면 회전된다.

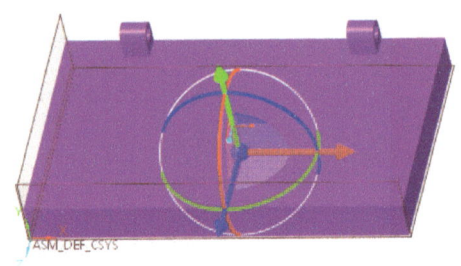

그림 10-8 제약 조건 변경

제약 조건 변경

1. 제약 조건 유형으로 '고정'을 선택한다. 다른 부품을 구속하기 위한 기준으로 삼기 위한 것이다. 드래거가 사라지며 '상태' 영역에 '완전 구속'이라고 표시된다.
2. '컴포넌트 배치' 리본바에서 '확인' 버튼을 누른다.

그림 10-9 제약 조건 변경

여기까지 진행했을 때 다음 사항에 주목하기 바란다.

❶ 컴포넌트를 추가하면서 제약조건을 적용한다. 제약 조건을 변경하려면 컴포넌트 정의 편집 메뉴를 이용한다.
❷ 구속의 기준 부품에 "고정" 구속을 적용한다.
❸ 드래거를 이용하여 구속이 덜 되었음을 알 수 있으며 이동, 회전이 가능한 방향으로 드래그하여 위치나 방향을 변경할 수 있다.
❹ 완전 구속 여부를 '배치' 옵션에서 알 수 있다.

Top 컴포넌트 추가

1. '어셈블' 아이콘을 누르고 Top 컴포넌트를 선택한다.
2. 드래거를 이용하여 적당한 곳으로 이동시킨다.
3. 제약 조건 유형으로 '일치'를 선택한다.
4. 첫 번째 대상으로 그림 10-10의 ❹ (원통 서피스)를 선택하다.
5. 두 번째 대상으로 그림 10-10의 ❺ (원통 서피스)를 선택한다. 원통 서피스의 중심선이 일치되며 4개의 자유도가 비활성화 된다. 축방향 이동과 회전만 가능하다. 이동 화살표를 드래그 하여 적당한 위치로 이동시킨다.

'배치' 탭의 상태 메시지는 '부분 구속'임을 확인한다.

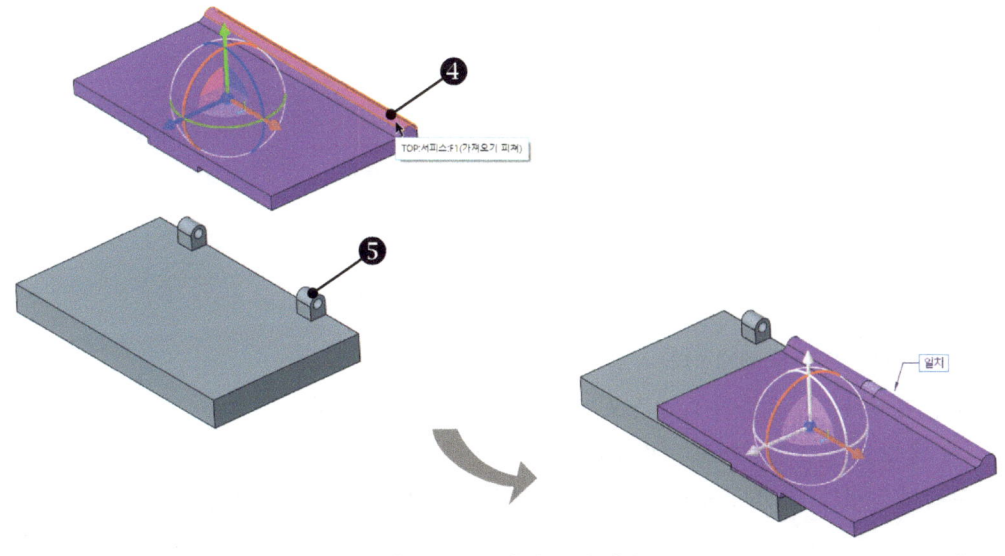

그림 10-10 일치 조건 적용

제약 조건 추가

1. '배치' 탭에서 "새 제약조건"을 클릭한다.
2. 제약 조건 유형으로 '자동'이 선택되어 있음을 확인한다.
3. 그림 10-11의 평면을 차례로 선택한다. 순서는 상관 없다.
4. 제약 조건 유형이 '일치'로 변경됨을 확인한다.
5. 두 평면이 일치되고 드래거가 사라진다.

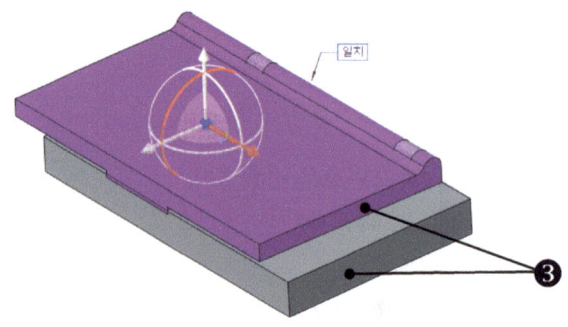

그림 10-11 자동 구속

가정(Assumption) 허용

평면 일치로 축 방향 이동만 구속 하였는데 회전 구속까지 비활성화 되고 완전 구속 되었다. 이는 '가정 허용' 옵션이 적용되었기 때문이다. 이 옵션을 이용하면 회전 자유도를 따로 구속할 필요가 없다.

그림 10-12 가정 허용 옵션

1. '가정 허용' 옵션을 해제한다. 부분 구속으로 표시된다.
2. 회전 드래거를 이용하여 Top 컴포넌트를 적당히 회전 시킨다.
3. '새 제약 조건'을 클릭하고 그림 10-13과 같이 두 평면 사이에 45°의 각도를 적용한다.
4. 구속의 상태가 '완전 구속'임을 확인하고 리본바에서 '확인' 버튼을 누른다.

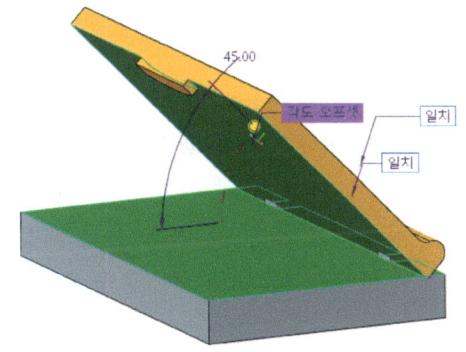

그림 10-13 각도 오프셋 구속

10.3.3 파일 관리

어셈블리 파일을 저장하고 닫으면 세션 중에 그림 10-14와 같이 세 개의 파일이 나타난다. 이는 어셈블 할 때 컴포넌트 파트가 열린다는 것을 의미한다. 다시 말하면 어셈블리에 컴포넌트를 추가하면 그 파트를 모델링 한 데이터가 모두 추가되는 것이 아니라 파트 파일을 열어 형상을 표시하는데 필요한 정보만을 가져온다. 따라서 어셈블리에서 컴포넌트를 표시하려면 파트 파일도 함께 가지고 있어야 한다. 보통 어셈블리 파일과 파트 파일은 같은 폴더에 관리한다.

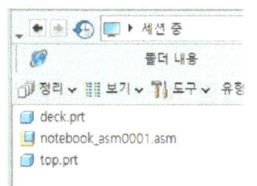

그림 10-14 세션 중

10.3.2 어셈블리 모델링의 주요 기능

어셈블리에서 수행할 수 있는 주요 기능이다.

① 어셈블리 생성: 부품이나 서브 어셈블리를 이용하여 어셈블리를 구성한다.
② 구속: 부품의 위치, 방향을 정한다.
③ 간섭 체크: 부품의 형상이 중첩되는 부분이 있는지 검사한다.
④ 파트 모델링: 다른 부품의 형상을 이용 또는 참조하여 새로운 파트를 모델링한다.
⑤ 어셈블리의 분해: 조립도를 생성하기 위하여 어셈블리를 분해한다.

10.3.4 부품 복사 및 추가

어셈블리에 추가되어 있는 부품을 여러 개 사용할 경우 복사할 수 있다. 부품을 선택한 후 Ctrl + C 하여 복사한 후 Ctrl + V 하여 붙여넣기 한다. 활성화 된 어셈블리에 추가된다.

원본 컴포넌트에 제약조건이 적용되어 있을 경우 붙여넣기 할 때 인터페이스 사용 옵션을 적용할 수 있다. 이 옵션을 사용하면 제약조건을 바로 적용할 수 있다. '수동' 옵션을 사용하면 제약 조건 없이 같은 위치에 추가된다.

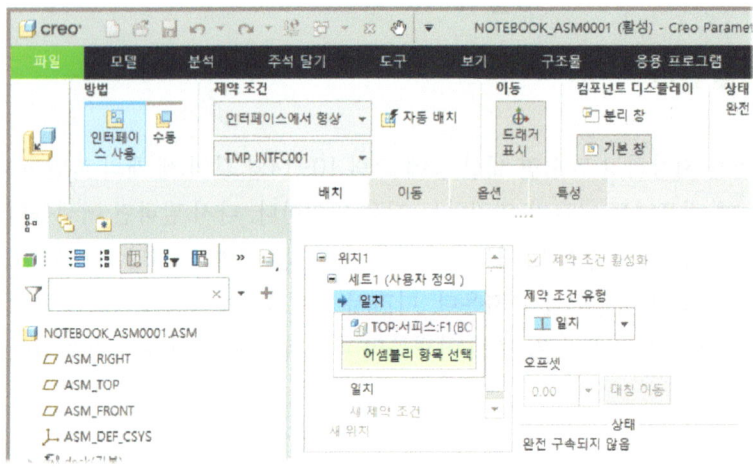

그림 10-15 붙여넣기 적용

어셈블리에 추가되어 있지 않은 부품을 추가하려면 컴포넌트 탭에서 '어셈블' 아이콘을 누른다.

10.3.5 부품 삭제

삭제하고자 하는 부품을 선택한 후 Delete 키를 누른다. 그림 10-16의 메시지가 나타나고 '확인'을 눌러 삭제할 수 있다.

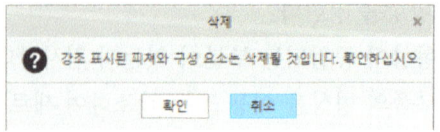

그림 10-16 삭제 확인 메시지

10.3.6 제약 조건 삭제

모델 트리에서 부품을 선택하고 팝업 메뉴에서 '정의 편집'을 선택하면 컴포넌트 배치가 실행되고 '배치' 탭에서 구속 항목에 우클릭 〉 삭제를 선택하여 제약 조건을 삭제할 수 있다. 우클릭 〉 사용 안함을 선택하면 해당 구속이 적용되지 않으며 드래거를 이용하여 이동 또는 회전시킬 수 있다. 제약 조건을 다시 사용하려면 오른쪽에서 '제약 조건 활성화'를 체크하면 된다.

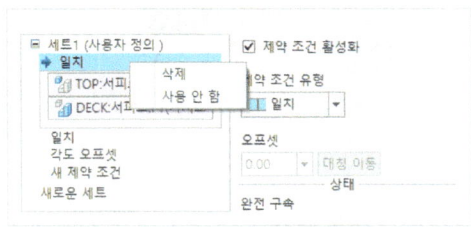

그림 10-17 제약 조건 삭제/사용 안함

10.3.7 컴포넌트 끌기

모델 탭 〉 컴포넌트 그룹 〉 컴포넌트 끌기 기능을 이용하여 구속되지 않은 방향으로 컴포넌트를 끌기 할 수 있다. 포인트 끌기를 하면 컴포넌트 상에 점을 선택하여 이동 및 회전이 가능하며 강체 끌기를 선택하면 컴포넌트 전체를 이동만 가능하다.

그림 10-18 컴포넌트 끌기

10.3.8 바람직한 구속

1. 고정되어 있거나 구속 되어 있는 부품에 대하여 구속한다.
2. 가능한 하나의 상대 부품에 대하여 구속한다.
3. 그림 10-19와 같은 구속의 네트워크가 닫힌 루프를 형성하지 않도록 한다.

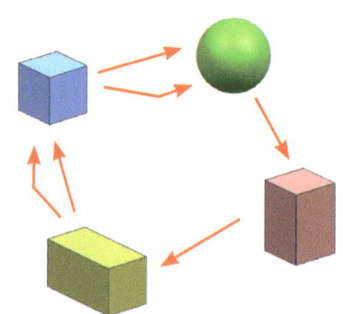

그림 10-19 구속 네트워크 (닫힌 루프)

Exercise 01 Plummer Block   *Folder: ch10_001*

주어진 파트를 이용하여 제시된 절차에 따라 Plummer Block 어셈블리를 생성하시오.

1. BASE 를 고정하고 그림 10-21과 같이 Brass_Lower를 조립한다. 보이지 않는 서피스를 선택할 때, 컴포넌트 숨기기 기능과 컴포넌트 디스플레이 옵션의 '분리 창', '기본 창' 옵션을 적절히 이용한다. 분리 창에서 서피스를 선택할 수도 있다.

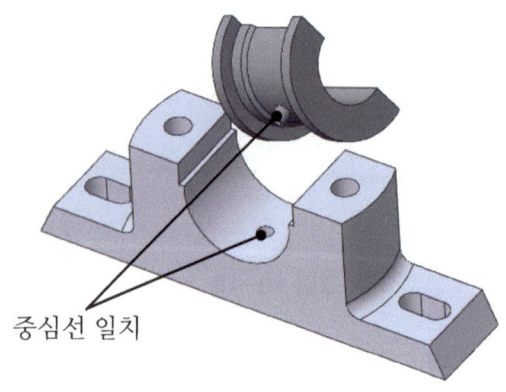

그림 10-20 중심선 일치

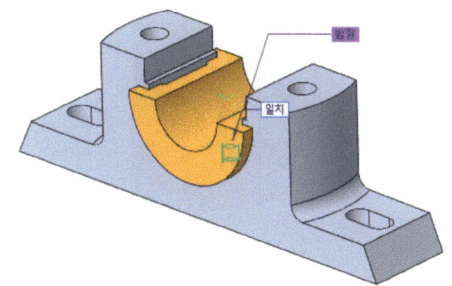

그림 10-21 Brass_Lower 조립

2. 그림 10-22와 같이 Cap을 조립한다. 원통면의 중심이 Brass_Lower의 중심과 일치해야 한다.

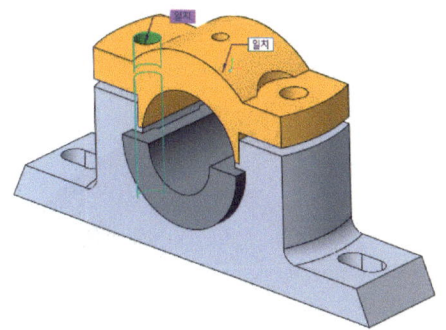

그림 10-22 Cap 조립

3. Brass_Upper를 조립한다. Base와 Brass_Lower는 화면에서 숨긴다. 기본 창에 컴포넌트를 표시하지 않고 분리 창에서 서피스를 선택하여 제약 조건을 적용한다. 여기까지 조립된 상태는 그림 10-24와 같다.

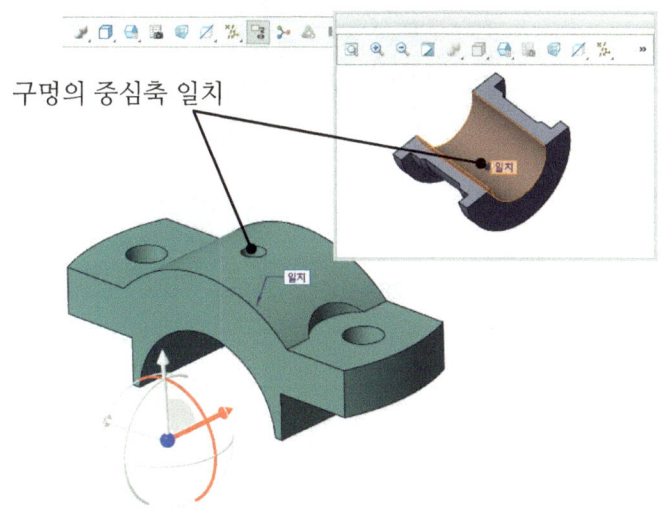

그림 10-23 Brass_Upper 조립

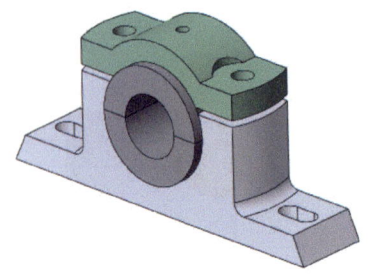

그림 10-24 Brass_Upper 조립

4. Bolt와 Nut, Lock Nut를 조립한다. 볼트를 조립할 때 가정 허용 옵션을 해제하고 머리 부분 사각형 구멍에 맞춰야 한다. Nut와 Lock Nut는 가정 허용 옵션을 적용한다.

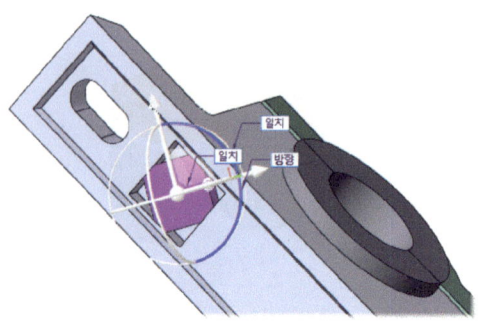

그림 10-25 Bolt가 회전된 상태

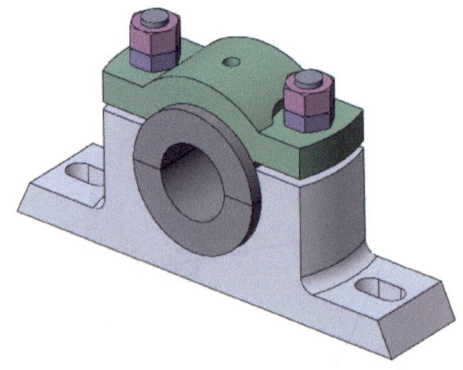

그림 10-26 최종 조립 상태

END of Exercise

10.4 활성화

컴포넌트에 우클릭하여 파트 파일을 활성화 하면 모델을 수정할 수 있다. 어셈블리 파일을 다시 활성화 하여 어셈블 작업을 계속할 수 있다.

그림 10-27 활성화 메뉴

Folder: ch10_002 중심 평면 맞추기 **Exercise 02**

주어진 폴더의 block1과 block2를 컴포넌트로 하여 어셈블리를 구성한다. 각 컴포넌트를 활성화 하여 그림 10-29와 같이 평면을 생성하고 중심을 맞춘다.

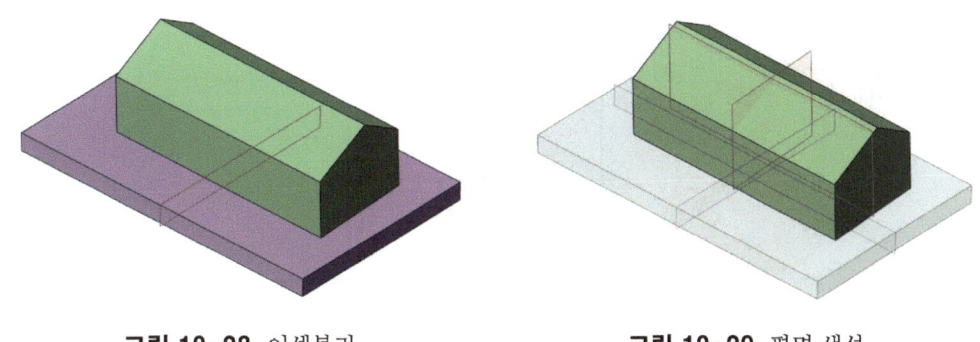

그림 10-28 어셈블리   그림 10-29 평면 생성

END of Exercise

10.5 선택 및 화면 표시

10.5.1 컴포넌트 선택

좌클릭: 일반적인 선택 방법이다. 모델 트리에서 선택할 수도 있고, 선택 필터를 부품으로 하여 작업 화면에서 선택할 수도 있다. 여러 개를 선택하려면 Ctrl 키를 누르고, 하나씩 선택 취소 하려면 Ctrl 키를 누르고 다시 선택하면 된다.

우클릭: 다른 부품으로 가려진 상태에서 안쪽 부품을 선택할 때 우클릭 한다. 다시 우클릭 하면 한 단계 더 안쪽 부품이 하이라이트 된다. 원하는 부품이 하이라이트 되었을 때 좌클릭 하면 부품이 선택된다.

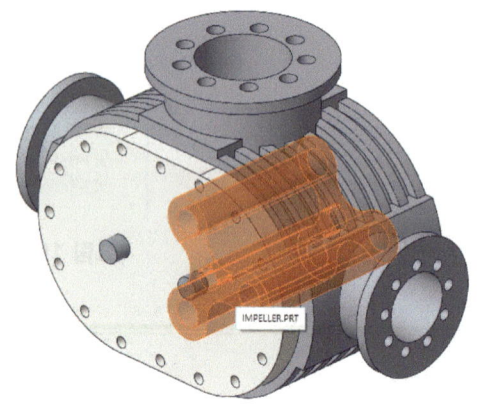

목록에서 선택: 마우스 오른쪽 버튼을 길게 누르면 그림 10-31과 같이 목록에서 부품을 선택할 수 있다.

그림 10-30 우클릭 하여 안쪽 부품 하이라이트

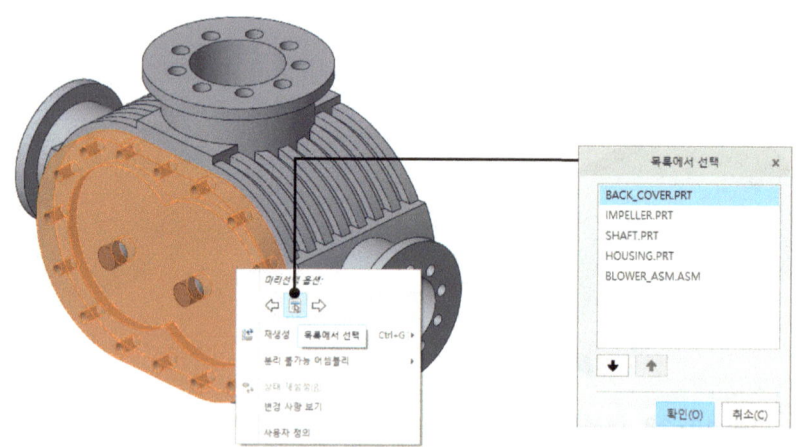

그림 10-31 목록에서 선택

드래그 하여 선택: 왼쪽 위에서 오른쪽 아래로 드래그 하여 사각 박스 안에 있는 컴포넌트를 모두 선택한다. 오른쪽 아래에서 왼쪽 위로 드래그 하여 사각 박스에 일부 걸쳐 있는 컴포넌트를 모두 선택한다.

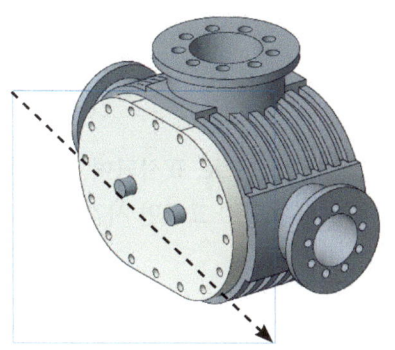 

그림 10-32 드래그 하여 선택

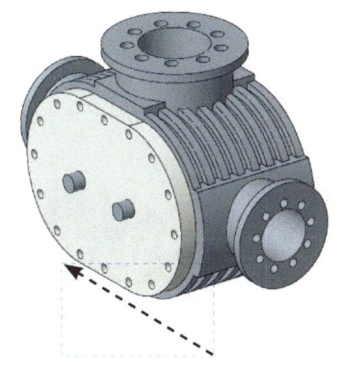 

그림 10-33 드래그 하여 선택

3D 상자 선택: 3D 상자를 이용하여 선택할 수 있다. 다음 단계를 따른다.

① 작업창 오른쪽 아래에 있는 3D 상자 선택 아이콘을 누른다.
② 육면체 상자의 평면 1개를 지정한다. 어셈블리에서 대표 평면을 하나 선택하면 된다.
③ 평면에 사각형을 그린다.
④ 박스의 화살표를 드래그하여 크기를 지정한다.

평면에 사각형을 그릴 때 좌상에서 우하로 그리면 사각형이 실선으로 표시되며 육면체 박스 안에 완전히 들어가 있는 부품이 모두 선택된다. 우하에서 좌상으로 그리면 사각형이 점선으로 표시되며 육면체 박스에 일부 걸쳐 있는 부품이 모두 선택된다.

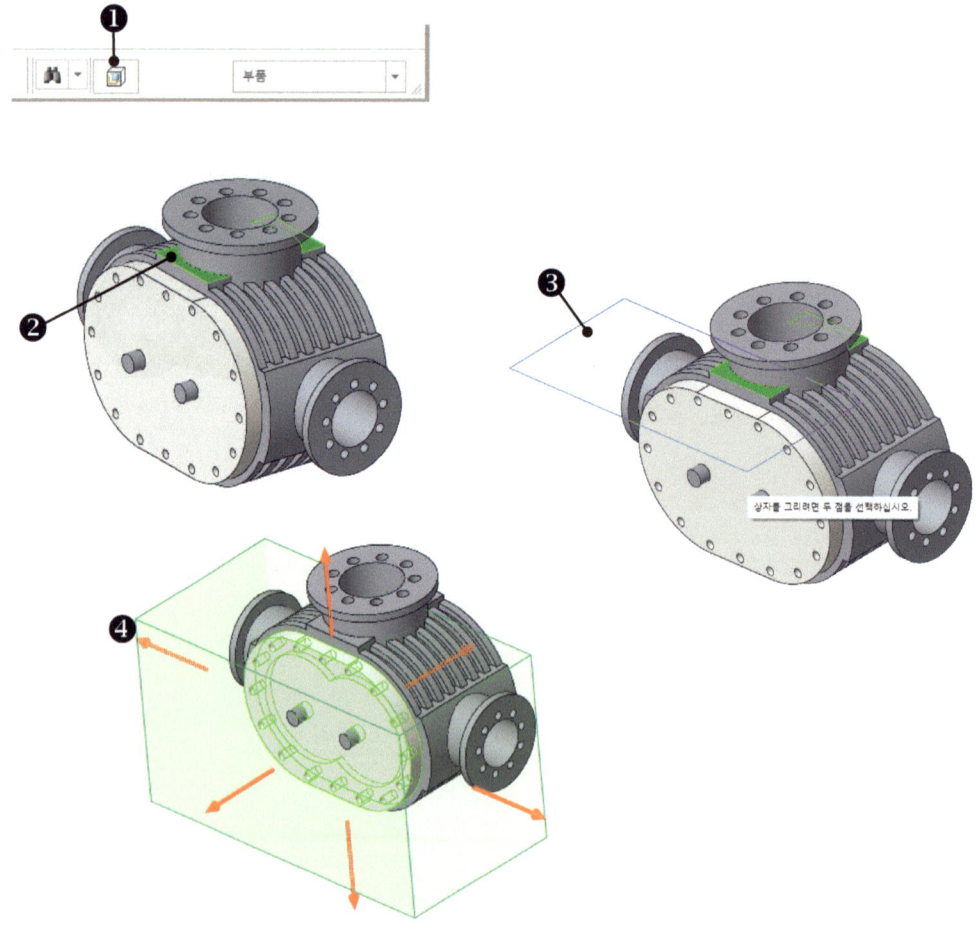

그림 10-34 3D 상자 선택

10.5.2 화면 표시

단축 메뉴에 있는 다음 기능을 이용하여 컴포넌트의 화면 표시 상태를 다양하게 조절할 수 있다.

숨기기: 선택한 부품을 숨긴다.
_표시_: 숨겨진 부품을 표시한다.
다음 항목만 표시: 선택한 부품만 표시하고 나머지는 모두 숨긴다.
다음을 제외한 모든 항목 표시: 선택한 항목을 모두 숨기고 나머지를 모두 표시한다.

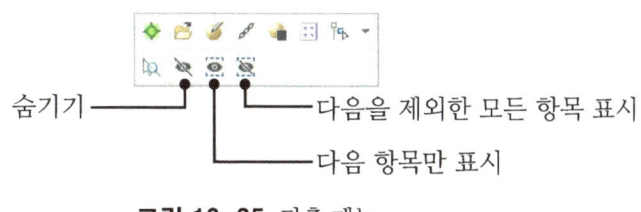

그림 10-35 단축 메뉴

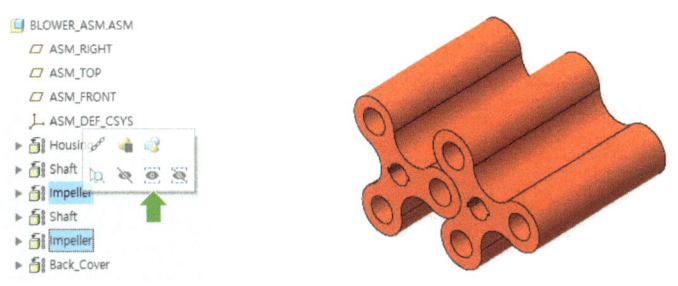

그림 10-36 선택한 항목만 표시하기

Exercise 03 Notebook Assembly

Folder: ch10_003

ch10_003 폴더에 있는 파트를 이용하여 다음 도면을 보고 어셈블리를 생성하시오. 5번 부품이 30도 열린 상태로 조립한다. 어셈블리 파일의 이름은 Notebook_ASM.ASM으로 한다.

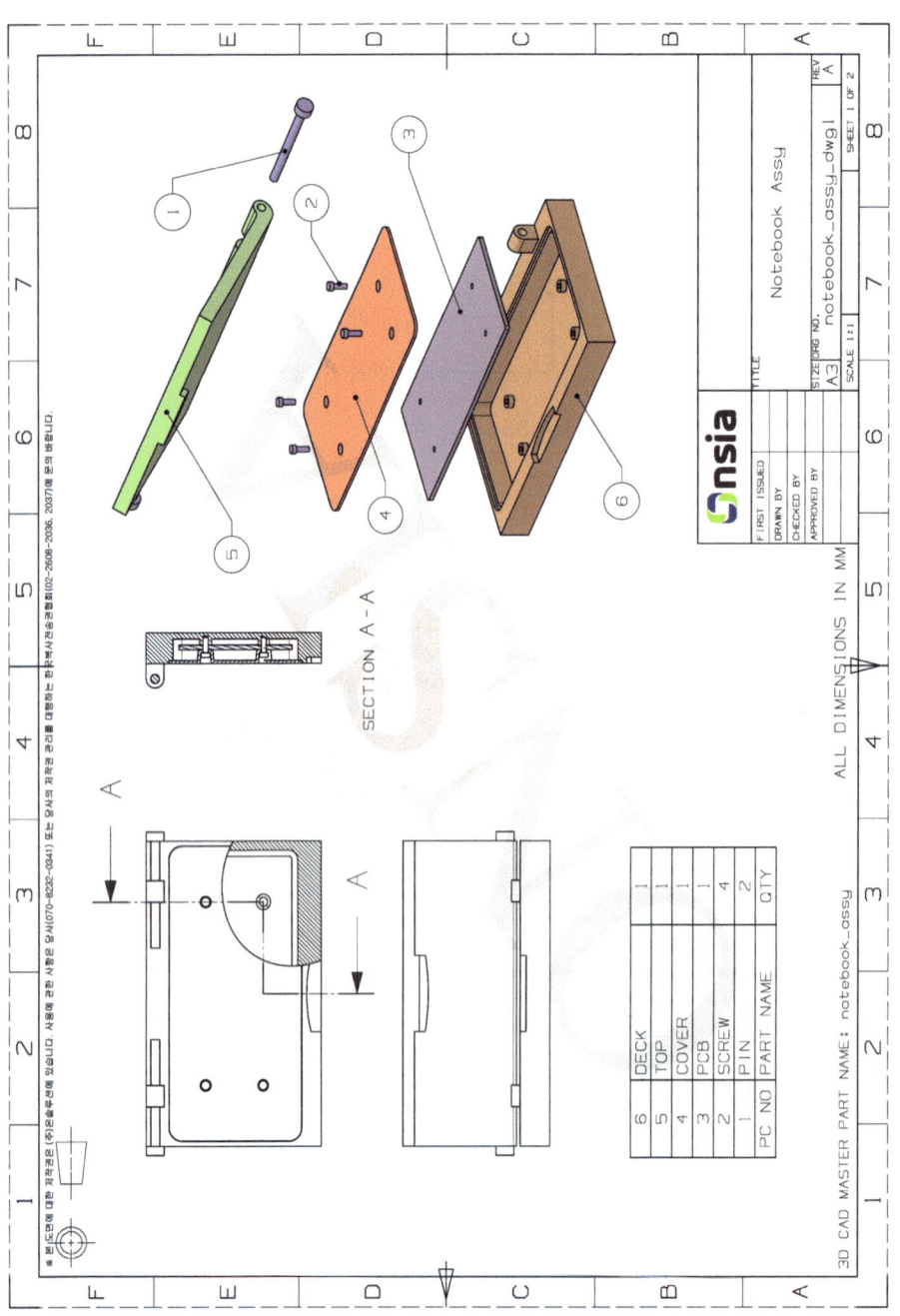

그림 10-37 Notebook Assembly

Folder: ch10_004

Blower 어셈블리 — Exercise 04

ch10_004 폴더에 있는 파트를 이용하여 다음 도면을 보고 어셈블리를 생성하시오. 어셈블리 파일의 이름은 Blower_ASM.ASM으로 한다.

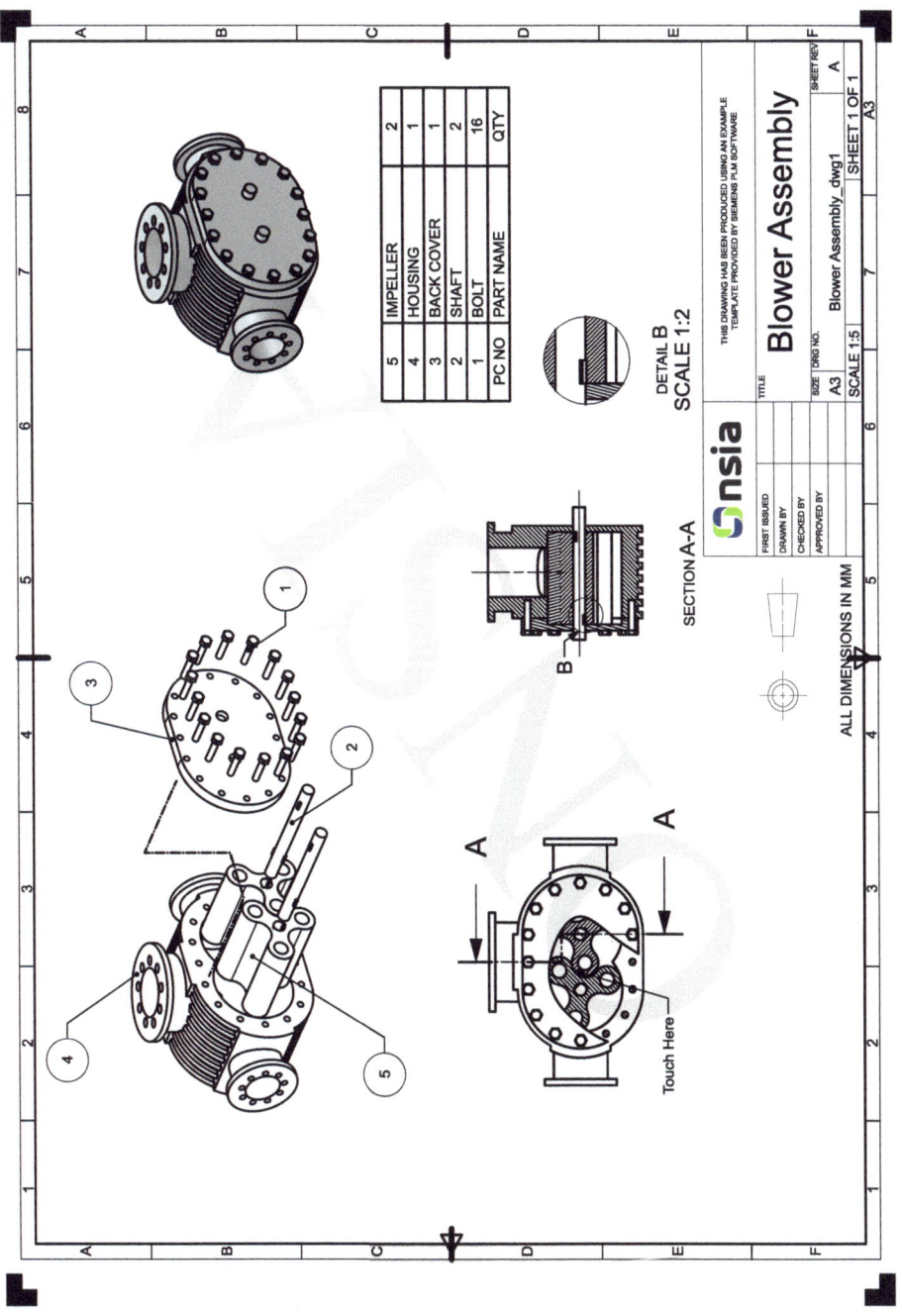

그림 10-38 Blower Assembly

10장: 어셈블리 I (상향식 어셈블리)

(빈 페이지)

Chapter 11
어셈블리 II (하향식 어셈블리)

■ 학습목표

- 어셈블리 상태에서 부품을 편집할 수 있다.
- 간섭을 체크하는 방법을 배운다.
- 어셈블리 환경에서 새로운 파트를 생성할 수 있다.
- 하위 어셈블리를 생성할 수 있다.

11.1 부품 편집

어셈블리 상태에서 파트를 수정하거나 생성하는 과정을 Top-Down 어셈블리 모델링이라고 한다. 부품을 편집하려면 해당 부품을 선택한 후 팝업 메뉴에서 "활성화"를 선택한다. 트리의 부품 심볼에 활성화 표시가 나타난다. "모델" 탭의 기능이 모델링에 적합하게 바뀌며 부품 모델링을 수행할 수 있다. 부품 수정 중에는 그림 11-2와 같이 트리를 펼친다. 부품 수정을 마치면 어셈블리를 활성화 시킨다.

탑다운 어셈블리 모델링을 할 때는 어떤 파일에서 어떤 작업을 수행하는가를 언제나 인지하고 있어야 한다.

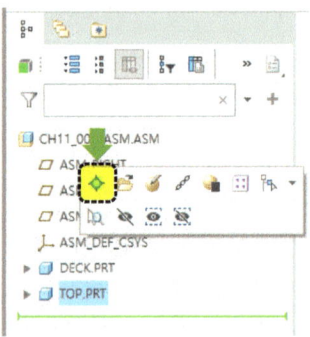

그림 11-1 활성화 메뉴

그림 11-2 파트 편집 상태

ch11_001_asm.asm

파트 수정 **Exercise 01**

주어진 어셈블리 파일을 열어 잘못된 형상을 수정해 보자.

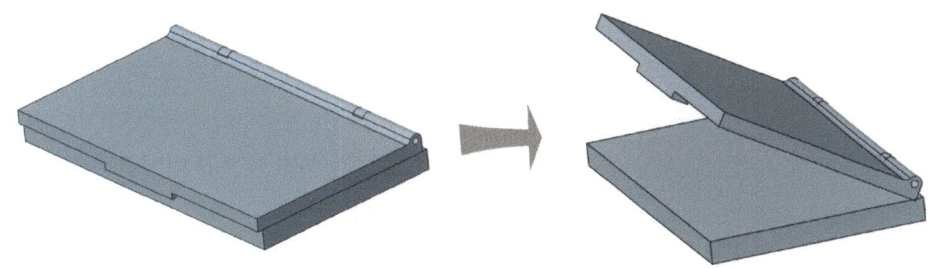

그림 11-3 수정 전과 후

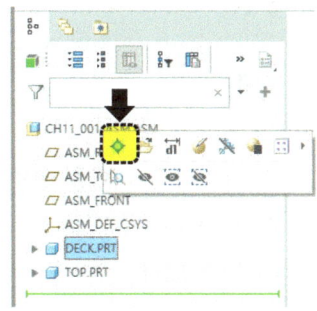

그림 11-4 활성화 메뉴

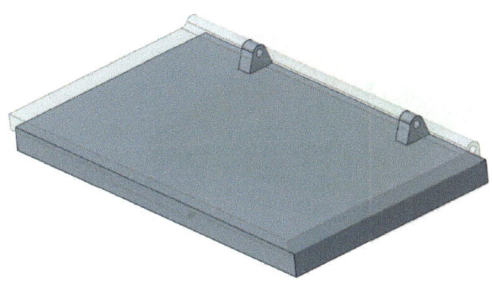

그림 11-5 deck 활성화 상태

부품 편집 상태

1. ch11_001 폴더에서 어셈블리 파일 (ch11_001_asm.asm)을 연다.
2. 힌지 부분의 부품 형상을 확인한다. deck 부품의 힌지부가 직각이어야 한다. 따라서 deck 파트를 수정해야 한다.
3. deck 부품을 선택한다.
4. 팝업 메뉴에서 "활성화"를 선택한다.

확인

1. deck 부품이 그림 11-5와 같이 활성화 된 것을 확인한다.
2. deck 부품의 이력을 펼친다.
3. 롤백 바를 이동시켜 밀어내기 2에서 힌지부를 모델링 했음을 확인한 후 롤백 바를 맨 뒤로 이동시킨다.

11장: 어셈블리 II (하향식 어셈블리)

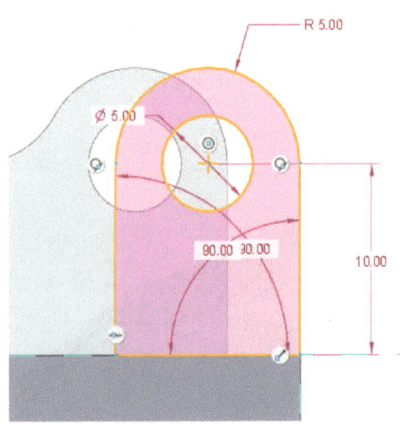

그림 11-6 치수 수정

스케치 수정

1. 모델 트리에서 스케치 2를 선택하고 팝업 메뉴에서 "정의 편집"을 선택한다.
2. 힌지부의 각도 치수 70도를 90도로 수정하고 확인 버튼을 누른다. deck의 형상이 수정된 것을 확인한다. 그러나 조립 상태는 아직 틀리다.
3. 탐색 트리에서 최상위 어셈블리를 선택한 후 "활성화" 한다.
4. "재생성" 버튼을 누른다. 그림 11-7과 같이 어셈블리가 재생성 된다.

그림 11-7 어셈블리

어셈블리 수정

1. 탐색 트리에서 TOP을 선택한 후 "정의 편집"을 선택한다.
2. 배치 옵션의 마지막 "일치"를 선택하여 "각도 오프셋"으로 변경한 후 그림 11-8과 같이 30도 각도가 되게 한다.

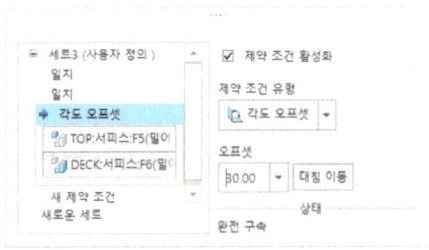 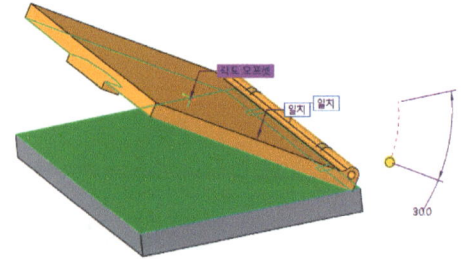

그림 11-8 배치 옵션 변경

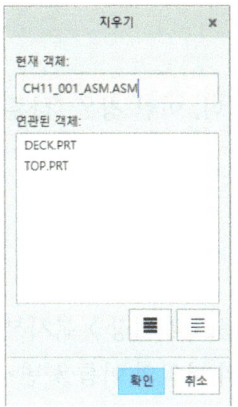

그림 11-9 세션 지우기

저장 및 세션 관리

1. 저장 아이콘을 눌러 어셈블리 파일과 deck.prt 파일을 저장한다.
2. 파일 > 세션 관리 > 현재 항목 지우기를 선택한다.
3. 연관된 객체를 모두 선택한 후 "확인" 버튼을 누른다.

END of Exercise

11.2 다른 이름으로 저장

부품을 수정한 후에 수정 전 부품을 유지해야 할 필요가 있다. 이런 경우 "다른 이름으로 저장" 메뉴를 이용한다.

11.2.1 복사본 저장

이름을 변경하여 복사본을 저장할 수 있다. 파일 > 다른 이름으로 저장 > 복사본 저장 메뉴를 선택하면 그림 11-10과 같은 대화상자가 나타나고 어셈블리 파일의 이름을 변경하여 저장할 수 있다. 이름을 지정한 후 확인 버튼을 누르면 그림 11-11과 같은 대화상자가 나타나서 부품 파트를 다른 이름으로 저장할 수 있다.

부품 이름을 변경한 후 "복사본 저장" 버튼을 누르면 지정된 폴더에 변경된 어셈블리와 부품 파일이 지정된 이름으로 저장되고 현재 어셈블리를 계속할 수 있다. "복사본 저장 및 열기" 버튼을 누르면 다른 이름의 어셈블리가 현재의 작업창에 표시된다. 이전 어셈블리 파일도 세션에 남아 있어서 전환하거나 닫을 수 있다.

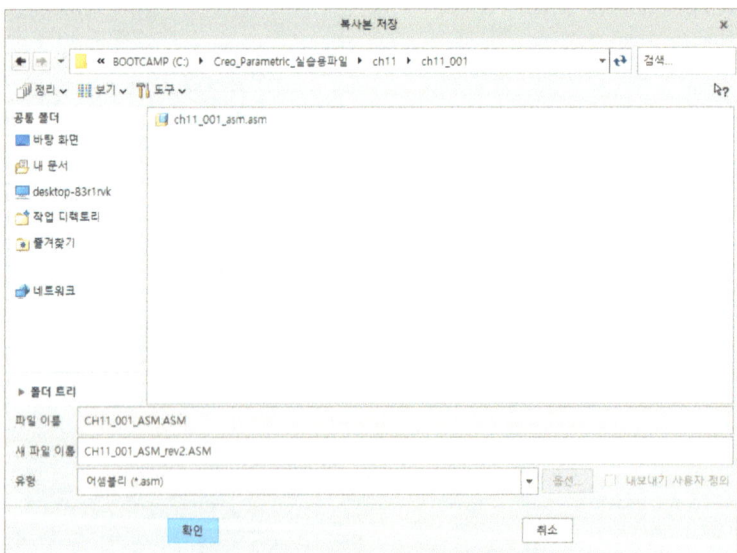

그림 11-10 복사본 저장 대화상자

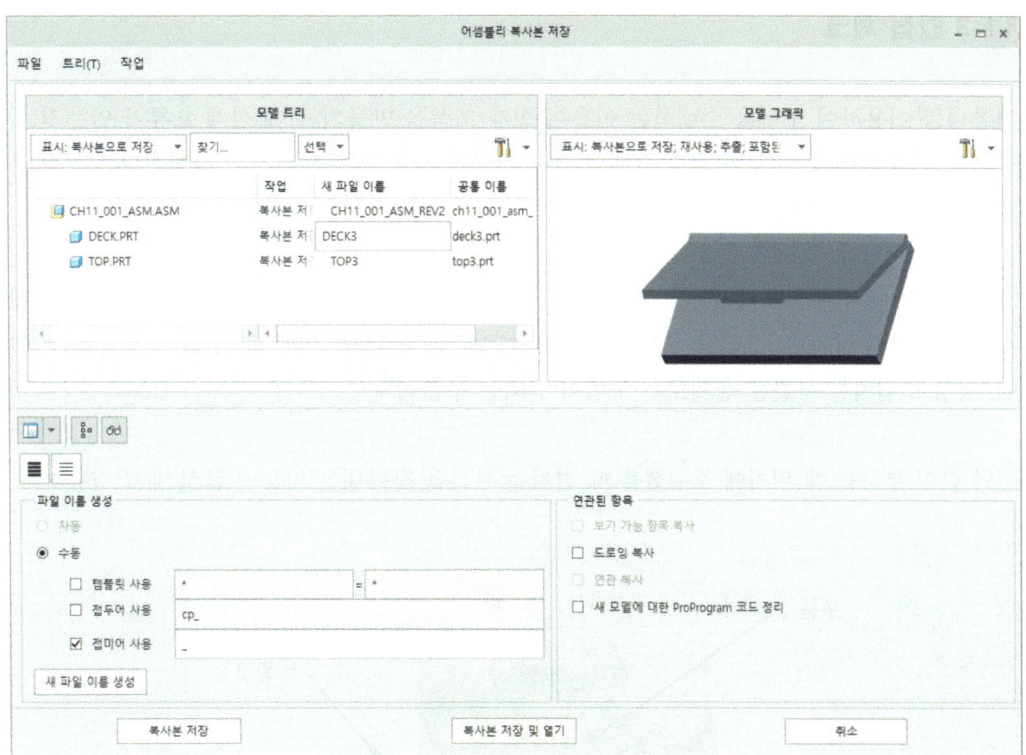

그림 11-11 복사본 저장 대화상자

11.2.2 백업 저장

현재의 어셈블리 및 하위 부품을 다른 폴더에 백업 저장할 수 있다.

11.3 간섭 체크

컴퓨터를 이용하여 조립을 수행하는 이유는 실제 제품을 만들기 전에 설계 오류가 있는지 검증하기 위한 것이다. 이러한 검증 중에서 가장 기본이 되는 것은 부품간의 간섭이다. 즉, 각 부품들을 정해진 조립 위치에 놓았을 때 겹치는 부분이 있는지를 확인한다.

그림 11-12에서 부품 1의 구멍 내경은 30 mm로서 부품 2의 외경(35 mm)보다 작아서 실제로는 끼워지지 않는다. 그러나, 3차원 모델링 소프트웨어에서는 아무 문제 없이 조립된다. 이때, 형상이 겹치는 부분은 실제로는 조립이 안되는 부분이다.

이와 같이 부품을 제 위치에 조립했을 때 겹치는 부분을 찾아내는 기능이 간섭 체크 기능이다.

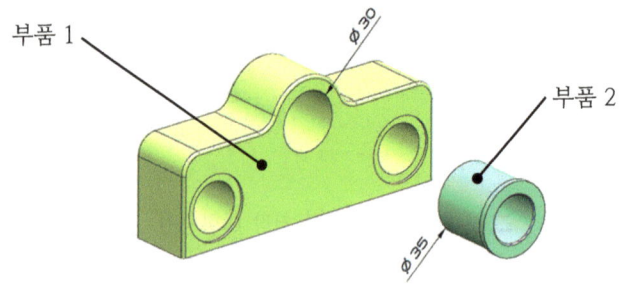

그림 11-12 간섭이 발생한 경우

분석 〉 형상 검사 〉 "글로벌 간섭" 아이콘을 누르면 대화상자가 나타나고 "미리보기"를 누르면 간섭이 발생하는 부분을 모델에 표시해 준다.

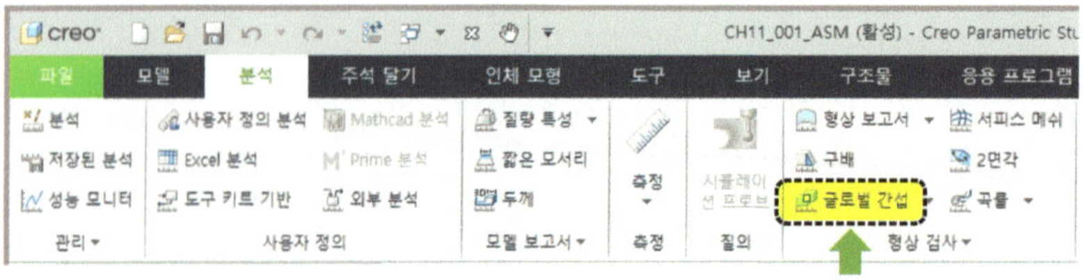

그림 11-13 글로벌 간섭 아이콘

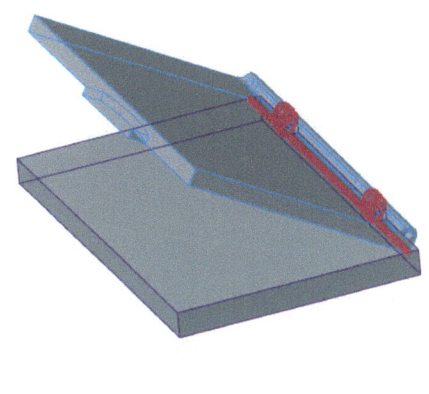

그림 11-14 미리 보기

그림 11-15와 같은 드롭다운에서 "저장됨"을 선택한 후 확인 버튼을 누르면 체크 결과가 저장된다. 저장된 결과는 분석 > 관리 > "저장된 분석" 아이콘을 눌러 열 수 있다. 드롭다운에서 "피쳐"를 선택한 후 "확인" 버튼을 누르면 탐색 트리에 기록되며 "정의 편집"을 선택하여 열 수 있다.

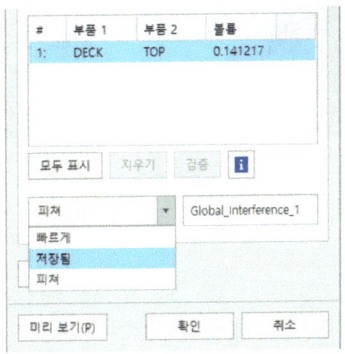

그림 11-15 간섭 체크 결과 관리

11 장: 어셈블리 II (하향식 어셈블리)

Exercise 02 간섭 체크 및 수정, 저장

ch11_002_asm.asm

이번 예제에서는 다음을 수행한다.
1. 간섭 체크
2. 수정
3. 다른 이름으로 저장

간섭 체크

1. 주어진 어셈블리 파일을 연다.
2. 분석 > 형상 검사 > 글로벌 간섭 아이콘을 누른다.
3. 대화상자에서 설정: "부품만", 계산: "정확"을 선택하고 "미리 보기" 버튼을 누른다.
4. 드롭다운에서 "피쳐"를 선택하고 기본 이름을 확인한 후 "확인" 버튼을 누른다. 체크 결과가 트리에 피쳐로 기록된다.

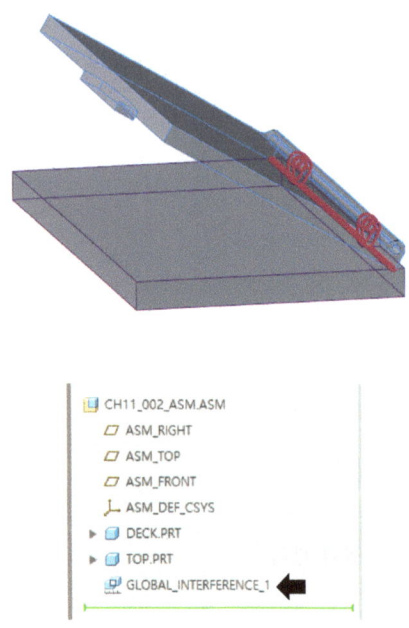

그림 11-16 간섭 체크

그림 11-17 라운드 적용

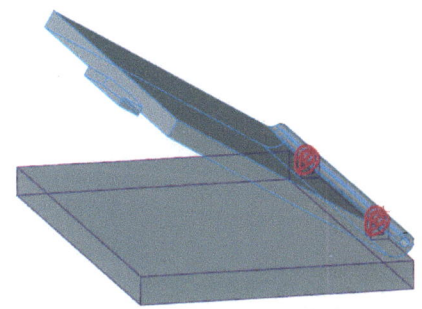

그림 11-18 간섭이 발생하는 부분

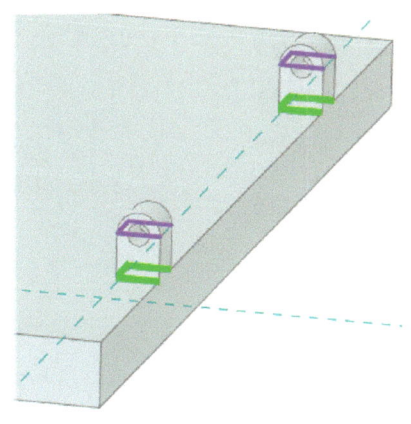

그림 11-19 투영

TOP 부품 수정 및 간섭 확인

1. TOP 부품을 선택한 후 팝업 메뉴에서 "열기"를 선택한다.
2. 그림 11-17과 같이 반지름 10의 라운드를 적용한다.
3. 어셈블리를 표시한다.
4. 트리에서 간섭 체크 결과를 클릭한 후 "정의 편집"을 선택한다. 그림 11-18과 같이 여전히 간섭이 체크 된다. 간섭 부분의 볼륨은 그림 11-16의 결과보다 적음을 알 수 있다.
5. DECK 부품의 돌출부에 맞게 TOP 부품을 추가로 수정해야 함을 확인한다.

TOP 부품 수정

1. TOP 부품 > "정의 편집"을 선택한 후 각도를 0도로 변경한다.
2. TOP 부품을 "활성화" 한다.
3. 윗면에 스케치 면을 정의한다.
4. TOP을 숨기고 "투영" 아이콘을 눌러 그림 11-19와 같이 DECK의 모서리를 투영한다.
5. 추가로 직선을 그린다. (그림 11-20)
6. "확인"을 눌러 스케치를 종료한다.

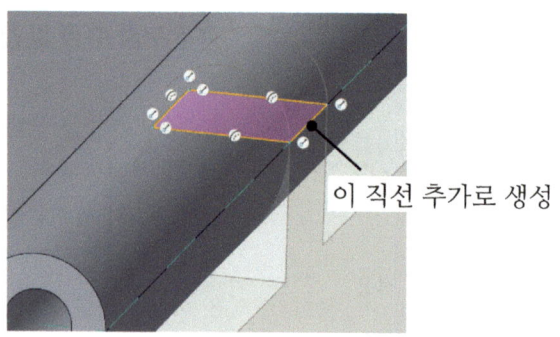

그림 11-20 스케치 생성

제거 및 간섭 체크

1. 밀어내기 > 재료 제거 옵션을 이용하여 제거한다.
2. 어셈블리를 활성화 한 후 간섭 체크를 다시 수행한다.
3. 그림 11-22와 같이 간섭 부분이 확인된다.

그림 11-21 제거

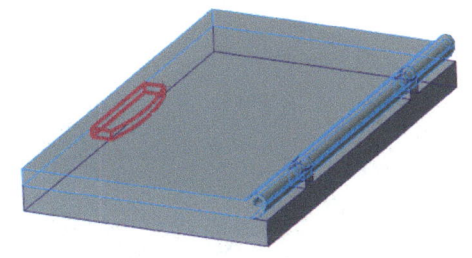

그림 11-22 간섭 부분

DECK 부품 수정

TOP 부품과 딱 맞게 DECK 부품의 간섭 부분을 제거할 것이다.

1. DECK 부품을 활성화 한다.
2. 모델 〉 컴포넌트 〉 "컴포넌트 작업"을 선택한다.
3. 메뉴 관리자에서 "부울 연산"을 선택한다.
4. 수정할 모델로 DECK, 수정 컴포넌트로 TOP을 선택한 후 확인 버튼을 누른다.

수정된 DECK 부품은 그림 11-24와 같다.

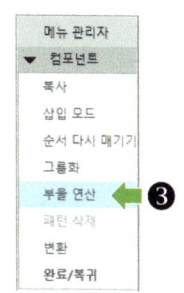

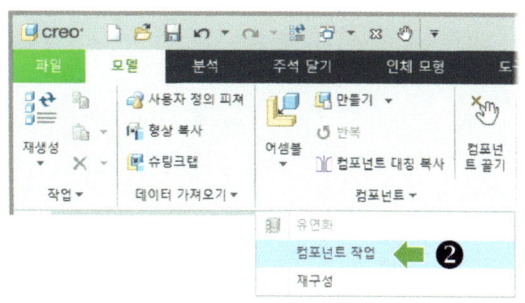

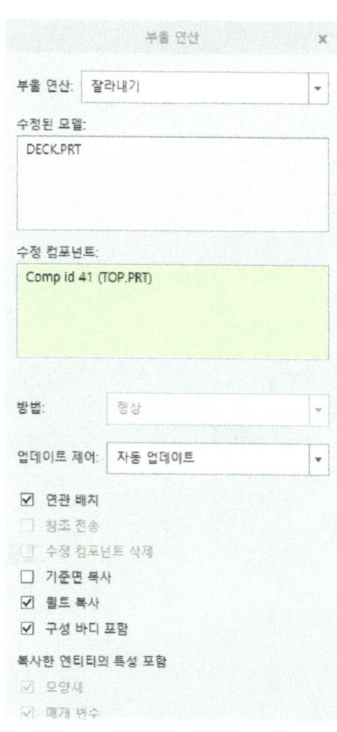

그림 11-23 컴포넌트 작업 과정

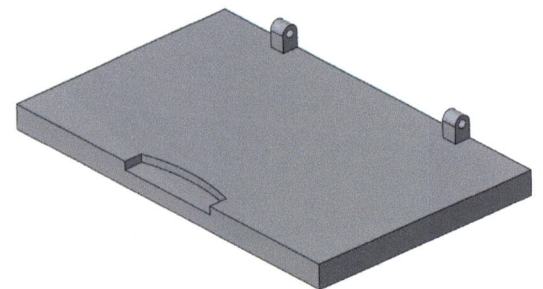

그림 11-24 수정된 DECK 컴포넌트

다른 이름으로 저장

1. 파일 〉 다른 이름으로 저장을 선택한다.
2. 폴더를 지정한다.
3. 어셈블리 파일 이름을 입력한다. 원래 이름 뒤에 _rev2를 추가 한다. 확인 버튼을 누른다.
4. DECK와 TOP의 이름에 _rev2를 붙여 어셈블리 파일과 일치시킨다.
5. "복사본 저장 및 열기" 버튼을 누른다.
6. 변경된 파일명을 확인한다. (그림 11-26)

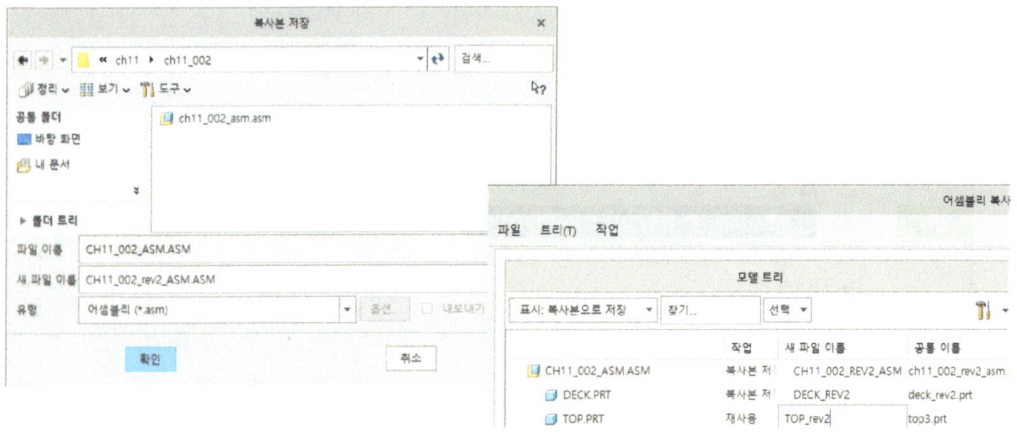

그림 11-25 다른 이름으로 저장

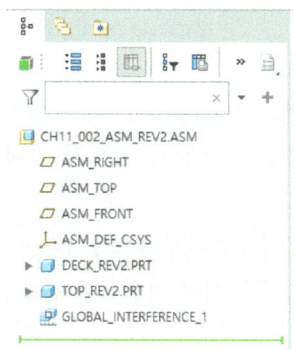

그림 11-26 저장된 결과

변경 전 모델 확인

1. 원래 어셈블리를 표시한다. 수정된 부품이 표시된다. 다른 이름으로 저장하는 목적은 변경 전의 부품을 유지하기 위한 것이다.
2. 원래 어셈블리가 표시된 상태에서 파일 > 세션 관리 > 현재 항목 지우기를 선택한다. 연관된 객체도 선택한 후 확인 버튼을 누른다.
3. 파일 > 열기 > 이름 변경 전 어셈블리 파일을 다시 연다. 최초의 형상이 그대로 있음을 확인한다.

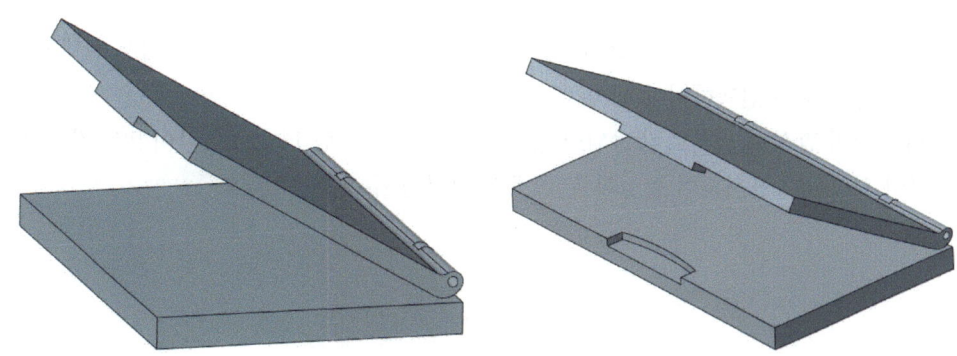

그림 11-27 두 개의 어셈블리 파일

END of Exercise

11.4 새 부품 추가

파일로 존재하는 부품을 추가할 때는 "어셈블" 기능을 이용한다. 존재하지 않는 파트를 설계하려면 "만들기" 아이콘을 눌러 부품을 추가한 후 파트를 편집 상태로 하여 모델링을 진행한다.

파일로 존재하는 어셈블리를 서브 어셈블리로 추가할 때는 "어셈블" 기능을 이용하고, 없는 서브 어셈블리를 생성할 때는 "만들기" > 서브 어셈블리 옵션을 이용한다.

Exercise 03 새 부품 생성하기   *ch11_002_asm.asm*

pin 파트를 생성해 보자.

파일 생성

1. ch11_002_asm 어셈블리 파일을 열고, 그래픽 도구모음에서 기준 디스플레이 필터를 모두 해제한 후 모델 > 컴포넌트 > 만들기를 선택한다.
2. 파트 이름을 입력하고 생성 옵션을 그림 11-28과 같이 선택한 후 확인 버튼을 누른다. PIN 파트에 세 평면을 생성하여 모델링에 이용할 것이다.
3. 그림 11-29와 같이 세 개의 기준 평면을 정의할 면을 DECK 컴포넌트에서 선택한다. 세 개의 평면을 모두 선택하여야 새 파트가 생성된다.
4. 새 파트가 활성화 상태로 생성되면 평면을 표시한다. 그림 11-30과 같이 PIN 컴포넌트의 평면이 선명하게 표시되어 활성화 된 부품을 구분할 수 있다.

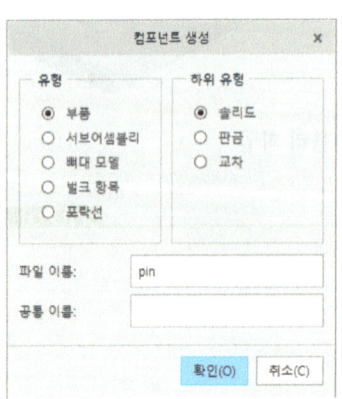 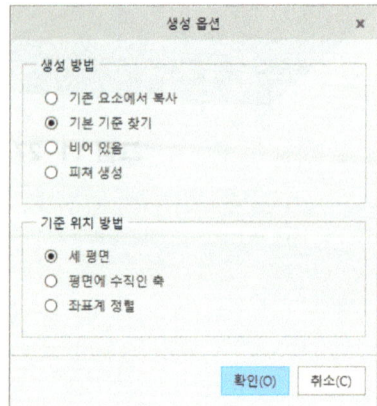

그림 11-28 파트 이름 및 생성 옵션

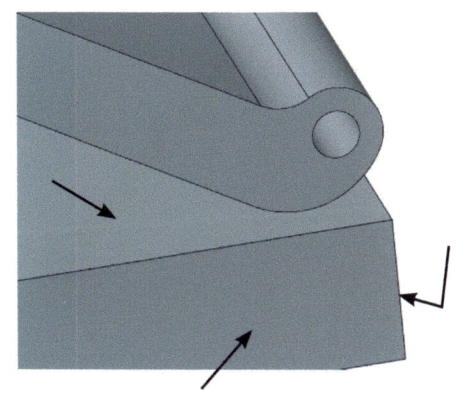

그림 11-29 선택할 세 개의 평면

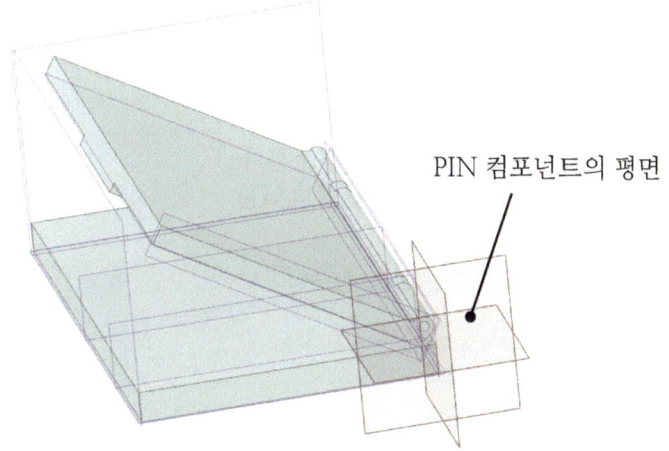

PIN 컴포넌트의 평면

그림 11-30 평면을 모두 표시한 상태

스케치 및 밀어내기

1. 다른 평면을 숨기고 적합한 기준 평면에 그림 11-31과 같이 pin의 머리와 몸통을 정의할 원을 생성한다.
2. pin 파트 파일을 열고 단위를 mmns로 변경한 후 저장한다.
3. 머리 부분을 5 mm 돌출시키고, 몸통 부분을 100 mm 돌출시켜 pin 파트를 완성한다. (그림 11-32)

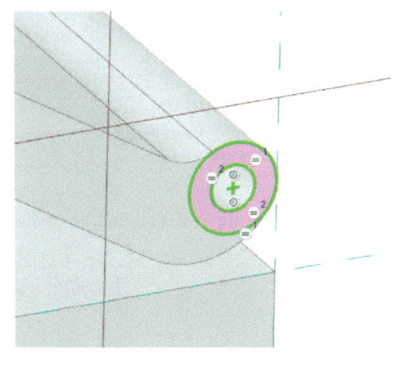

그림 11-31 스케치

11 장: 어셈블리 II (하향식 어셈블리)

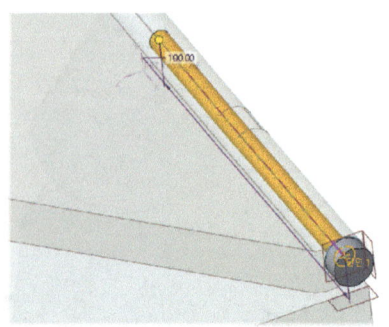

그림 11-32 pin 파트 완성

END of Exercise

파트의 단위 변경하기

1. 파트 파일을 연 후 파일 > 준비 > "모델 특성"을 선택한다.
2. 단위 > 변경을 클릭한다.
3. 단위 체계를 선택하고 "설정" 버튼을 누른다.
4. 모델 옵션을 선택한 후 "확인" 버튼을 누른다.

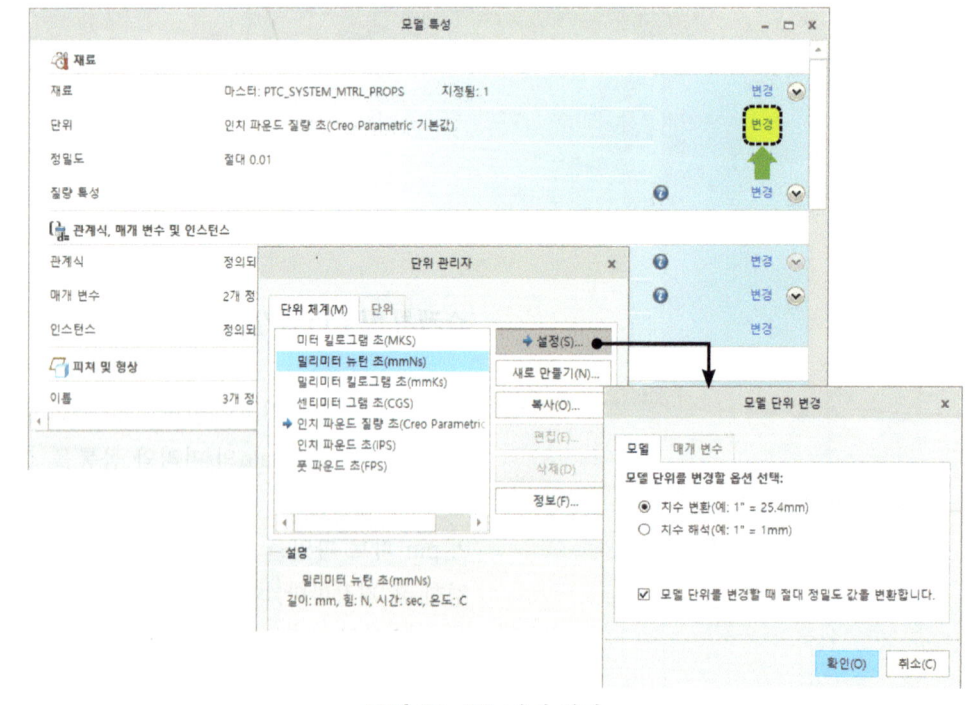

그림 11-33 단위 변경

11.5 서브어셈블리

다른 어셈블리에 부품으로 포함되어 있는 어셈블리를 하위 어셈블리 또는 서브어셈블리(Sub Assembly)라 한다. 서브어셈블리는 현실에서 개별적으로 관리되는 어셈블리 형태의 부품이다. 예를 들어, 자동차 전체 어셈블리에서 엔진은 서브어셈블리가 되며 실제 조립할 때도 엔진 어셈블리를 통째로 조립한다. 서브어셈블리 안에 다른 어셈블리를 부품으로 추가할 수도 있다. 예를 들어, 엔진 어셈블리 하위에 실린더 헤드 어셈블리, 엔진 블록 어셈블리를 구성할 수 있으며, 실린더 헤드 어셈블리나 엔진 블록 어셈블리에 다시 하위 어셈블리를 구성할 수 있다.

하위 어셈블리를 갖는 어셈블리는 다음과 같은 방법으로 만들 수 있다.

- 상향식: 하위 어셈블리 파일을 생성 -> 어셈블 -> 구속 -> 저장 후 상위 어셈블리에 부품으로 추가함.
- 하향식: 상위 어셈블리 파일을 생성 -> "만들기" 기능을 이용하여 서브어셈블리 생성 -> 서브어셈블리에 부품 추가 -> 서브어셈블리 활성화하여 구속 및 저장

상향식에서는 하위 어셈블리를 생성한 후 구속, 저장하고 10장에서와 같이 상위 어셈블리에 추가하는 방식이기 때문에 어셈블리 작업에 어려움이 없다.

하향식에서는 서브 어셈블리를 생성할 때 다음 사항을 주의해야 한다.
- 하위 어셈블리를 구속할 때 그 어셈블리를 활성화 상태로 해야 한다.
- 하위 어셈블리에 "고정" 구속이 있어야 한다.

어떤 어셈블리의 하위 부품으로 추가된 어셈블리를 이루는 부품은 같은 하위 부품에서 각각 다른 조립 상태를 가질 수 없다. 그림 11-34의 어셈블리는 하위 어셈블리 A를 두 개 포함한다. 그 어셈블리를 이루는 부품인 Support와 Bushing은 두 하위 어셈블리에서 서로 다른 위치를 가질 수 없다. 만약 서로 다른 위치를 갖게 해야 한다면 이름이 서로 다른 하위 어셈블리로 생성해야 한다.

11장: 어셈블리 II (하향식 어셈블리)

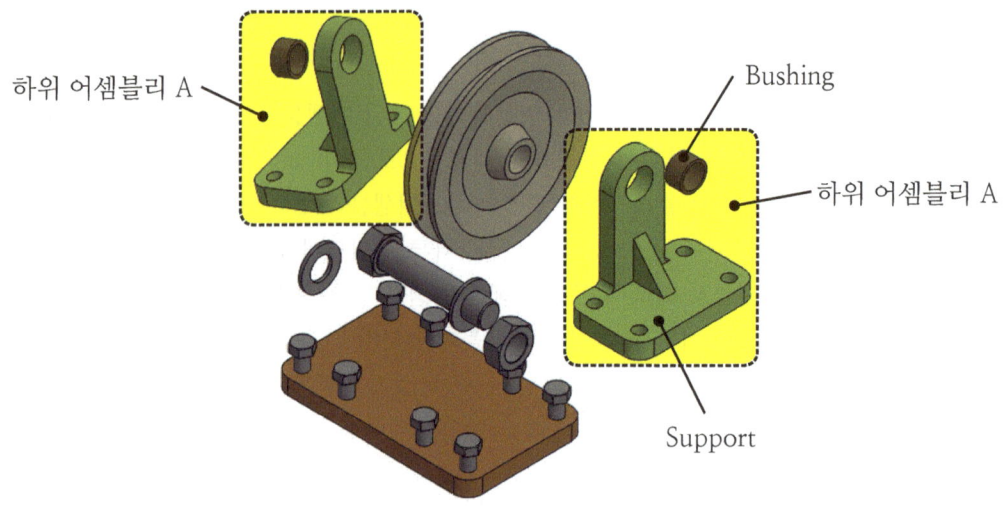

그림 11-34 Pulley Support 어셈블리

Exercise 04   서브어셈블리 - 하향식

폴더: *ch11_004*

하향식 방법으로 하위 어셈블리를 포함하는 Pulley Support 어셈블리를 생성해 보자.

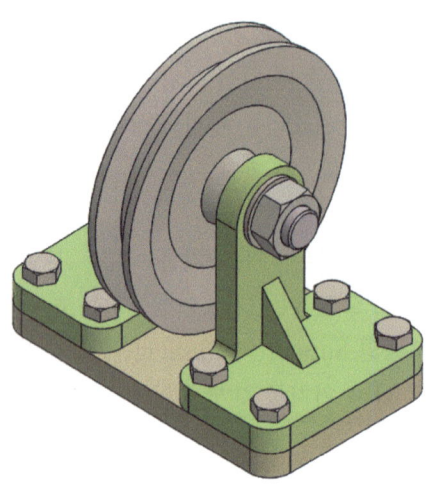

그림 11-35 Pulley Support 어셈블리

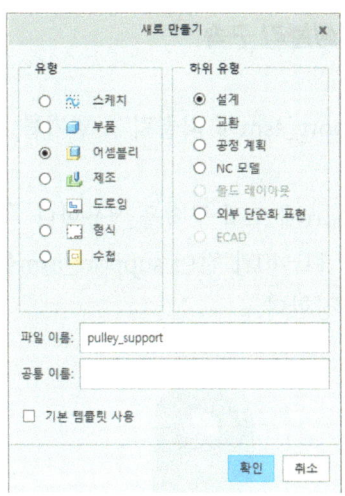

부품 추가

1. 어셈블리 파일을 생성한다. 파일명은 pulley_support_asm으로 하고, 템플릿은 mmns_asm_design_abs로 한다.
2. ch11_004 폴더에서 base 컴포넌트를 추가하고 고정시킨다.
3. 다른 컴포넌트를 모두 추가한다

그림 11-36 Pulley Support 어셈블리

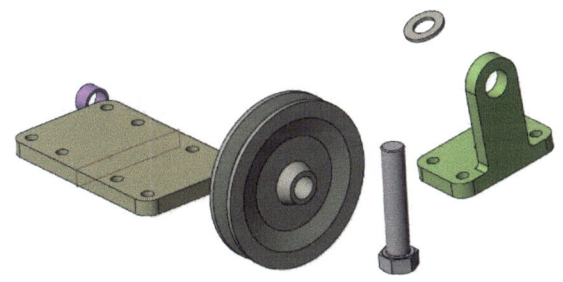

그림 11-37 컴포넌트 추가

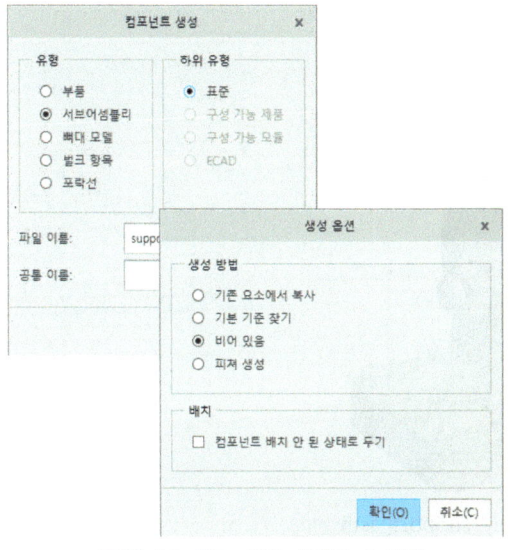

서브어셈블리 생성

1. 모델 탭 〉 컴포넌트 〉 만들기 아이콘을 누른다.
2. 그림 11-38과 같이 서브어셈블리를 생성한다. 이름은 support_asm으로 한다.
3. support와 bushing을 드래그 하여 support_asm에 드롭한다. 트리 구조는 그림 11-39와 같다.

그림 11-38 서브어셈블리 생성

251

그림 11-39 어셈블리 트리

서브어셈블리 구속

1. support_asm에 좌클릭 > 열기를 선택한다.
2. support에 고정 구속을 적용한다.
3. 그림 11-40과 같이 support_asm을 구속하고 저장한다.

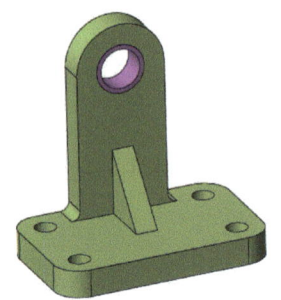

그림 11-40 support_asm

상위 어셈블리 구속

1. pulley_support_asm을 표시한다.
2. support_asm을 복사/붙여넣기 한다.
3. 그림 11-41과 같이 구속하여 완성한다. bolt M12 부품은 하나만 조립한 후 모델 > 컴포넌트 > 반복 기능을 이용하여 추가해 보자.
4. 모든 파일을 저장하고 실습을 종료한다.

그림 11-41 pulley_support_asm

폴더: ch011_005

어셈블리에서 파트 모델링 **Exercise 05**

1. 그림 11-42의 Driving Assembly를 생성하시오. Link 부품은 없다.

2. Link를 모델링 하시오. 파트 파일 이름은 link.prt로 하며 치수는 임의로 정한다. 단, 다른 부품과 간섭이 발생하지 않도록 한다.

3. 편심축(Eccentric Axle)이 회전할 수 있도록 어셈블리 구속 조건을 생성하시오. 편심축이 회전 운동을 할 때 커넥터(Connector)는 상하 직선 운동을 해야 한다.

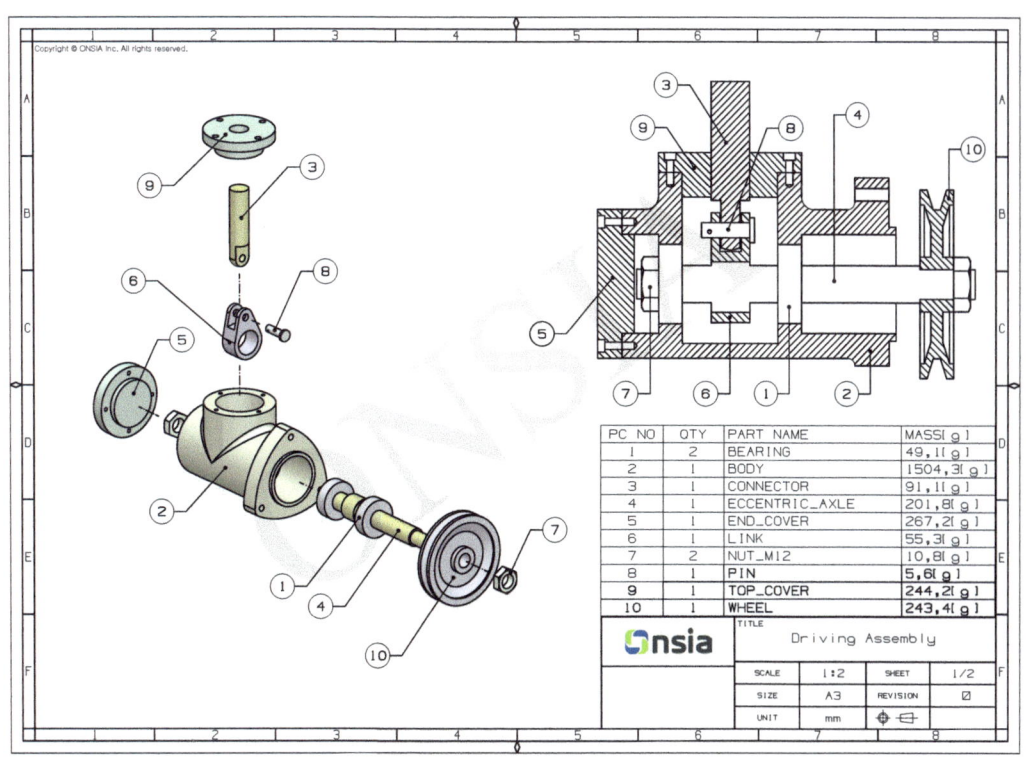

그림 11-42 Driving 어셈블리

11 장: 어셈블리 II (하향식 어셈블리)

(빈 페이지)

Chapter 12
도면

■ 학습목표

- 도면의 목적과 종류를 이해한다.
- 투상법에 대하여 이해한다.
- Creo에서 도면을 생성하는 절차를 배운다.
- 도면뷰의 종류를 이해하고, 여러 가지 도면뷰를 생성하는 방법을 배운다.
- 치수를 생성하고 옵션을 설정할 수 있다.
- 어셈블리 도면을 생성할 수 있다.

12.1 개요

도면은 3차원 형상을 2차원으로 표현한 것이다. 제품의 제작이나 검사에 사용된다. 3차원 설계가 일반화되어 있는 요즘도 도면을 이용하면 설계자와 제작자 사이의 의사 소통을 간결하고 명확하게 할 수 있다.

도면의 종류에는 사용 목적에 따라 단품도와 조립도가 있다. 단품도는 하나의 부품을 생산하기 위한 도면이며 부품을 생산하는 방법에 따라 복잡한 정도나 표현 방식이 조금씩 다르다. 조립도는 여러 가지 부품을 이용하여 조립된 제품을 생산할 때 참고할 수 있는 도면이다. 조립할 때의 순서, 조립 경로, 조립할 때 필요한 부품의 종류 및 개수 등에 대한 정보를 담고 있다.

Creo에서는 필요한 도면뷰를 생성하고 도면 생성 표준에 따라 치수, 주석 기입 등의 도면 생성 작업을 편리하게 할 수 있다. 3차원 형상과 연결되어 있는 도면을 생성한 후 설계가 변경되었다면 도면도 자동으로 변경되도록 할 수 있다.

도면을 생성하는 일반적인 절차는 다음과 같다.

① 도면을 생성할 파트나 어셈블리를 정한다.
② 도면 파일을 생성한다.
③ 3차원 형상을 표현하는데 필요한 도면 뷰를 생성한다.
④ 치수, 주석, 표면처리 기호, 용접 기호 등을 기입한다.

12.2 주요 용어

12.2.1 도면뷰(Drawing View)

물체의 형상을 표현하기 위하여 여러 가지 방식으로 본 모양을 말한다. 특정 방향에서 본 형상을 도면에 나타낼 수도 있고, 어떤 부분을 잘라서 표현할 수도 있으며 어떤 부분은 확대하여 나타낼 수도 있다. Creo 한글 표현에서는 "드로잉 보기", "투영 보기" 등과 같이 "뷰" 대신 "보기"라는 용어를 사용한다.

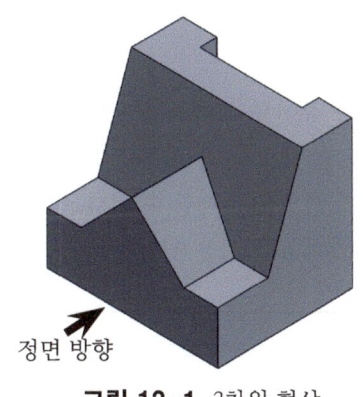

그림 12-1 3차원 형상

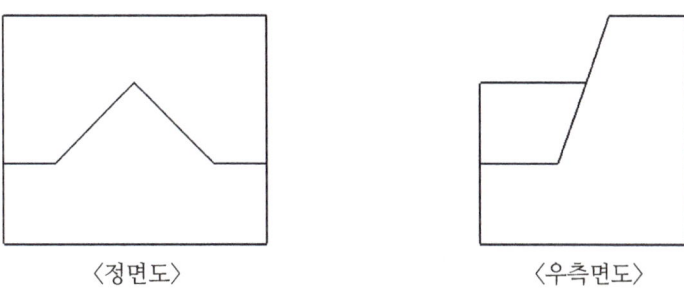

그림 12-2 도면뷰 (3각법)

12.2.2 표제란

도면에 대한 기본적인 정보를 기록한다. 대개 도면의 오른쪽 아래 부분에 표시한다. 그림 12-3은 Creo에서 기본으로 제공 형식있는 빈 템플릿 c.frm에 만들어져 있는 표제란 샘플의 형식이다.

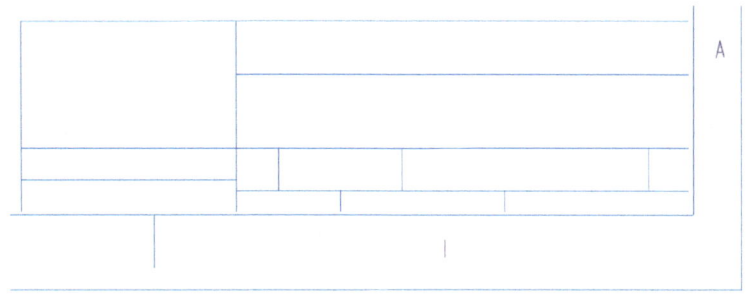

그림 12-3 표제란

12.2.3 도면 시트

전통적인 의미에서는 도면을 그릴 종이를 의미하지만 CAD에서는 그 이상의 개념을 포함한다. Creo Drawing의 시트에는 도면의 크기, 유형, 배율 등을 설정한다. 레이아웃 〉 문서 〉 새 시트 아이콘을 이용하여 여러 장의 시트를 추가할 수 있다. 작업창 아래에 있는 + 기호를 클릭하여 추가할 수 도 있다. 시트 설정 메뉴를 이용하면 시트의 크기와 형식을 재설정할 수 있다.

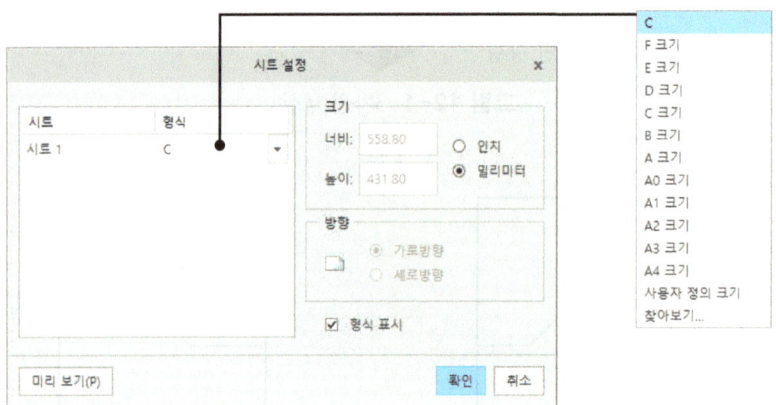

그림 12-4 시트 설정 대화상자

12.3 드로잉 설정

모델링이나 어셈블리의 파일 〉 옵션 설정은 config.pro에 저장할 수 있다. 도면 생성을 위한 설정은 파일 〉 옵션 〉 구성 편집기 〉 "추가" 또는 "찾기" 메뉴를 이용하여 옵션에 추가할 수 있다. 그림 12-5는 Creo의 기본 드로잉 설정 파일을 추가하는 과정을 보여준다. 기본 드로잉 설정 파일은 Creo 설치 폴더의 〉 Common Files₩text₩prodetail.dtl 이다. 이 파일을 열어 도면 생성 옵션을 편집한 후 다른 이름으로 저장할 수도 있으며 그렇게 저장된 파일을 옵션에 추가할 수도 있다. 드로잉 설정 파일을 추가한 후에는 Creo를 재실행 해야 한다.

도면 파일을 생성한 후 드로잉 옵션을 변경하려면 파일 〉 준비 〉 "드로잉 특성" 메뉴를 이용한다. (그림 12-6) 세부 옵션의 "변경" 버튼을 누르면 그림 12-7과 같은 대화상자가 나타나며 드로잉 옵션을 적용할 수 있다. 변경한 옵션을 dtl 파일로 저장할 수도 있다. 이렇게 변경한 드로잉 옵션은 해당 도면 파일에서만 적용된다. 새롭게 생성한 도면 파일에는 기본 드로잉 옵션이 적용된다. dtl 파일에 저장한 후에는 Creo를 실행시킬 때마다 옵션이 적용된다.

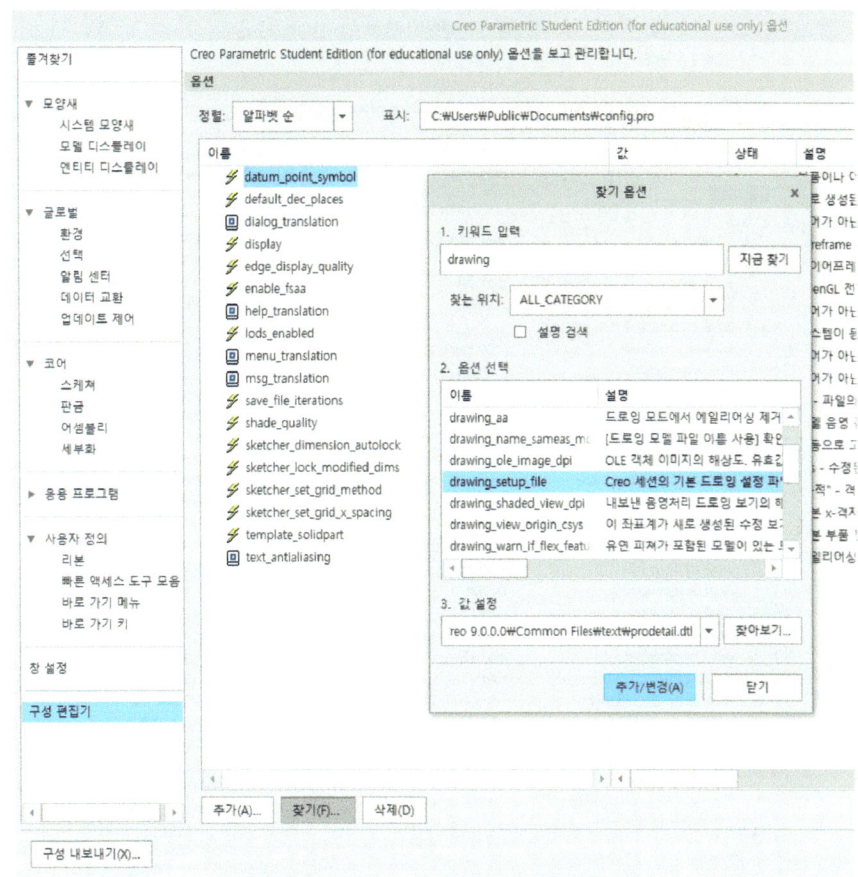

그림 12-5 옵션에 드로잉 설정 적용하기

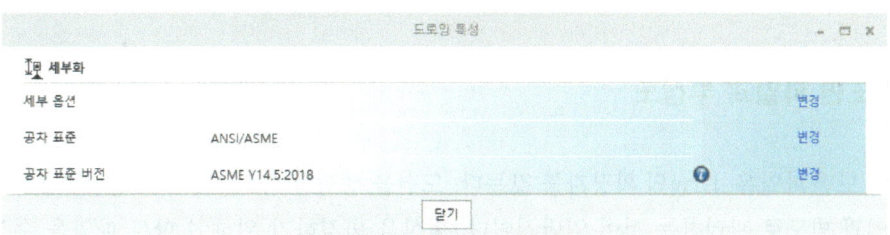

그림 12-6 드로잉 설정 변경

12장: 도면

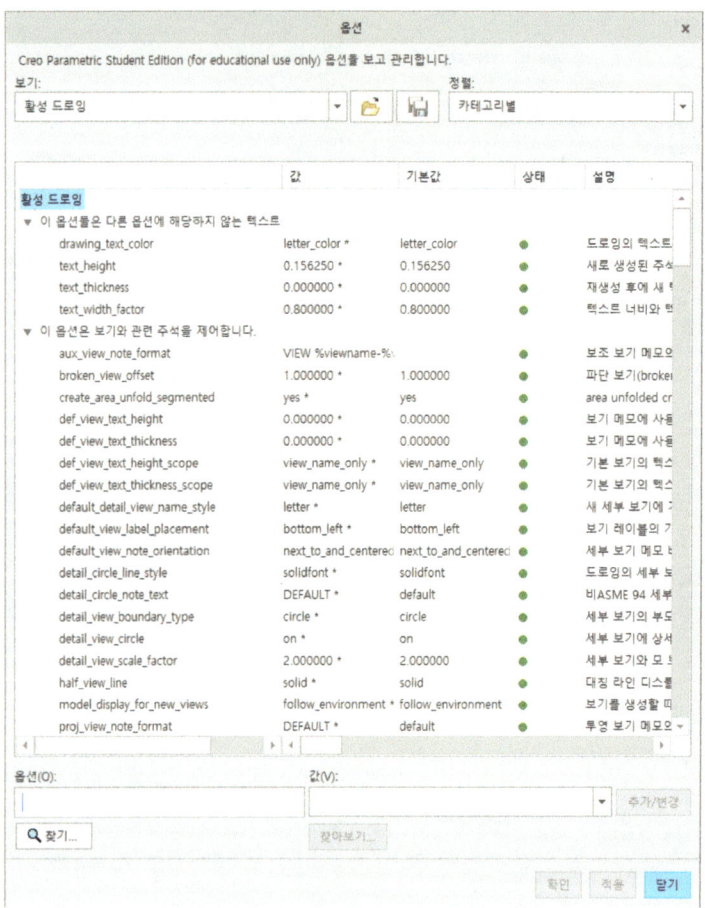

그림 12-7 세부 옵션 변경 대화상자

12.4 도면 파일과 투상도

Creo의 도면 파일은 .Drw의 확장자를 갖는다. 도면을 생성할 파트는 3차원 형상 파트로서, 도면 파일과 별도로 관리하는 것이 일반적이다. 형상을 변경하기 위하여 파트 파일을 수정하면 도면도 따라서 수정된다.

ch12_ex01   **도면 생성 과정** `Exercise 01`

절차에 따라 다음을 수행해 보자. Creo 세션에 아무 파일도 열려 있지 않다고 가정한다.

1. 도면 파일 생성 및 투상도 생성, 표시 상태 변경
2. 치수 생성 및 드로잉 옵션 변경
3. 저장 및 열기
4. 파트 형상 수정 및 업데이트

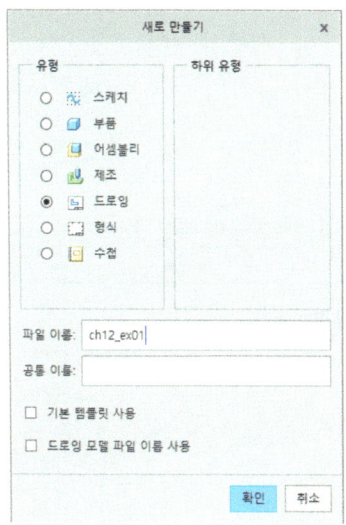

그림 12-8 새로 만들기 대화상자

도면 파일 생성

1. 홈 〉 새로 만들기 아이콘을 누른다.
2. 대화상자에서 "드로잉"을 선택하고 파일 이름을 지정한다. ch12_ex01로 한다.
3. 기본 템플릿 사용 옵션을 해제한 후 "확인" 버튼을 누른다.
4. "새로운 드로잉" 대화상자의 기본 모델 옵션에서 찾아보기 버튼을 누르고 ch12 폴더에서 ch12_ex01.prt 파일을 지정한다.
5. 템플릿 옵션과 표준 크기 옵션을 그림 12-9와 같이 지정하고 "확인" 버튼을 누른다.

A3 크기의 도면 시트가 생성되며 드로잉 환경이 나타난다.

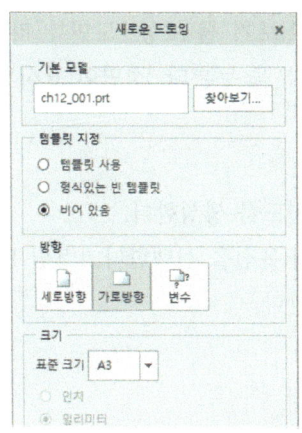

그림 12-9 새로운 드로잉 대화상자

12 장: 도면

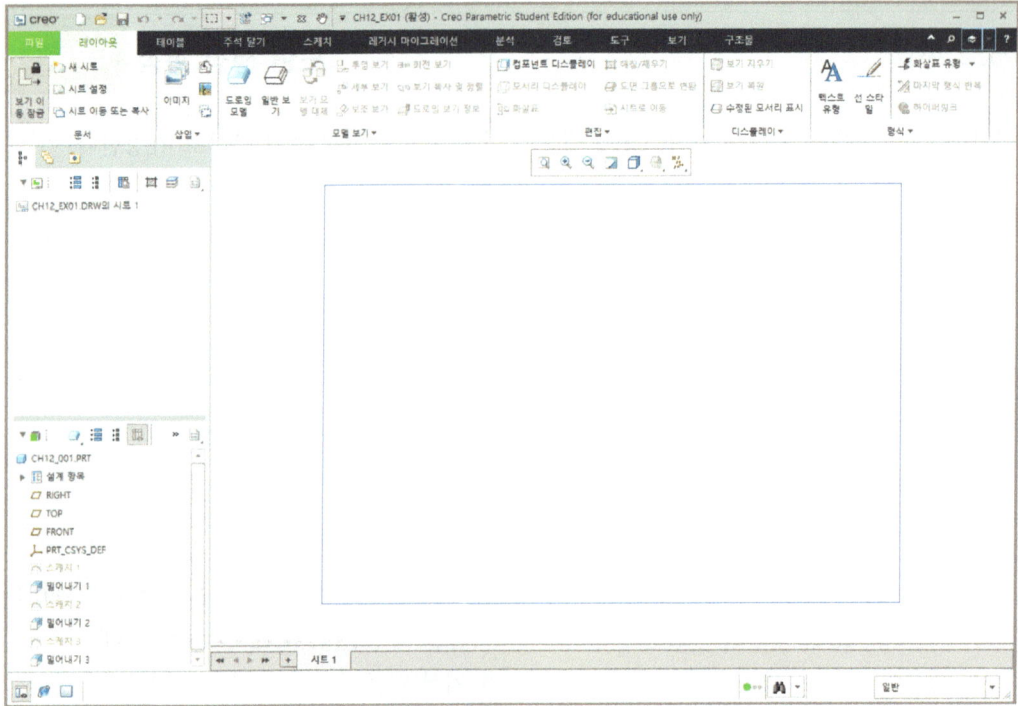

그림 12-10 드로잉 환경

투상도 생성

1. 레이아웃 > 모델 보기 > 일반 보기 아이콘을 누른다.
2. 결합 상태 없음을 선택하고 "확인"을 누른다.
3. 화면의 적당한 위치를 좌클릭한다. 그림 12-11과 같이 "드로잉 보기"가 나타나고 대화상자가 표시된다. Creo 한글화 버전에서 말하는 "드로잉 보기"를 보통 "도면뷰"라고 한다.
4. 모델 보기 옵션에서 FRONT를 선택한 후 "적용" 버튼을 누른다. 정면이 표시되는 것을 확인하고 대화상자에서 "확인" 버튼을 누른다.
5. 레이아웃 > 모델 보기 > "투영 보기" 아이콘을 누른다.
6. 그림 12-12와 같이 정면도의 우측을 클릭하여 우측면도를 생성한다.
7. 정면도를 선택(좌클릭)한 후 팝업 메뉴에서 투영 보기 옵션을 선택한다. (그림 12-13)
8. 그림 12-14와 같이 정면도의 윗쪽에 평면도를 생성한다.

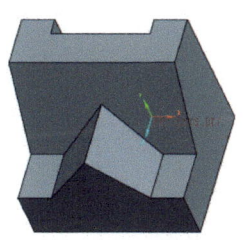
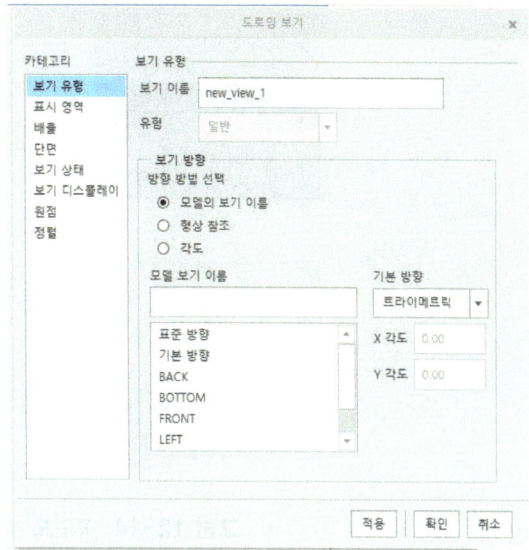

그림 12-11 드로잉 보기

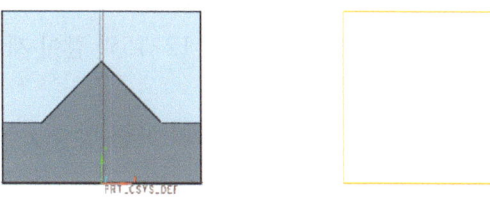

그림 12-12 우측면도 생성

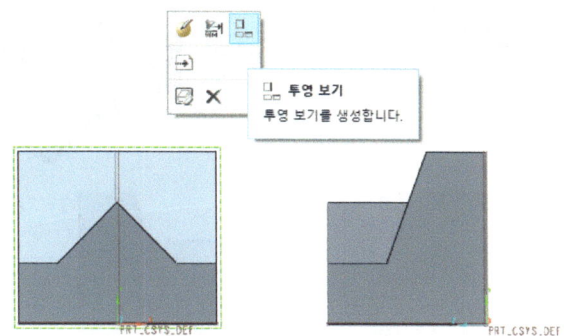

그림 12-13 투영 보기 메뉴

12 장: 도면

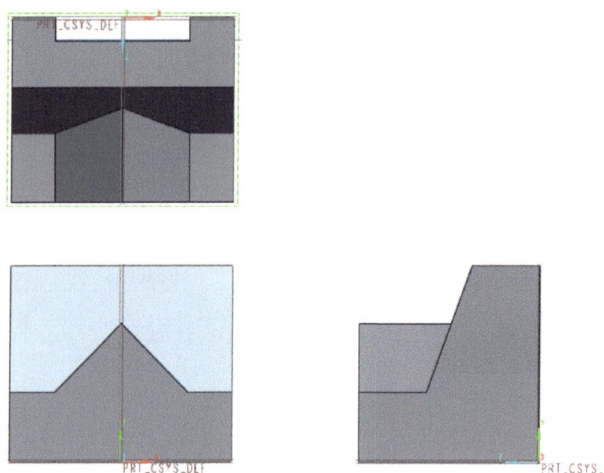

그림 12-14 평면도 생성

도면뷰 이동 및 아이소메트릭 뷰 생성

1. 정면도를 선택한 후 레이아웃 > 문서 > "보기 이동 잠금" 버튼을 클릭하여 잠금 해제한다.
2. 각 도면뷰를 클릭하여 선택한 후 이동시켜 그림 12-15와 같이 재배치 한다.
3. 보기 이동 잠금 버튼을 눌러 다시 잠근다.
4. 레이아웃 > 모델 보기 > 일반 보기 아이콘을 눌러 표준 방향 > 아이소메트릭 뷰를 생성한다.

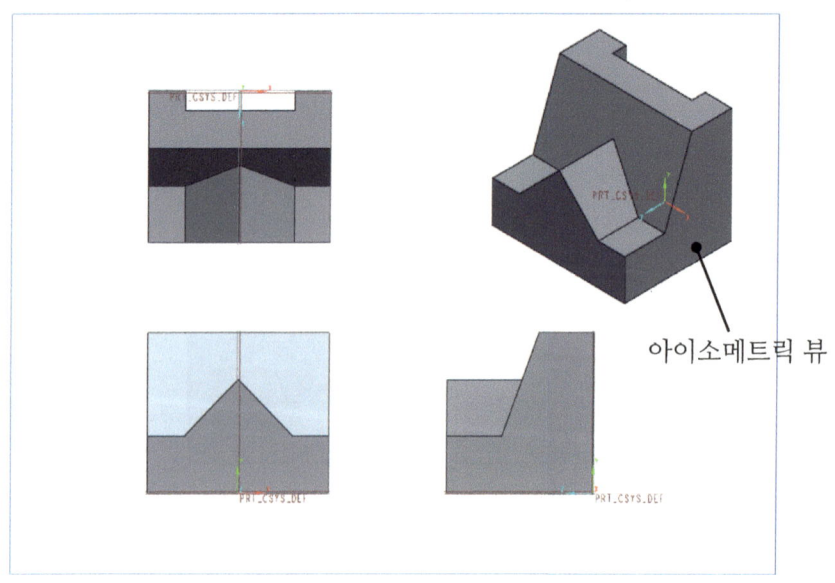

그림 12-15 도면뷰 재배치

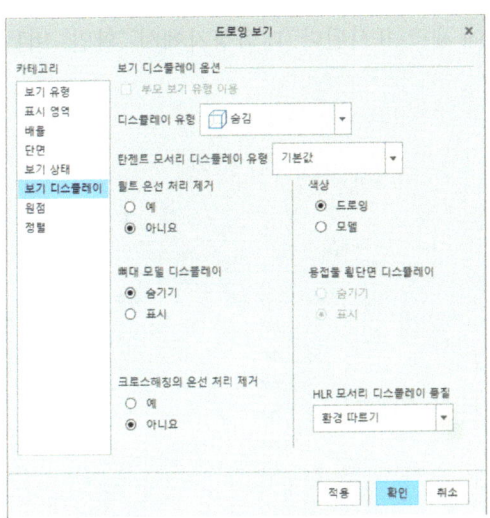

그림 12-16 도면뷰 설정 옵션

개체 숨기기

화면 좌측 아래 모델 트리에서 RIGHT, TOP, FRONT, 좌표계를 선택한 후 우클릭 〉 "모델에서 숨기기"를 선택하여 숨긴다.

도면뷰 옵션 변경

1. 정면도를 선택한 후 팝업 메뉴에서 "특성"을 선택한다.
2. 디스플레이 유형: 숨김을 선택한 후 확인 버튼을 누른다. 그림 12-17과 같이 선으로 표시되며 숨은 선은 흐리게 표시된다.

치수 생성

1. 주석 달기 〉 주석 〉 치수 아이콘을 누르고 그림 12-18과 같이 모서리 Ⓐ와 Ⓑ를 선택하여 치수를 생성한다. CTRL 키를 누르고 두 모서리를 선택한 후 CTRL 키를 놓고 치수를 생성할 위치에 휠을 클릭한다.
2. 정면도를 선택한 후 팝업 메뉴에서 "모델 주석 표시"를 선택한다.

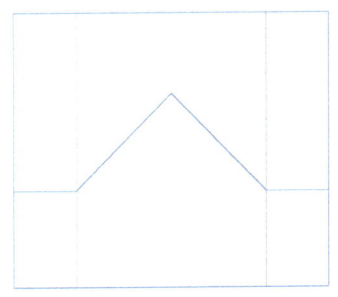

그림 12-17 디스플레이 유형: 숨김

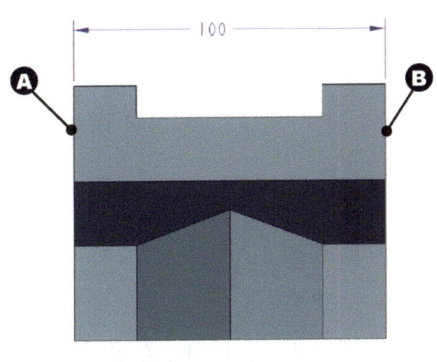

그림 12-18 치수 생성

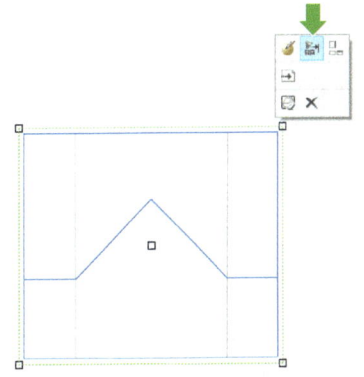

그림 12-19 모델 주석 표시 메뉴

265

3. 그림 12-20의 두 치수를 선택하면 대화상자에 체크 표시된다. 대화상자에서 "확인" 버튼을 누르면 치수가 생성된다.

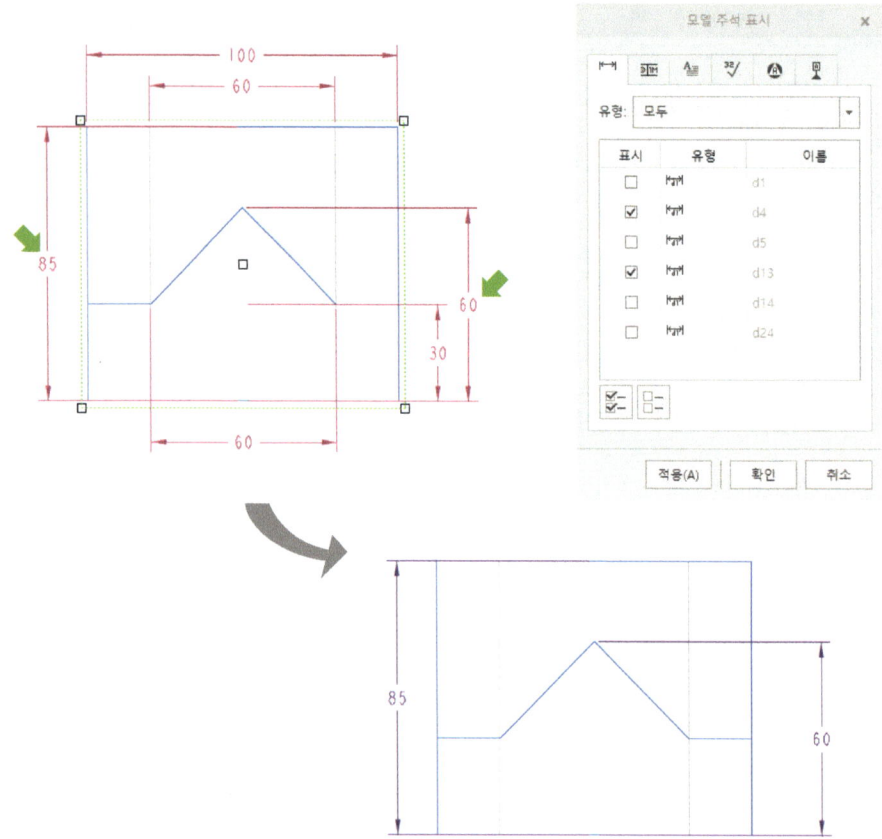

그림 12-20 모델 주석을 이용한 치수 생성

치수 설정 변경

1. 파일 > 준비 > "드로잉 특성"을 선택한다.
2. 세부 옵션 > "변경"을 클릭한다.
3. 옵션 영역에 drawing_unit을 입력하고 값으로 mm를 선택한 후 추가/변경 버튼을 누른다.
4. text_height 옵션을 5 mm로 변경한다.
5. arrow_style을 open으로 변경한다.
6. draw_arrow_length를 5, draw_arrow_width를 3으로 설정한다.
7. default_lindim_text_orientation 옵션을 parallel_to_and_above_leader로 설정한다.

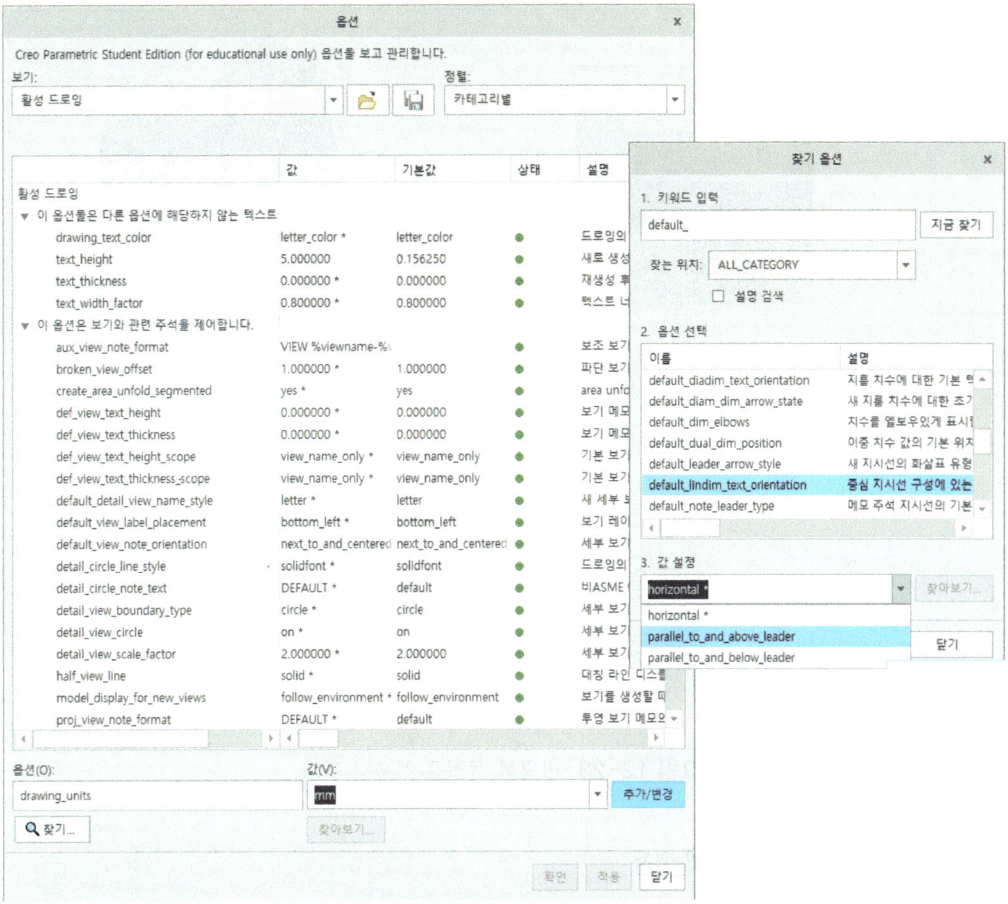

그림 12-21 세부 옵션 설정

8. 옵션 대화상자에서 확인 버튼을 누르고 드로잉 특성 대화상자에서 닫기 버튼을 누른다.

변경한 설정을 적용한 후의 도면은 그림 12-23과 같다.

> **! 시트 정보**
>
> 시트의 왼쪽 아래에 배율 등 시트 정보가 표시되며 배율 부분을 더블 클릭하여 변경할 수 있다.
>
>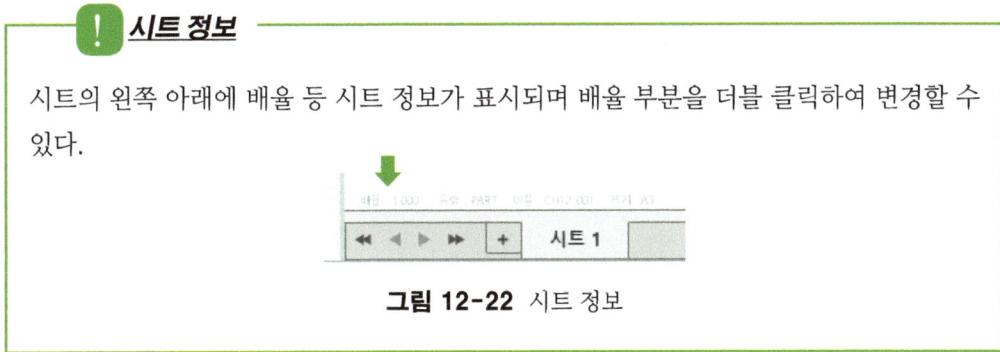
>
> **그림 12-22** 시트 정보

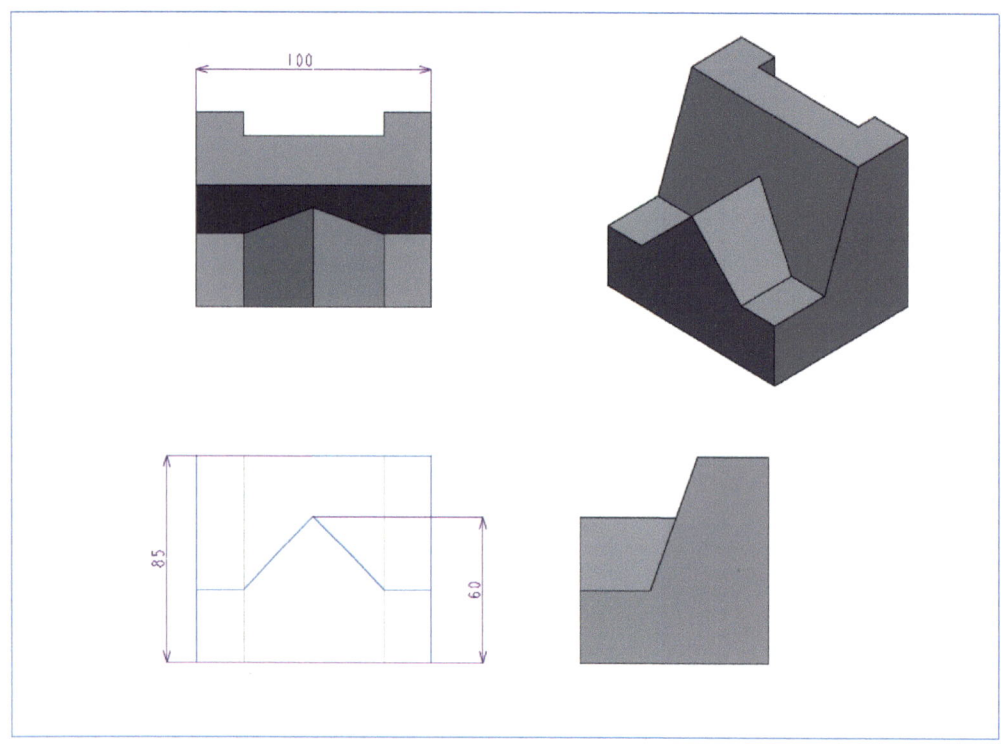

그림 12-23 변경한 설정을 적용한 결과

드로잉 특성 저장 및 옵션에 적용

1. 파일 > 준비 > 드로잉 특성 > 세부 옵션 > "변경"을 클릭한다.
2. 옵션 대화상자에서 "저장" 버튼을 누른다.
3. 작업 디렉토리에 my_drawing_setup으로 저장한다.
4. 파일 > 옵션을 선택하고 대화상자에서 "구성 편집기"를 선택한다.
5. "추가" 버튼을 누르고 drawing_setup_file 항목을 찾아 위 3번에서 만든 dtl 파일을 옵션 값으로 지정한다.
6. 확인 버튼을 누르고 config.pro 파일을 저장한다.
7. 도면 파일을 저장하고 Creo를 종료한다.
8. Creo를 다시 실행시킨 후 도면에 치수를 생성하여 my_drawing_setup에서 설정한 옵션이 적용되는지 확인한다.

END of Exercise

12.5 드로잉 보기(도면뷰)

12.5.1 드로잉 모델

3차원 형상을 추가하거나 삭제할 수 있다. 드로잉 모델 아이콘을 누르면 그림 12-24와 같은 메뉴창이 나타난다. 모델 추가 옵션을 이용하여 다른 파트를 추가할 수 있다. 모델 지정 옵션을 이용하여 여러 개의 모델 중 도면뷰를 생성할 모델을 지정할 수 있다. 지정된 모델은 Creo 화면 좌측 아래의 모델 트리에 표시된다.

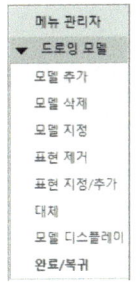

그림 12-24 드로잉 모델 메뉴창

12.5.2 일반 보기

드로잉 모델 파일에 정의되어 있는 보기 방향을 이용하여 도면뷰를 생성할 수 있다. 결합 상태는 어셈블리 도면에 해당되는 사항이다. 다음 절차에 따라 일반 보기를 생성할 수 있다.

① 모델 지정
② 결합 상태 선택
③ 도면뷰를 생성할 위치 클릭
④ 드로잉 보기 대화상자에서 보기 유형 등 옵션 설정
⑤ 확인 버튼 클릭

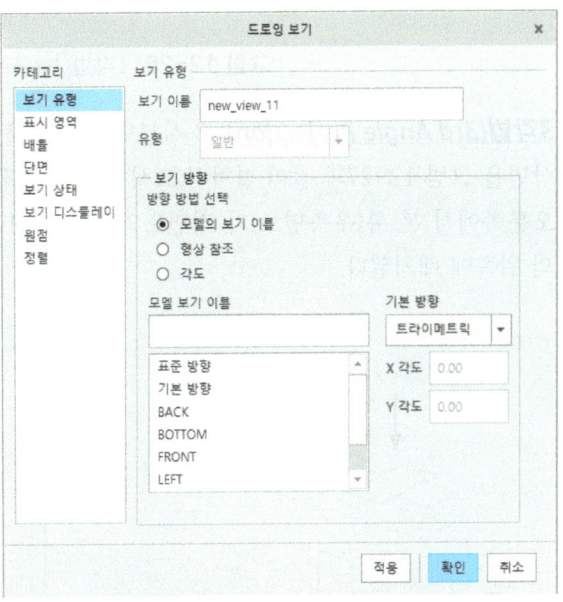

그림 12-25 드로잉 보기 대화상자

12.5.3 투상법

투상법을 잘 못 해석하면 좌우 형상과 위 아래 형상이 바뀔 수 있으므로 주의해야 한다. 투상법은 도면 시트에 설정되어 있다.

1각법(1st Angle Projection): 1 사분면에 물체를 놓고 각 투상면에 투상하는 방식이다. 투상면은 그림 12-26과 같이 펼쳐서 표시하기 때문에 정면에서 본 뷰(정면도)를 기준으로 하여 오른쪽에서 본 뷰(우측면도)가 정면도의 왼쪽에 배치되며 위에서 본 뷰(평면도)가 정면도의 아래쪽에 배치된다.

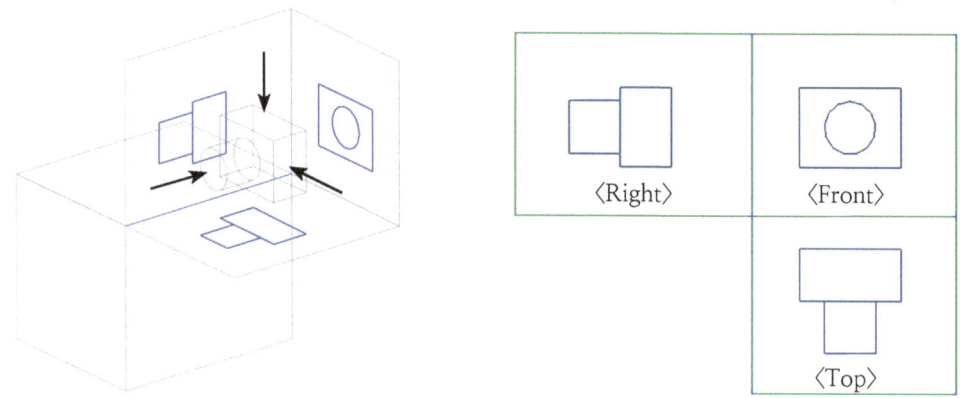

그림 12-26 1각법(1st Angle Projection)

3각법(3rd Angle Projection): 3 사분면에 물체를 놓고 각 투상면에 투상하는 방식이다. 투상면은 그림 12-27과 같이 펼쳐서 표시하기 때문에 정면에서 본 뷰(정면도)를 기준으로 하여 오른쪽에서 본 뷰(우측면도)가 정면도의 오른쪽에 배치되며 위에서 본 뷰(평면도)가 정면도의 위쪽에 배치된다.

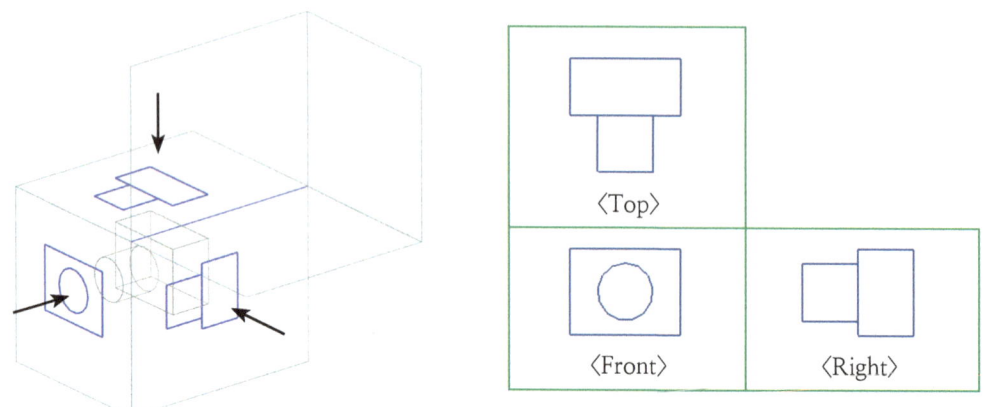

그림 12-27 3각법(3rd Angle Projection)

12.5.4 투영 보기 (Projection View)

기준뷰에 대하여 오른쪽, 왼쪽, 위쪽, 아래쪽으로 투영한 보기를 생성할 수 있다. 드로잉 특성 옵션 중 projection_type 옵션으로 1각법 또는 3각법으로 지정할 수 있으며 3각법이 기본 옵션이다. 드로잉 보기 옵션에서 투영 화살표를 표시할 수 있다.

그림 12-28 투상 보기의 드로잉 보기

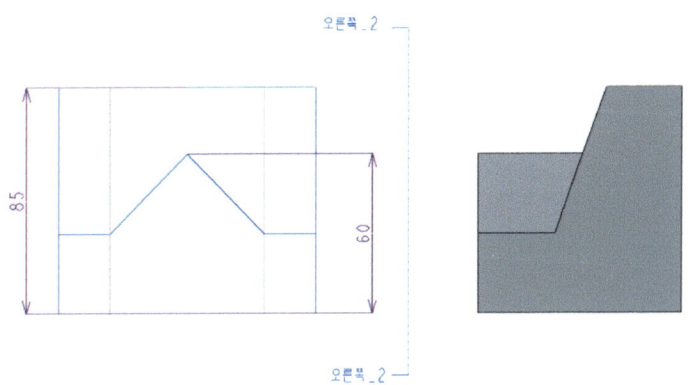

그림 12-29 투영 화살표 추가

12.5.5 보조 투상도(Auxiliary View)

기준뷰에 대하여 임의 방향으로 투영한 보기를 생성할 수 있다. 레이아웃 > 모델 보기 > 보조 보기 아이콘을 누른 다음 보기의 방향을 지정할 모서리, 축, 기준면 등을 선택한 후 도면뷰를 생성할 위치를 클릭하면 생성된다. 도면뷰의 위치는 보기 방향과 맞아야 한다. 보기 방향을 나타내는 화살표를 표시할 수 있다.

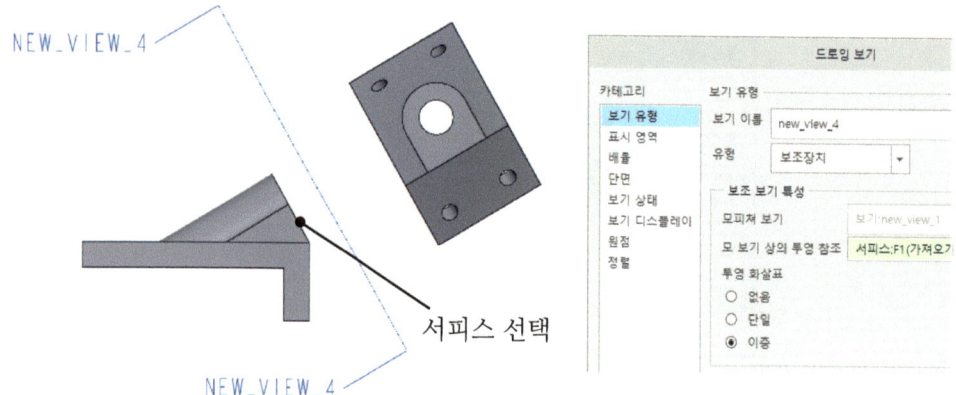

그림 12-30 보조 투상도

12.5.6 단면도(Section View)

드로잉 보기의 "단면" 카테고리에서 단면도를 설정할 수 있다.

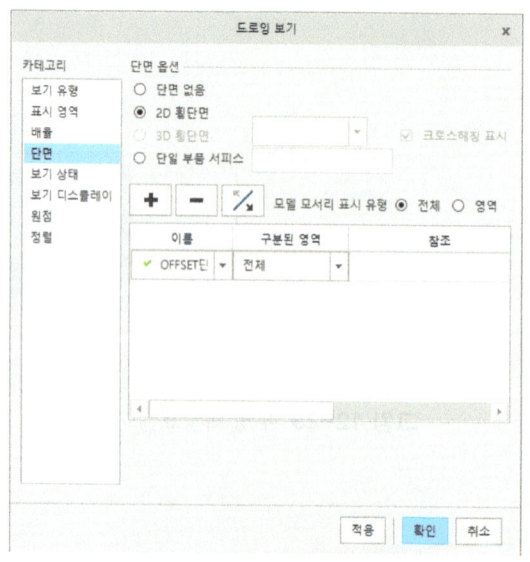

그림 12-31 단면 카테고리

ch12_ex02

단면도 **Exercise 02**

절차에 따라 전단면도와 계단 단면도를 생성해 보자.

파일 열기 및 단면 생성

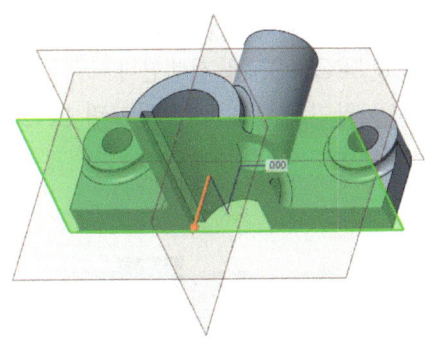

그림 12-32 단면 참조

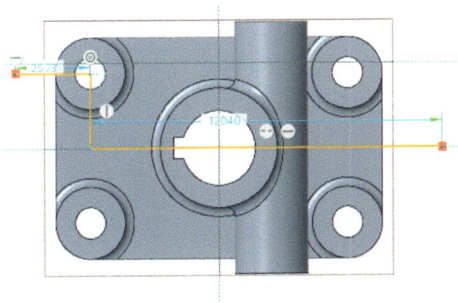

그림 12-33 단면 선

1. ch12_ex02 파일을 연다.
2. 리본바에서 보기 > 단면 > 평면을 선택한다.
3. 단면 참조로 그림 12-32와 같이 중앙의 평면을 선택한다.
4. 방향을 확인하고 "확인" 버튼을 누른다.
5. 모델 트리에서 단면에 우클릭하여 이름을 "full_section"이라고 변경한다. 다시 우클릭하여 비활성화 한다.
6. 그림 12-33과 같이 계단 단면을 생성하기 위한 스케치를 생성한다.
7. 리본바에서 보기 > 단면 > 오프셋 단면을 선택한다.
8. 6번 단계에서 생성한 스케치를 선택한다. 단면을 표시하면 그림 12-34와 같다.
9. 단면 이름을 "step_section"으로 변경하고 비활성화 시킨다.

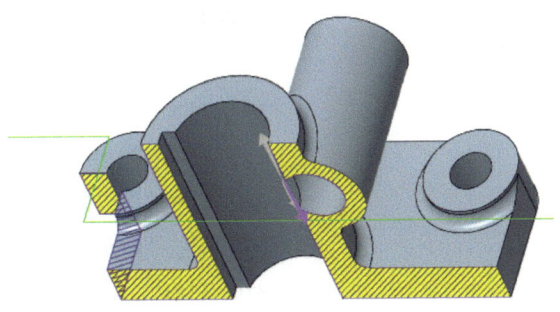

그림 12-34 단면

도면 생성

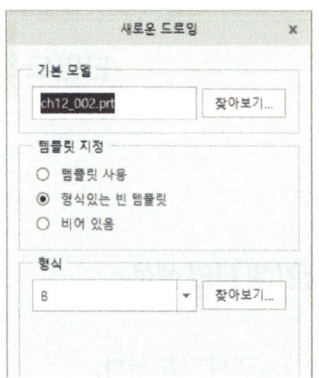

그림 12-35 드로잉 옵션

1. 드로잉 파일을 생성한다.
2. 그림 12-35와 같이 설정한다.
3. 일반 보기 > Top을 생성한다.
4. Top의 아래에 투영 보기를 생성한다.
5. 투영 보기 > 특성 > 단면 > 2D 횡단면 > + > FULL_SECTION을 선택한다.
6. 적용 > 확인 버튼을 누른다. 그림 12-37과 같이 전단면도가 생성된다.

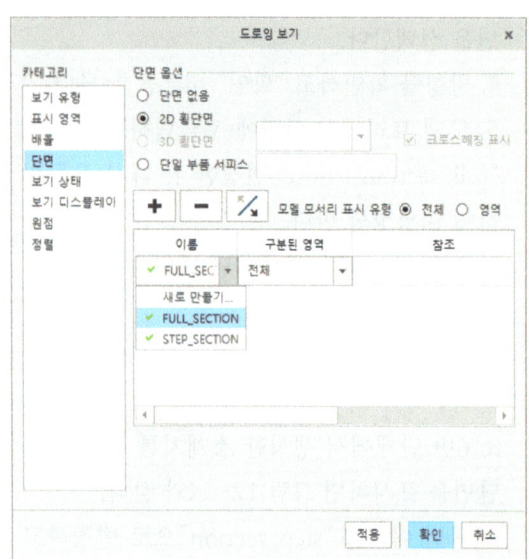

그림 12-36 단면 옵션

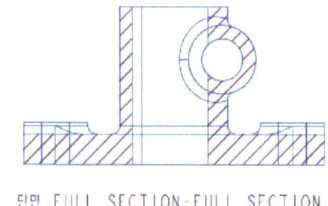

그림 12-37 전단면도

단면 변경

1. 단면뷰 선택 > 특성 > 단면 옵션을 그림 12-38과 같이 변경한다. 그림 12-39와 같이 계단 단면도가 표시된다.
2. 빗금을 클릭하면 그림 12-40과 같이 옵션이 나타나며 해칭 각도, 간격을 조정할 수 있다.

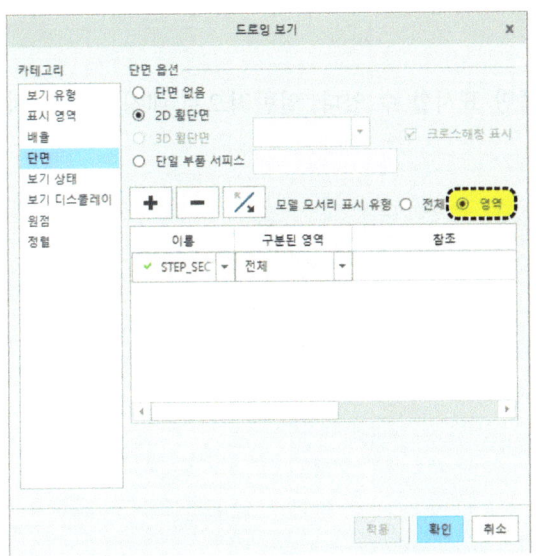

그림 12-38 계단 단면 옵션

그림 12-39 계단 단면도

그림 12-40 단면 옵션

그림 12-41 화살표 생성

단면 선 표시

1. 단면도 특성의 단면 옵션에서 화살표 디스플레이 영역을 클릭한다.
2. 모체뷰를 선택하면 모체뷰에 계단 단면 선이 표시된다.

END of Exercise

275

12.5.7 반단면 보기

대칭인 형상은 대칭 선을 기준으로 하여 반 쪽만 표시할 수 있다. 일반적으로 대칭 선을 표시한다.

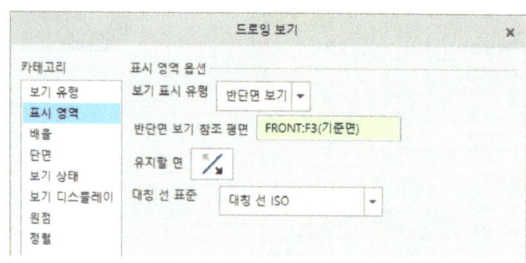

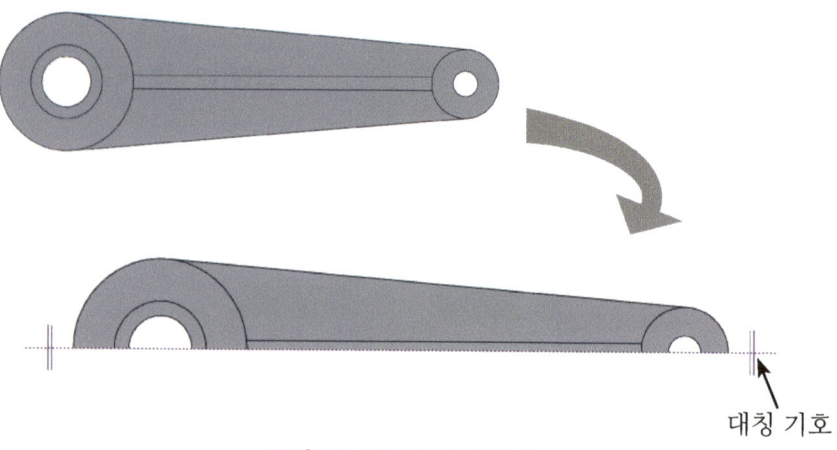

그림 12-42 반 단면 보기

12.5.8 부분 보기

도면 뷰에서 영역을 지정하여 영역 내에 있는 부분만 표시할 수 있다. 다음 절차를 따른다.

① 중심점을 선택한다.
② 점을 선택하여 표시할 영역(스플라인)을 지정한다.
③ 마지막 점은 마우스 가운데 버튼을 클릭하여 닫는다.

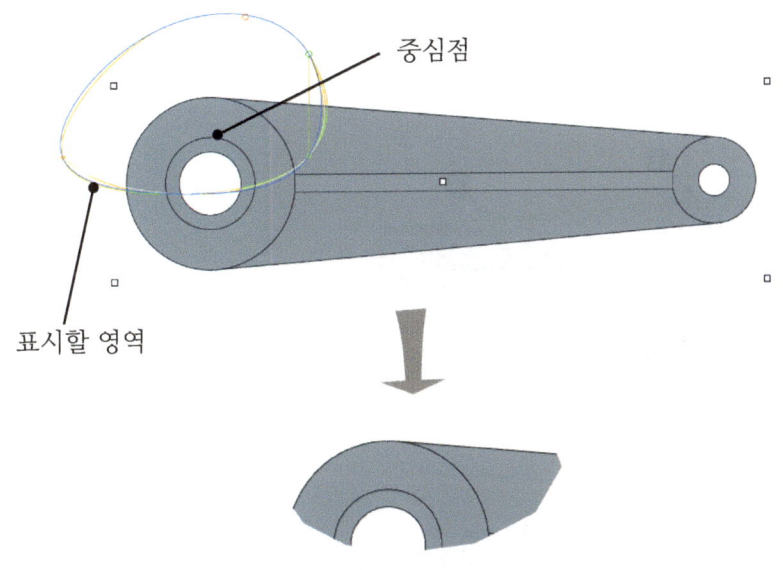

그림 12-43 부분 보기

12.5.9 파단 보기(Broken View)

단면이 일정하거나 단면의 변화가 일정한 긴 부품은 중간을 잘라 짧게 나타낼 수 있다. 다음 절차를 따른다.

① 자를 부분의 시작 위치를 클릭한다.
② 수직 아래로 이동하여 자를 방향을 지정하여 클릭한다.
③ 자를 부분의 끝 위치를 클릭한다.
④ 확인 버튼을 누른다.
⑤ 브레이크 라인 유형을 설정한다.
⑥ 뷰를 이동한다.

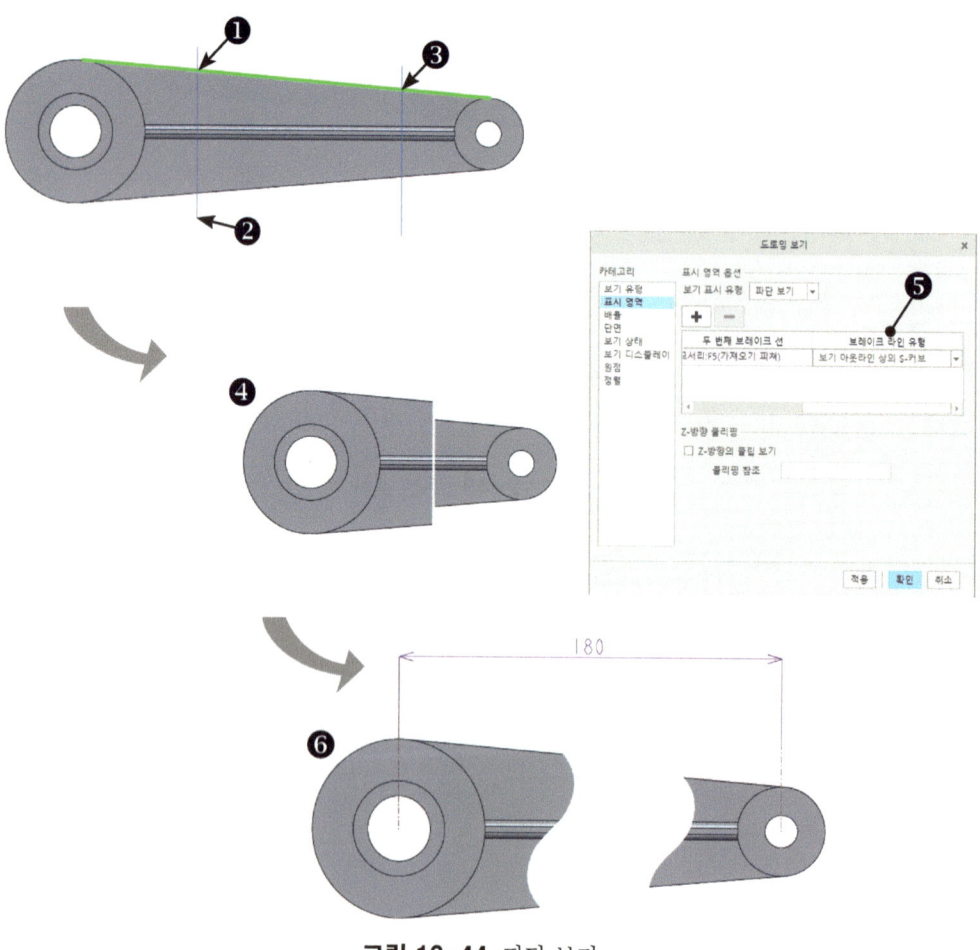

그림 12-44 파단 보기

12.5.10 회전 단면도(Revolved Section View)

지정된 위치에서의 단면 형상을 90° 회전시켜 생성한다. 다음 절차를 따른다.

① 3D 모델의 회전 단면도를 생성할 위치에 단면을 생성한다.
② 정면의 도면뷰를 생성한다.
③ 레이아웃 > 모델 보기 > 회전 보기 아이콘을 누른다.
④ 도면뷰를 선택한다.
⑤ 회전 보기의 중심점을 선택한다.
⑥ 드로잉 보기 대화상자에서 ①번 단계에서 생성한 횡단면을 선택한다.
⑦ (옵션)정렬 참조를 선택한다. 회전된 단면과 직각이어야 한다.
⑧ 뷰를 이동한다.

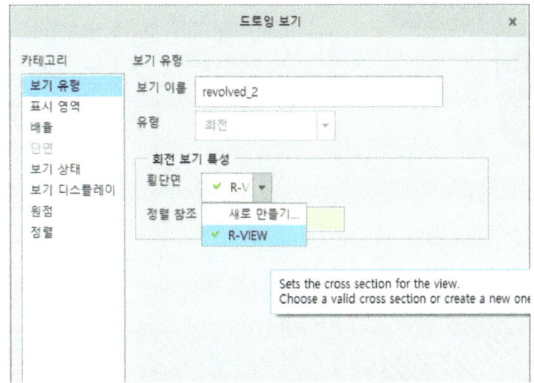

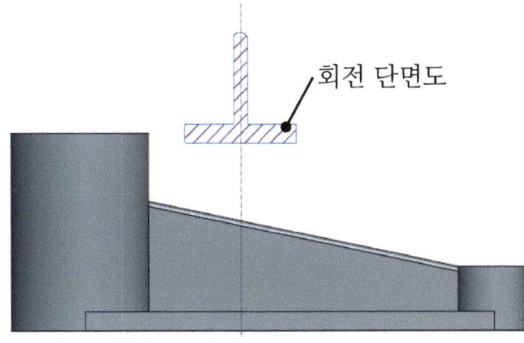

그림 12-45 회전 단면도

12.5.11 반 단면도(Half Section View)

반 단면도는 상하 좌우 대칭인 모체뷰를 1/4 잘라낸 도면뷰이다. 다음 절차에 따라 생성할 수 있다.

① 3D 모델에서 단면을 생성한다.
② 드로잉에서 단면도를 생성하고 "구분된 영역" 옵션에서 "절반"을 선택한다.
③ 참조에서 단면을 표시할 기준면을 선택한다. 단면을 정의한 면과 직각이어야 한다.

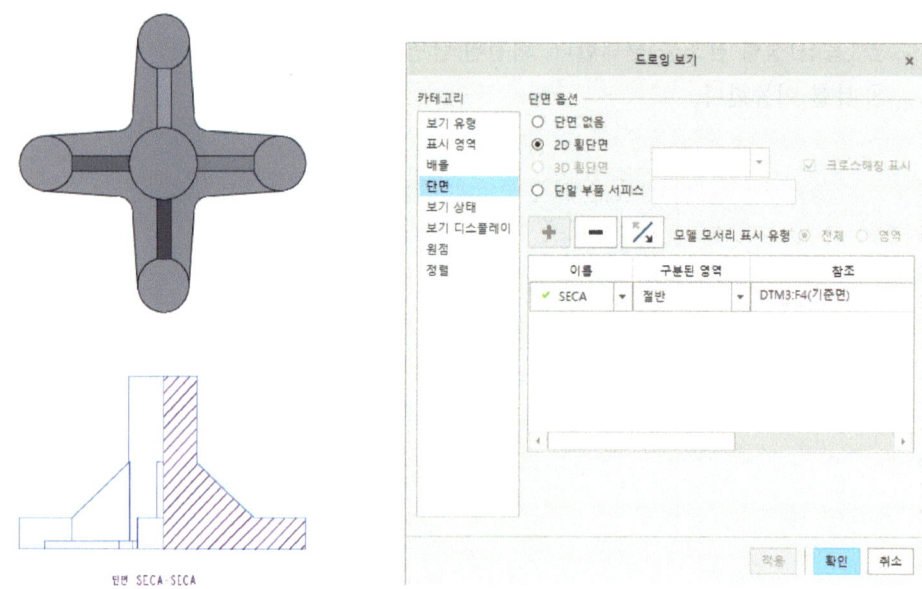

그림 12-46 반 단면도

12.5.12 부분 단면도 (Break-out Section View)

영역을 지정하여 그 부분만 단면을 표시하고 나머지 부분은 표시하지 않는다. 다음 절차를 따라 부분 단면도를 생성할 수 있다.

① 3D 모델에서 단면을 생성한다.
② 드로잉에서 단면도를 생성하고 "구분된 영역" 옵션에서 "로컬"을 선택한다.
③ "참조" 옵션에서 브레이크 아웃의 중심점을 선택한다.
④ 점을 선택하여 폐곡선의 스플라인을 정의한다.
⑤ 확인 버튼을 눌러 부분 단면도를 생성한다.

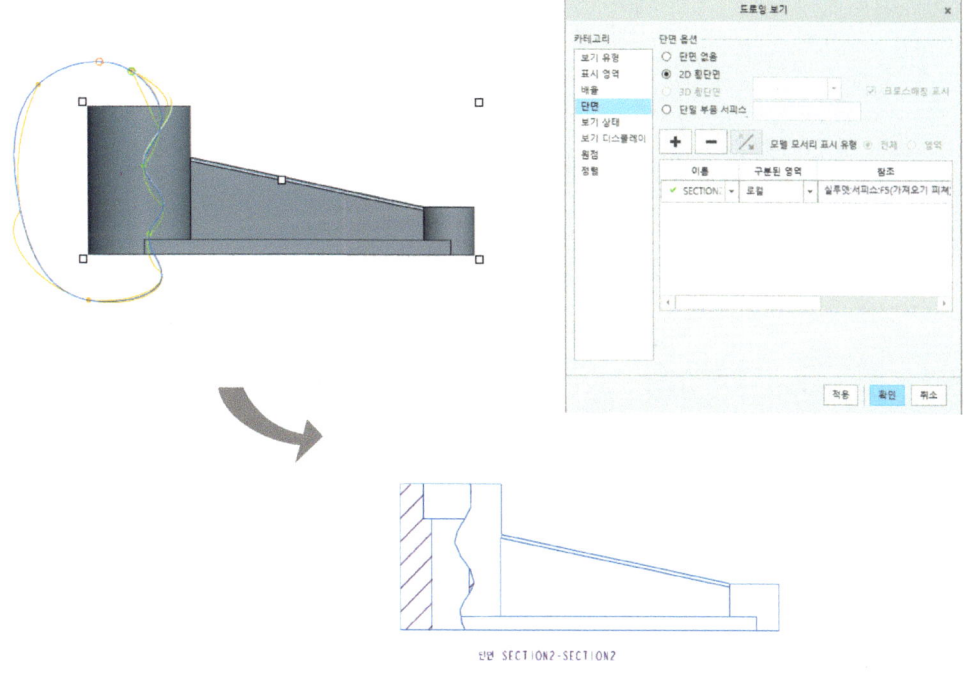

그림 12-47 부분 단면도

12.6 중심선

주석 달기 > 모델 주석 표시 기능을 이용하여 모델에 있는 기준축, 평면 등을 이용하여 중심선을 생성할 수 있다. 모델에 기준축이 없을 경우 축을 먼저 생성한 후에 중심선을 생성해야 한다. 또는 드로잉의 스케치 기능을 이용하여 임의로 추가할 수 있다.

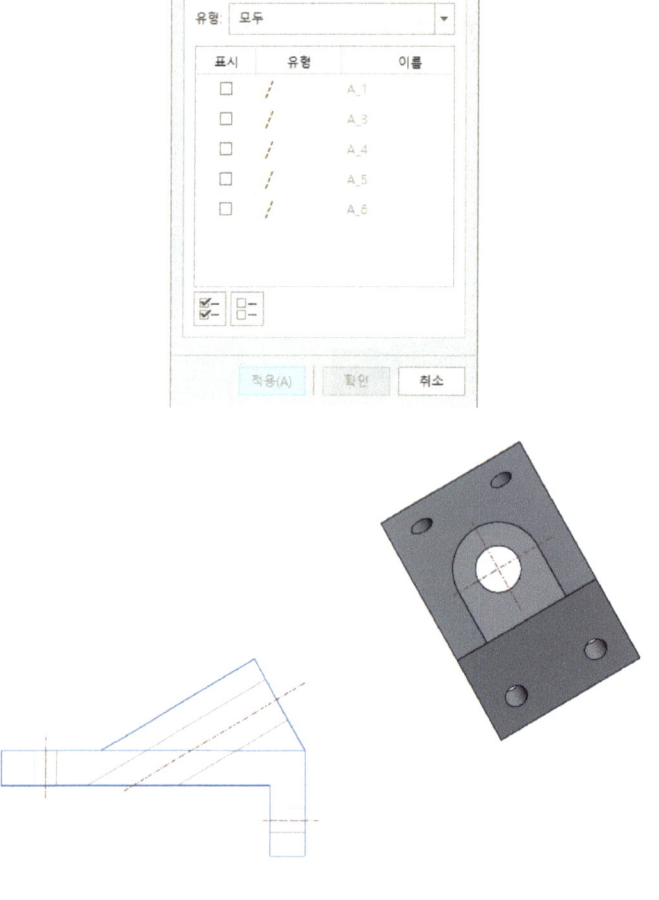

그림 12-48 중심선

ch12_ex03

중심선 그리기 Exercise 03

주어진 파트의 도면뷰를 생성하고 중심선을 생성해 보자. 주어진 파트는 다른 CAD에서 불러온 파트로서 모델링 이력이 없으며 따라서 구멍에 축이 없다.

그림 12-49 주어진 파트

도면 생성

1. 주어진 파트를 연다.
2. 그림 12-50과 같이 두 개의 도면 뷰를 생성한다.
3. Top 뷰 > 모델 주석 표시를 선택하여 데이텀에 아무 것도 표시되지 않음을 확인한다.

축 생성

1. 모델을 표시한다.
2. 그림 12-51과 같이 축을 생성한다.

그림 12-50 도면뷰

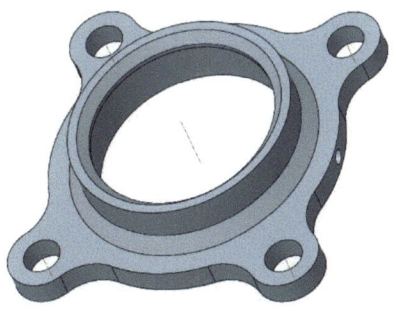

그림 12-51 축 생성

데이텀 표시

1. Top 뷰에 데이텀을 표시한다.
2. 리본바에서 "주석 달기"를 클릭하면 해당 뷰에 기준이 표시된다.
3. 중심 마크를 클릭한 후 드래그 하여 중심선을 생성한다.

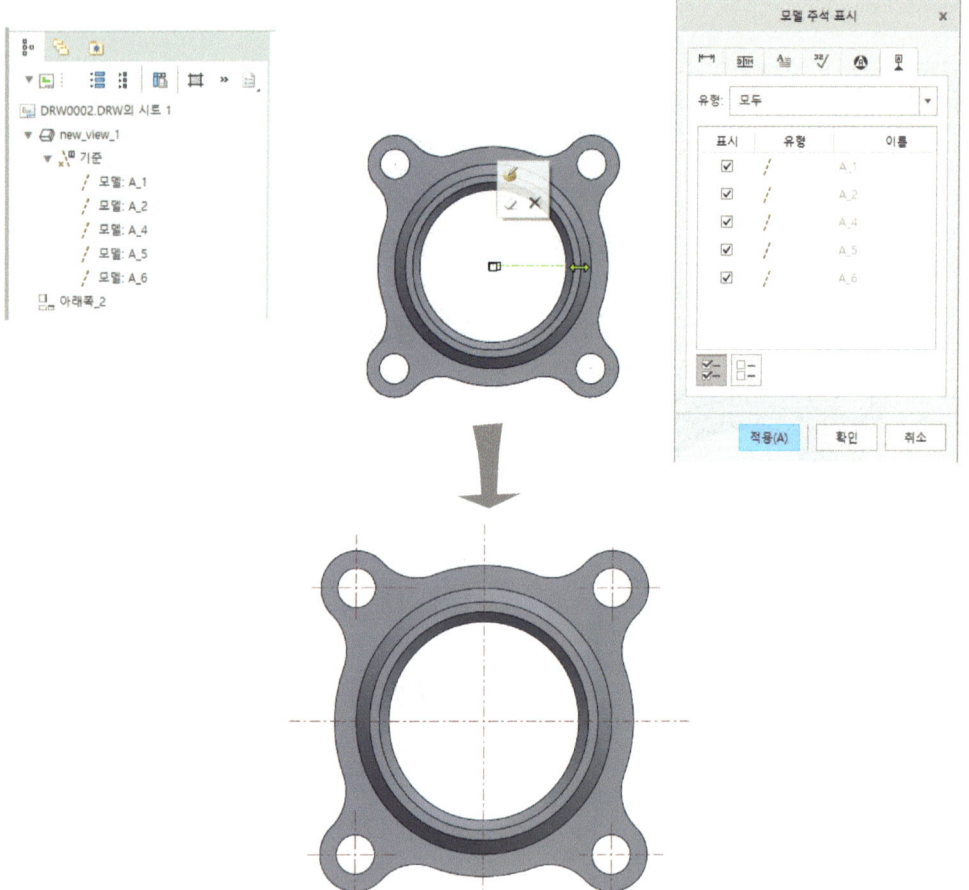

그림 12-52 중심선 생성

패턴 반경원 생성

작은 구멍을 Creo의 원형 패턴 기능으로 생성했다면 데이텀으로 추가할 수 있다. 이 모델은 다른 CAD의 형상을 불러온 것이기 때문에 그렇게 할 수 없으므로 스케치로 생성해야 한다.

1. 리본바의 "스케치"를 클릭한다.
2. 원을 생성한다.
3. 원을 선택한 후 팝업 메뉴에서 "선 스타일"을 선택한다.
4. 유형을 "중심선"으로 선택하고 적용한다.

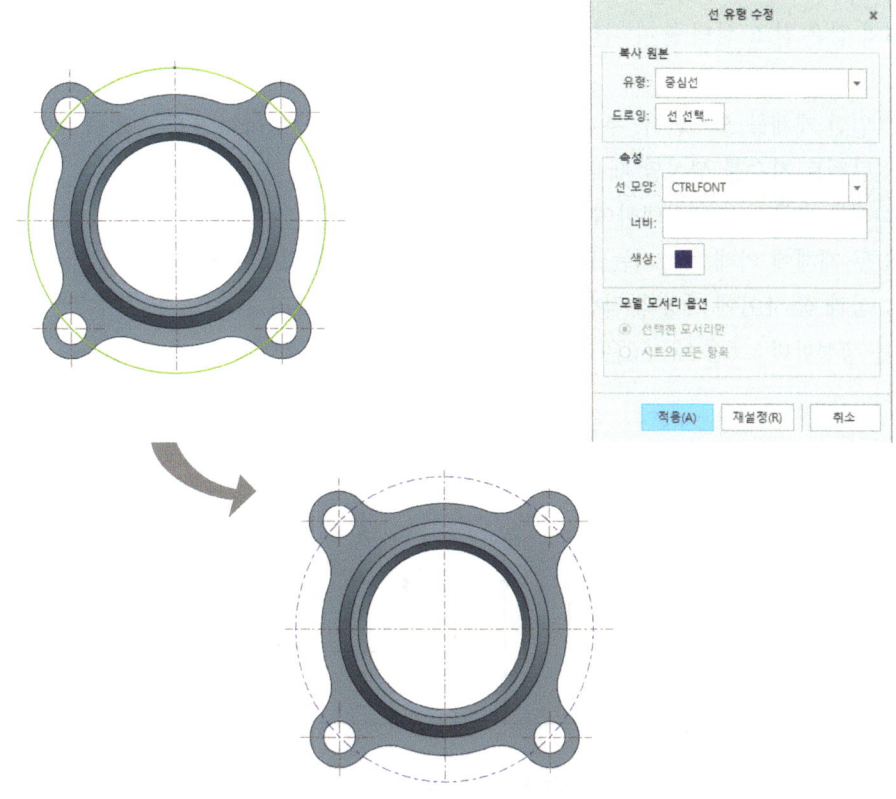

그림 12-53 원형 패턴 반경 원 생성

12.7 치수

12.7.1 모델 주석 이용

모델을 Creo에서 생성한 경우 "모델 주석 표시" 기능을 이용하여 생성할 수 있다. 이 방법은 Exercise 01에서 설명하였다.

12.7.2 직접 생성

주석 달기 > 치수 아이콘을 누른 후 엔티티를 선택하여 직접 생성한다. 치수 아이콘을 그림 12-54와 같은 참조 선택 툴이 나타난다.

- Ⓐ: 일반 개체를 선택한다. 두 개의 개체 사이의 치수를 생성하려면 Ctrl 키를 누른다.
- Ⓑ: 탄젠트 치수를 생성할 때 사용한다. (그림 12-55)
- Ⓒ: 개체의 중심점을 선택하여 치수를 생성한다.
- Ⓓ: 두 개체에 의해 형성되는 교차점을 이용하여 치수를 생성한다.
- Ⓔ: 점과 점 사이에 가상의 직선을 형성한 후 그에 대한 거리 치수, 수평 치수 또는 수직 치수를 생성한다. 그림 12-56은 "수평"을 선택하고 두 점을 선택하여 수직 치수를 생성한 것이다.

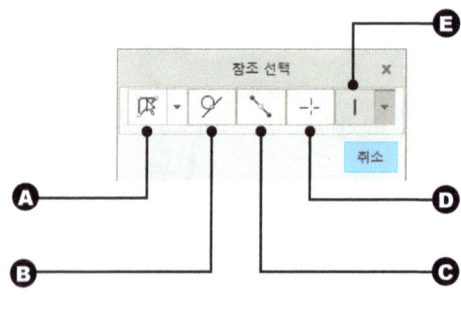

그림 12-54 참조 선택 툴

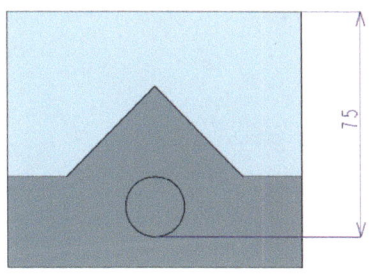
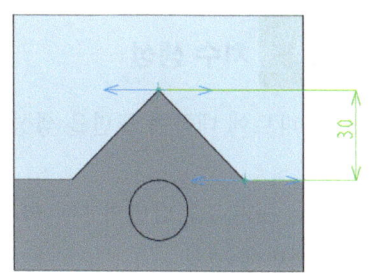

그림 12-55 탄젠트 치수   그림 12-56 수직 치수

12.7.3 치수 설정 변경

치수를 생성한 후 리본바 메뉴에 형식 탭과 치수 탭이 나타난다. 형식 탭에서는 치수의 글꼴, 높이 등 치수의 포맷을 변경하고, 치수 탭에서는 치수의 방향, 정밀도, 공차 등을 설정할 수 있다. 공차 메뉴는 옵션을 설정해야 나타난다. 파일 > 준비 > 드로잉 특성 > 세부 옵션 > 변경을 클릭한 후 tol_display를 yes로 설정한다. 그림 12-59는 비대칭의 위치수 공차와 아래치수 공차를 표시한 것이다.

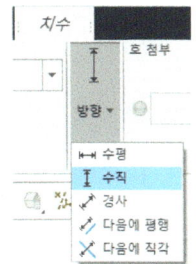
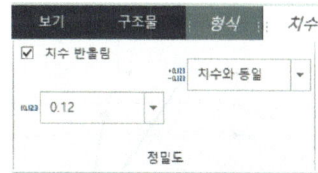

그림 12-57 치수의 방향 설정 메뉴   그림 12-58 치수의 정밀도 설정 메뉴

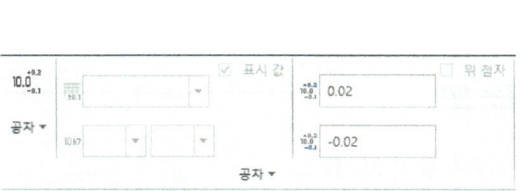
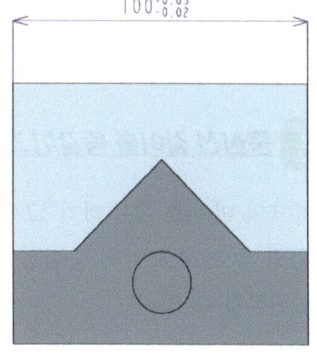

그림 12-59 치수 공차

Exercise 04   치수 생성

ch12_ex04

주어진 파트에 대하여 도면을 생성하시오.

Ⓐ: 치수 크기 5.5, 나머지 치수의 크기는 3.5
Ⓑ: 한꺼번에 생성

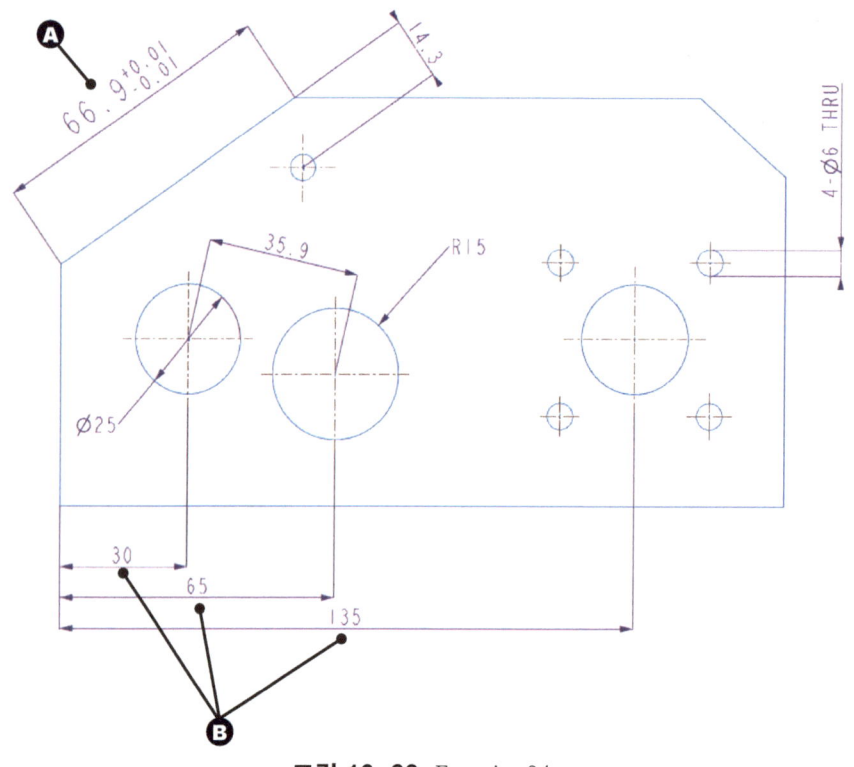

그림 12-60 Exercise 04

END of Exercise

> **중심선 길이를 똑같이 조절하는 방법**
>
> 중심 마크의 마우스 포인터가 그림 12-61과 같이 표시될 때 클릭 후 드래그 하면 중심선 길이를 한꺼번에 같은 길이로 조절할 수 있다.
>
>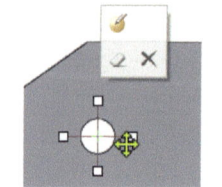
>
> **그림 12-61** 마우스 포인터

도면 생성 **Exercise 05**

주어진 파트에 대하여 그림 12-62와 같이 도면을 생성하시오.

1. 도면과 최대한 같게 한다.
2. 형식 있는 빈 템블릿: B 형식 이용
3. 도면 옵션
text height: 3.5, arrow_style: filled, draw_arrow_length: 3, draw_arrow_width: 1.5

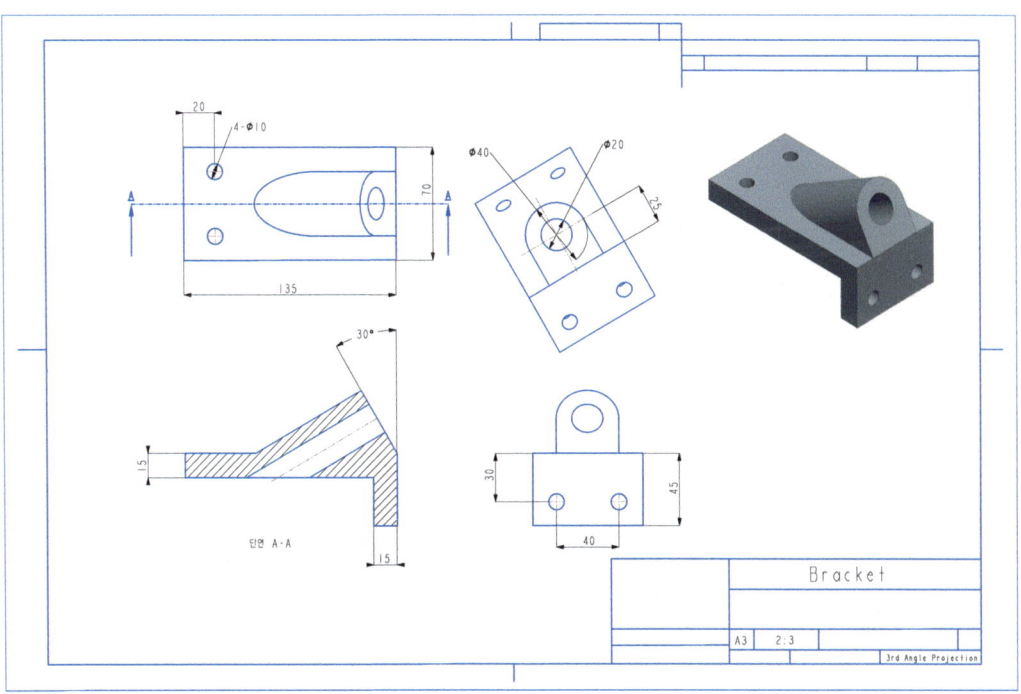

그림 12-62 Exercise 05의 도면

12.8 어셈블리 분해도

어셈블리의 분해도를 생성하기 위한 주요 절차는 다음과 같다.

① 어셈블리 파일에서 분해 상태 생성
② 도면에 분해 보기 추가
③ BOM(Bill of Material) 테이블 및 풍선 지시 기호 표시

Exercise 06   어셈블리 분해도   폴더: ch12_ex06

주어진 어셈블리 파일을 이용하여 분해도를 생성해 보자.

그림 12-63 분해 보기 생성

분해 상태 생성

1. 주어진 폴더에서 어셈블리 파일(notebook_asm.asm)을 연다.
2. 모델 > 모델 디스플레이 > "보기 관리자" 아이콘을 누른다.
3. 분해 탭을 누르고 "새로 만들기" 버튼을 누른다.
4. 이름을 My_Exp로 입력하고 Enter 키를 누른다.
5. My_Exp에 우클릭 > "위치 편집"을 선택한다.
6. 그림 12-65와 같이 분해 상태를 만든다.
7. My_Exp에 우클릭 > 저장을 선택한 후 확인 버튼을 누른다.
8. 보기 관리자 대화상자를 닫는다.

그림 12-64 저장

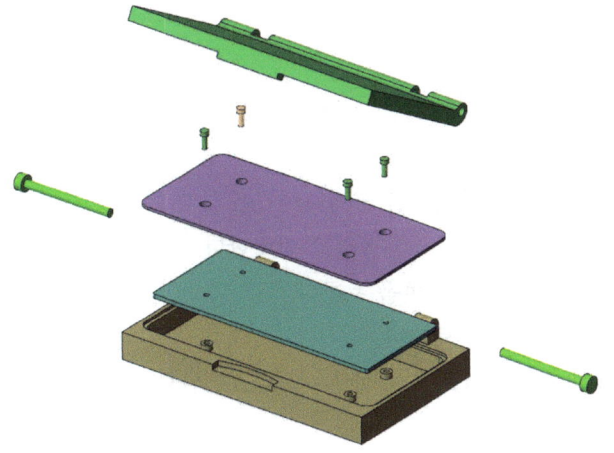

그림 12-65 분해 상태

분해 보기 생성

1. 도면 파일을 생성한다. 형식 있는 빈 템블릿 > b 파일을 이용한다.
2. 일반 보기 > 결합 상태 없음을 선택하고 "보기 상태" 옵션을 그림 12-66과 같이 설정한다.
3. 시트를 클릭하여 도면뷰를 생성한다.

그림 12-66 보기 상태

BOM 테이블 생성

BOM 테이블은 부품 목록표이다. 다음 절차에 따라 자동으로 생성할 수 있다.

1. 테이블 리본바 〉 "테이블" 아이콘을 클릭하여 3x2의 테이블을 추가한다.
2. 맨 윗줄에 Part No, Part Name, QTY라고 입력한다.
3. 데이터 그룹 〉 "반복 영역" 아이콘을 누른다.
4. 메뉴 관리자에서 "추가"를 선택한다.
5. 첫번째 셀(A)과 마지막 셀(B)을 차례로 선택하고 "완료"를 누른다.

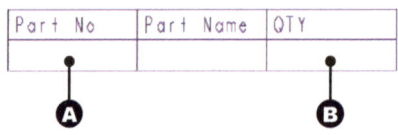

그림 12-67 시작 테이블

6. Part No 아래의 셀을 더블클릭한 후 보고서 기호에서 rpt 〉 index를 선택한다.
7. Part Name 아래의 셀을 더블클릭한 후 asm 〉 mbr 〉 name을 선택한다.
8. QTY 아래의 셀을 더블클릭한 후 rpt 〉 qty를 선택한다.
9. 데이터 〉"테이블 업데이트" 아이콘을 누른다. 만약 자동 생성된 셀이 비어 있다면 "기호 전환" 아이콘을 누른다.

Part No	Part Name	QTY
1	DECK	
2	PCB	
3	COVER	
4	SCREW	
5	SCREW	
6	SCREW	
7	SCREW	
8	TOP	
9	PIN	
10	PIN	

그림 12-68 업데이트 된 테이블

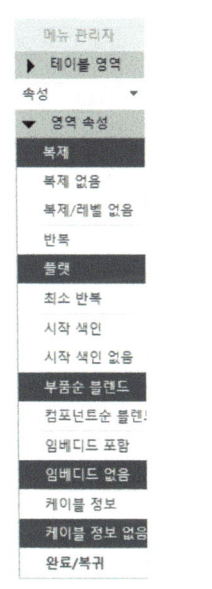

그림 12-69 메뉴 관리자

중복 부품 정리

그림 12-68의 표에는 중복 부품이 모두 표시되어 있다. 다음 절차에 따라 중복 부품의 개수를 표시할 수 있다.

1. "반복 영역" 아이콘을 누른다.
2. 메뉴 관리자에서 "속성"을 선택하고 표의 반복 영역을 선택한다. 메뉴 관리자가 그림 12-69와 같이 변경된다.
3. "복제 없음"을 선택한다.
4. "완료/복귀"를 선택하고, 다시 완료를 선택한다. BOM 테이블이 그림 12-70과 같이 변경된다.

풍선 지시 기호 생성 및 수정

1. 테이블 〉 풍선 〉 풍선 생성 〉 "풍선 생성-모두"를 선택한다. 그림 12-72와 같이 임의 위치에 풍선 기호가 생성된다.
2. 번호를 클릭한 후 적당한 위치로 이동시킨다.
3. "주석 달기" 탭 〉 편집 〉 "첨부" 아이콘을 누른다.
4. 참조 선택 툴바(그림 12-71)에서 "서피스"를 선택한 후 지시하는 위치를 서피스 위로 이동시킬 수 있다. 이렇게 하여 완성된 분해도는 그림 12-73과 같다.

Part No	Part Name	QTY
1	COVER	1
2	DECK	1
3	PCB	1
4	PIN	2
5	SCREW	4
6	TOP	1

그림 12-70 최종 BOM 테이블

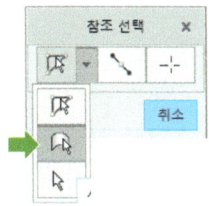

그림 12-71 참조 선택 옵션

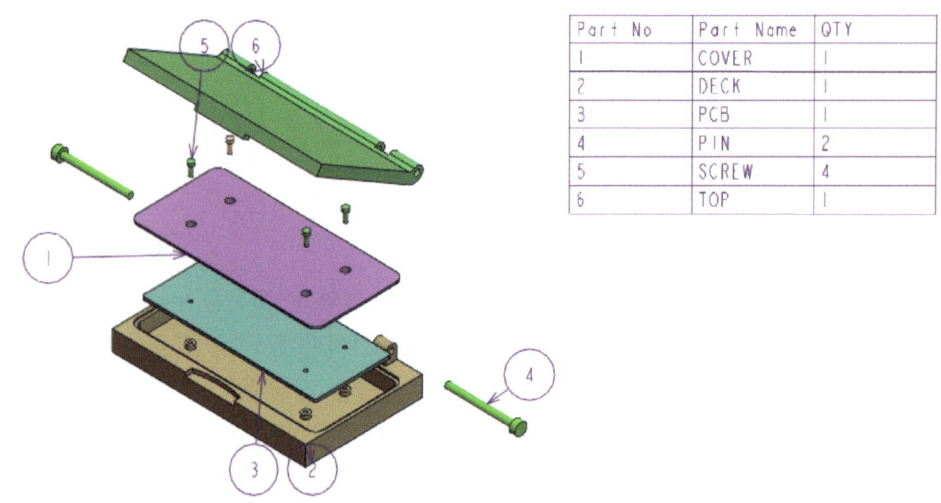

그림 12-72 풍선 생성

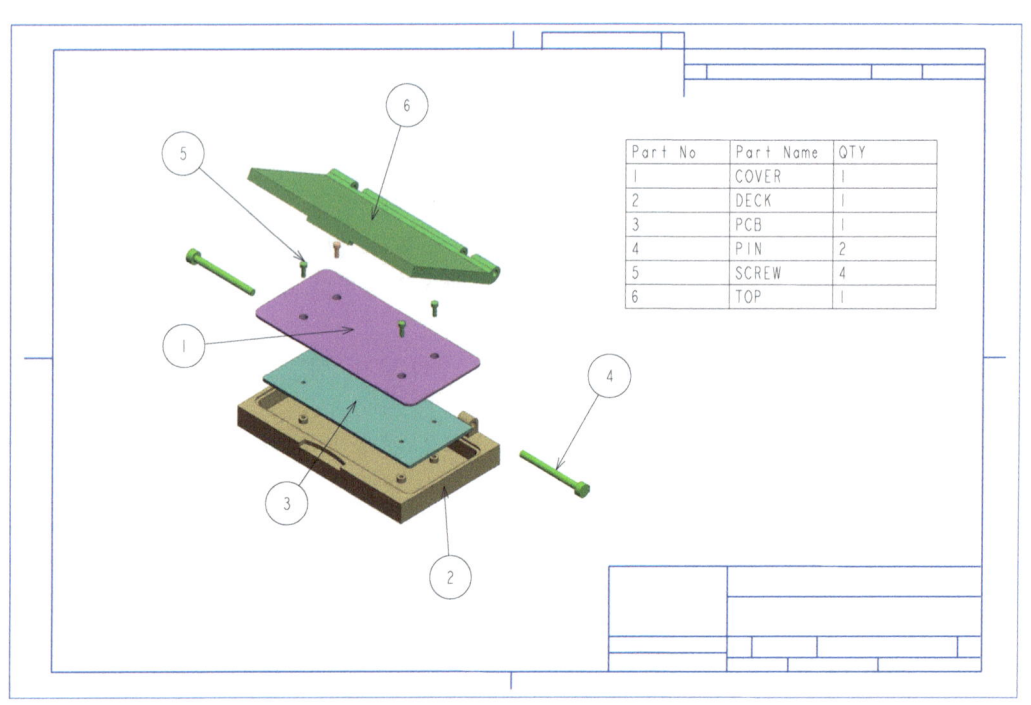

그림 12-73 최종 분해도

색인

영문

A
Assumption 216
Auxiliary View 272

B
Bottom-Up 210
Break-out Section View 281
Broken View 278

C
C2 105
Chordal 107
config.pro 22,258,268

D
Draw Direction 117
Drawing View 256
dtl 268

E
Eject Direction 117

H
Half Section View 280

P
Project 173
Projection View 271
Pulling Direction 117

R
Revolved View 279

S
Section View 272
Setup 268

T
tol_display 287
Top-Down 210

숫자
1각법 270
3D 상자 226
3각법 270

한글

ㄱ
가변 반지름 107
가정 허용 216
각도 37
간섭 체크 238
강화 41
거리 36
격자선 47
경계 블렌드 198
계단 단면도 273
고정 치수 30,40
곡률 연속 105
공차 287
공통 이름 4
관계식 177
교집합 78
교차선 174
교차점 199
구동 서피스 108
구멍 71
구배 115,116,118
구성 모드 33,43
구성 파일 22
구성 편집기 22
구속 27,38

글로벌 간섭 238
기준면 93,137
기준점 87,199
기준축 90
기준 평면 93
기하학적 조건 27
기호 전환 292
길이 35
깊이 59,66
끌 방향 115,117

ㄷ

다른 두께 121
단면 77
단면도 272
단면 선 275
단위 248
닫힌 루프 음영처리 56
대체 146
대칭 복사 45,159
도면뷰 ,256
도면 시트 258
동축 72
두께 57,59,121
드래거 214
드래그 34
드래그-드롭 135
드로잉 모델 269
드로잉 보기 262
드로잉 설정 258
드로잉 특성 266,268
디스플레이 12

ㄹ

레이디얼 72
롤백 134
리브 123

ㅁ

모델 재생기 141
모델 주석 표시 265
모델 특성 248
모따기 113
모자 관계 130
모 피쳐 130
밀어내기 56

ㅂ

바깥쪽 122
바디 옵션 78
반 단면도 280
반단면 보기 276
반복 영역 292
반사 195
반지름 37
방향 153
배율 267
배치면 72
변환 모드 109
병합 181,200
보강대 123
보고서 기호 292
보조 투상도 272
복사 218,152
부모 피쳐 130
부분 단면도 281
부분 보기 277
부울 연산 78,161,181,243
부품 목록표 292
분할 119
분해도 290
블렌드 193
비고정 치수 30,40

ㅅ

사용자 정의 치수 잠금 42
삭제 218,132
삽입 135

상향식 210,249
새 부품 246
서브어셈블리 249
서피스 56
서피스 모델링 186
서피스 오프셋 114
선택 224
선형 72
설정 258,266
세그먼트 삭제 34
세부 옵션 268
세션 20
솔리드 56
솔리드로 채우기 201
솔리드 모델링 186
솔리드 바디 179
솔리드화 179,186,201
수정 130,132,261
수직 보기 12
수직 치수 286
수평 치수 286
순서 134,135,139
숨기기 265
셸 121
스윕 187
스윕 블렌드 198
스케치 대체 146
스케치 면 변경 133
스케치 보기 14,29
스케치 수정 132
스케치 영역 57
스케치 해결 40
시작 위치 196
시트 258
시트 바디 179,186,200

ㅇ

아이소메트릭 264

어셈블 213
어셈블리 210
업데이트 261
영역 57
오프셋 72,176,178
오프셋 좌표계 88
와이어프레임 13,26
완전 구속 214
완전 정의 27
원추형 105
원형 패턴 153,157
위치 편집 290
유형 73
음영처리 12

ㅈ

자르기 179
자손 피쳐 130
자유 곡면 186
자 피쳐 130
잠금 34,42,264
잠긴 치수 42
재료 제거 16,58
저장 236
전단면도 273
전체 라운드 108
점 87
점상 72
점 패턴 153,158
정의 편집 75,132
정점 193,196
제거 58
제약사항 38
제약 조건 27
조립 210
종속 관계 130,131
좌표계 89
중심선 68

지름 37,72

ㅊ

차집합 78
참조 153,170
참조 개체 86
참조 뷰어 131
참조 선 33,40,43
참조 선택 286
참조 치수 40
참조 패턴 155
채우기 153
채우기 패턴 158
축 90
축 패턴 153,157
충돌 40
치수 27,35,287
치수 패턴 156
치수 편집 132

ㅋ

캐비티 116
커브 통과 106
컴포넌트 211,213
컴포넌트 선택 224
코들 107
코어 116

ㅌ

탄젠트 194
탄젠트 거리 114
탑다운 어셈블리 232
테이퍼 118
투상법 270
투영 173,241
투영 보기 271

ㅍ

파단 보기 278

패턴 153
편집 232
평면 93
포맷 287
표제란 257
풍선 지시 기호 290
피쳐 130
피쳐 삽입 135
피쳐 수정 141
필렛 104

ㅎ

하위 어셈블리 211,249
하향식 210,249
합집합 78
헬리컬 스윕 192
헬릭스 192
형상 제거 16
형식 287
활성화 223
회전 68
회전 단면도 279
횡단면 105

ONSIA 출판 서적

- CATIA V5 기본 모델링-2판: ISBN 978-89-94960-27-2
- CATIA V5 서피스와 실무 모델링-2판: ISBN 978-89-94960-31-9
- CATIA V5 유한요소 해석법: ISBN 978-89-94960-28-9
- NX 10 서피스 모델링: ISBN 978-89-94960-25-8
- NX 12 모델링 가이드: ISBN 978-89-94960-29-6
- SOLIDWORKS 기본 모델링: ISBN 978-89-94960-30-2
- NX 12 NASTRAN 유한요소 해석법: ISBN 978-89-94960-33-3
- SISMENS NX 서피스 모델링 (Version 2015): ISBN 978-89-94960-34-0
- SIEMENS NX 모델링 가이드: ISBN 978-89-94960-36-4

(빈 페이지)